VERBORGENES VENEDIG

W0088740

Jonglez Verlag

Nach fünf Jahren ist es endlich so weit und dieser
außergewöhnliche Reiseführer kann veröffentlicht
werden. Hinter uns liegen fünf Jahre voller Recherchen,
Begegnungen, Spaziergänge und Bootsfahrten
– alle mit dem Ziel, ein Buch zu schaffen, das Sie
auf eine Entdeckungsreise nach Venedig mitnimmt
und ungewöhnliche, geheime oder einfach nur wenig
bekannte Details der Stadt beschreibt.
Unsere Aufgabe war nicht immer leicht: Oft wurde
unsere Geduld auf die Probe gestellt und man ließ uns
vor geschlossenen Türen warten. Außerdem gab
es viel zu recherchieren: Wir haben also viele Reisen
ins venezianische Umland, in die Toskana, nach Rom
und sogar nach Lissabon unternommen, um Licht
in die komplexe Geschichte dieser einzigartigen Stadt
zu bringen.
Die Themenspiegel neben den Beschreibungen
der verschiedenen Orte liefern Ihnen Hintergrundwissen
zu gewissen Problemen, historischen Tatsachen
oder Anekdoten und helfen Ihnen so, die Geschichte
der Stadt besser zu verstehen.
Verborgenes Venedig will Sie zudem auf mehrere Details
aufmerksam machen, die sich zwar an einschlägigen
Orten befinden, aber oftmals übersehen werden. Das Buch
lädt den Leser dazu ein, die Stadt genauer unter die Lupe
zu nehmen, und macht ihn zugleich neugierig auf
die vielen und lohnenswerten Besonderheiten Venedigs.

Wir möchten uns im Voraus bei all denjenigen bedanken,
die uns Anregungen zum Reiseführer und zu dessen
Inhalt geben und uns Informationen über unerwähnte
Orte und Fakten zukommen lassen. Mit ihrer Hilfe
können die zukünftigen Auflagen erweitert werden.

Bitte schreiben Sie uns:
• Edizioni Jonglez
  San Marco 3870
  I - 34124 Venezia
• info@edizionijonglez.com

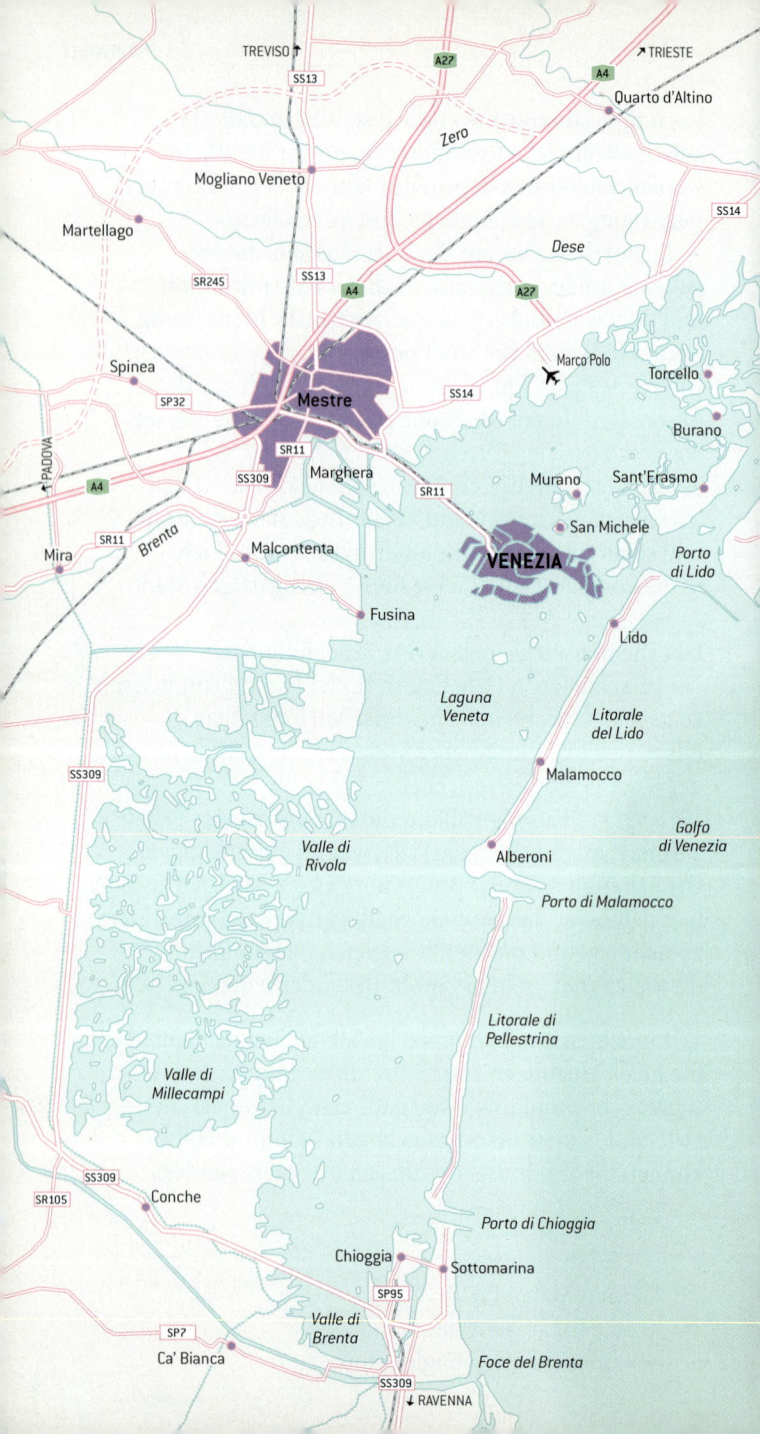

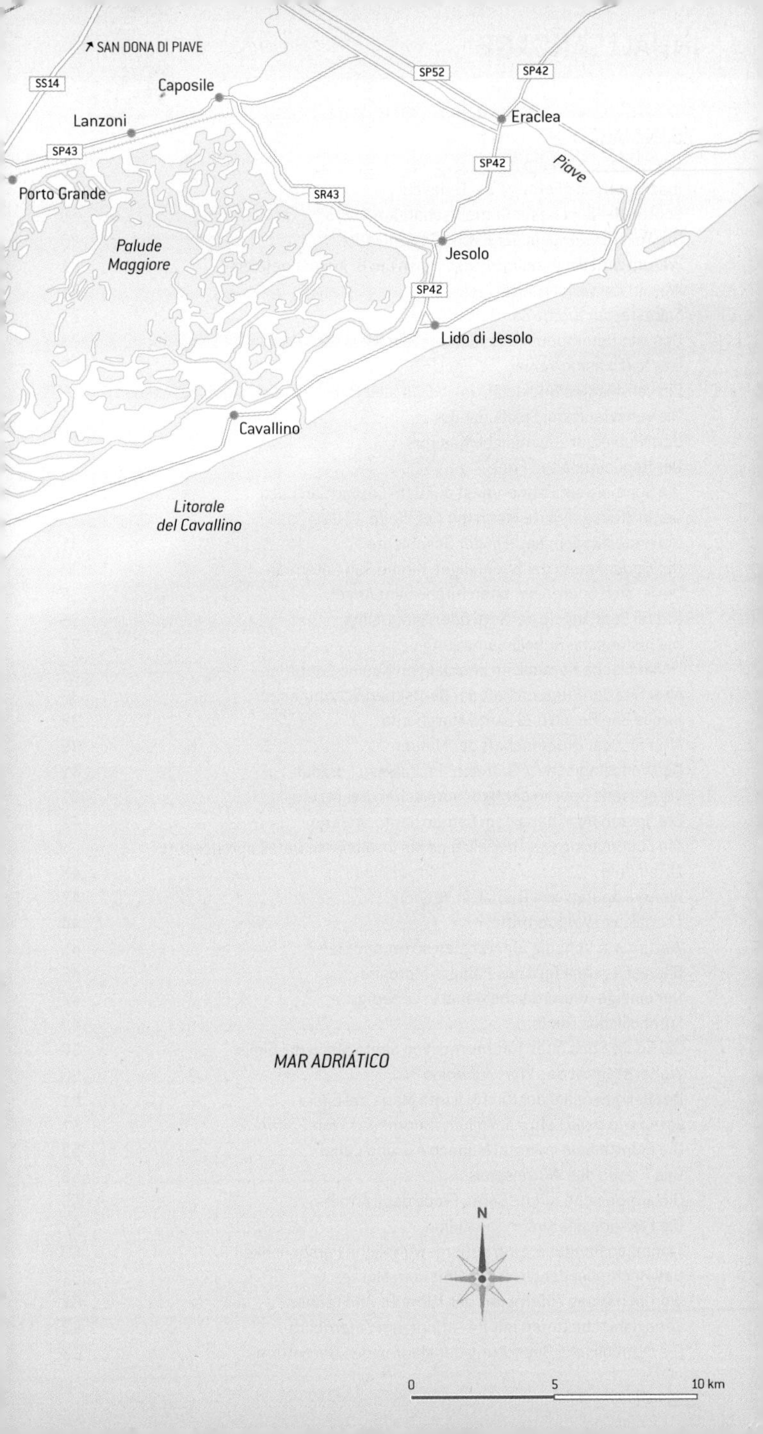

↗ SAN DONA DI PIAVE

SS14

Caposile

SP52

SP42

Lanzoni

Eraclea

SP43

SP42

Piave

Porto Grande

SR43

Palude
Maggiore

Jesolo

SP42

Lido di Jesolo

Cavallino

Litorale
del Cavallino

MAR ADRIÁTICO

N

0   5   10 km

INHALTSANGABE

INHALTSANGABE

INHALTSANGABE

INHALTSANGABE

SAN MARCO

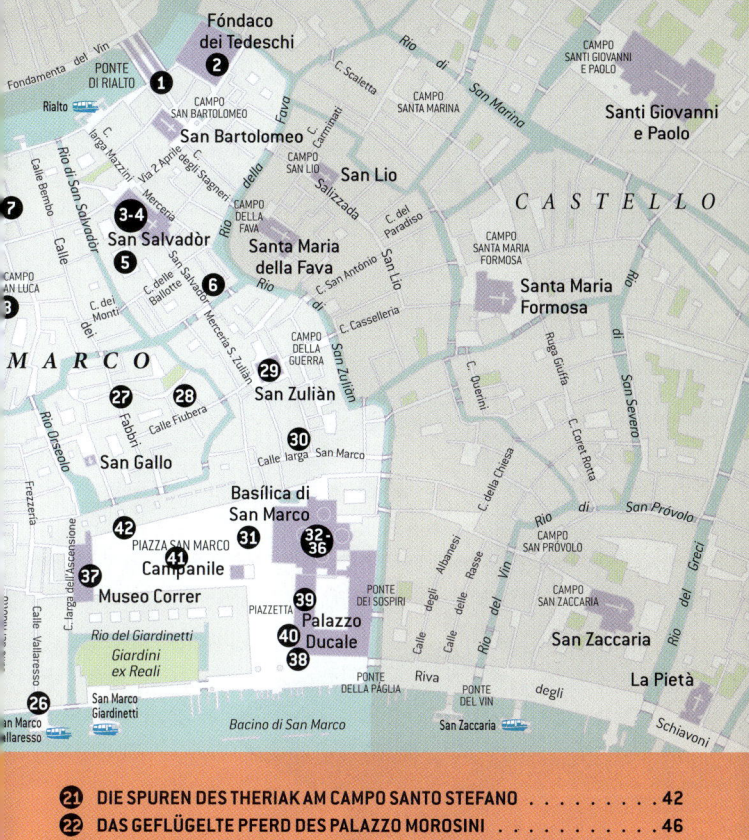

DER GOLDENE KOPF AM RIALTO

Salizada Pio X
Rialto

> **Der Wächter über das Geheimrezept der „Himmelsarznei"**

Wer am Fuße der Rialtobrücke den Blick nach rechts auf San Bartolomeo richtet, wird von einem einzigartigen Goldkopf überrascht. Die scheinbar in der Luft schwebende Bronzeskulptur ist das alte Zeichen der Apotheke „Alla testa d'oro". In Zeiten, in denen erst wenige lesen konnten, sollte sie deshalb für alle gut sichtbar und erkennbar sein.

Wovon sich der Schöpfer inspirieren ließ, als er den mit Lorbeer bekränzten Männerkopf mit kräftigen Gesichtszügen gestaltete, weiß man nicht genau – vielleicht von Virgilio Zorzi, einem der früheren Besitzer, oder vielleicht von Mithridates oder Andromachos. An der Wand lässt sich noch ein Schriftfragment erkennen, das auf die Arznei *Theriaca andromachi* anspielt: ein universelles Wundermittel, das – so glaubte man – alle Krankheiten heilen konnte und seit 1603 die Spezialität der Apotheke war (siehe Seite 44). Den Behauptungen nach wurde hier nämlich der beste Theriak der Stadt hergestellt. Deswegen hatte die Apotheke die Erlaubnis, das Mittel nach einem komplizierten Ritual dreimal im Jahr zu zubereiten, was ansonsten nur einmal jährlich erlaubt war.

Nach dem Fall der Republik Venedig im Jahr 1797 war die Apotheke die einzige, die die „Himmelsarznei" bis zum Ende des vorigen Jahrhunderts weiter produzierte. Als in den 40er Jahren allerdings Normen zur Drogenkontrolle eingeführt wurden, wurde das im Originalrezept wegen seiner schmerzlindernden Wirkung vorhandene Opium gestrichen.

SEHENSWERTES IN NÄCHSTER NÄHE

INSCHRIFTEN DES *FONTEGO DEI TEDESCHI* 2

Der sogenannte *Fontego* (auf Italienisch *fondaco*) „der Deutschen" war Sammellager und Handelsplatz, sowie auch Herberge mit mehr als 200 Zimmern, wo sich deutsche, österreichische, ungarische und im Allgemeinen nordeuropäische Händler trafen. Dank der offenen Bögen des dreistöckigen Gebäudes konnten die Venezianer vom Innenhof aus überwachen, was sich im Haus abspielte. An der Balkonbrüstung der ersten Etage kann man neben der monumentalen Uhr zahlreiche Inschriften erkennen – darunter ein Mühlespiel, das hier vermutlich als eigentliches Spiel und nicht als esoterisches Zeichen verwendet wurde (s.S. 163).

SPUREN DER LUCCHESER GEMEINSCHAFT AM RIALTO

1317 zogen aus politischen Gründen verbannte Händler und Handwerksmeister von ihrer Heimatstadt Lucca nach Venedig, um sich mit der Seidenverarbeitung und ihrer Vervollkommnung zu beschäftigen. Zwischen San Giovanni Grisostomo und der Calle de la Bissa sind mehrere Spuren sichtbar, die beweisen, dass die Gemeinschaft aus Lucca sich nicht nur rund um die Cappella del Volto Santo (s.S. 246-247), sondern auch im Bezirk Rialto angesiedelt hatte.

In der Calle de la Bissa Nummer 5512 (die Fortführung der Calletta Pistor, die vor dem Haupteingang des Fontego dei Tedeschi beginnt) kann man das in den Pfeiler gemeißelte **Wappen der Seidenzunft** erkennen – einen Maulbeerbaum, von dessen Blättern sich die Seidenraupe ernährt.

Links vom Pfeiler kommt man in die **Corte del Tentor**, wo die Stoffe gefärbt wurden; rechts davon befindet sich die **Corte de l'Orso** – benannt nach der aus Lucca stammenden Familie Orso, die sich dort niedergelassen hatte. Die Wohngebäude rund um den kleinen Hof zählen bis zu sechs Stockwerke. Interessant ist dabei, dass diese in Venedig sonst ziemlich ungewöhnlich großen Gebäude nicht nur im Ghetto zu finden sind, sondern auch in anderen Bezirken, wo sich Menschen aus demselben Ursprungsort und beruflichen Bereich versammelten.

Die Calle de la Bissa mit ihrem schlangenartigen Verlauf (mundartlich: *Bissa=Schlange*) war einst als **Calle dei Thoscani** bekannt, weil eben dort Menschen aus dem toskanischen Lucca wohnten. Ihre Kirche war San Giovanni Grisostomo. In unmittelbarer Nähe davon befindet sich die **Corte Amadi o dei Amai**, wo die reiche Luccheser Familie Amadi wohnte. Hinter der Kirche, Richtung Theater Malibran, waren zahlreiche Lagerräume für die Einlagerung der Seide. Am Haus mit der Nummer 5864 sind noch Spuren eines bedeutenden Zimmers zu sehen, das das **Büro des Seidenamtes** beherbergte. Der venezianischen Seidenzunft standen die sogenannten *Provisores Serici* vor, die die Gerichtsbarkeit für alle Angelegenheiten des Seidenhandwerks innehatten. Über dem Haupteingang des jetzigen Restaurants ist noch die lateinische Inschrift lesbar, die auf das Jahr 1515 verweist und die fünf Familienwappen zeigt: Paruta (Wappenschild mit drei Rosen), Sandei (stehender Löwe), Ridolfi (Wappenschild mit Meerwellen), Amadi (Wappenschild mit drei Bergen und einem Vogel) und Pedrucci (Wappenschild mit drei Stöcken). Im späteren Türsturz sind das Jahr 1578 und drei weitere Wappen erkennbar, deren Herkunft nicht geklärt ist.

Ein weiteres Büro des Seidenamtes befand sich am **Campo Novo** am Rialto (in der Nähe liegt auch die **Calle Toscana**). Am Türpfosten der Hausnummer 553 kann man noch einen in Stein gemeißelten Maulbeerbaum erkennen, das Symbol für die Berufsgruppe der Seidenhersteller.

DIE *PALA D'ARGENTO* IN DER KIRCHE SAN SALVADOR ❸

Kirche San Salvador
• Besichtigung: dreimal im Jahr
Vom 25. Dezember bis einschließlich 1. Januar
Vom Ostersonntag bis einschließlich zum Sonntag nach Ostern
Vom 6. August (Verklärung des Herrn) bis einschließlich 13. August
• sansalvador@inwind.it

> *Ein Tiziano verschwindet und gibt den Blick auf ein Meisterwerk frei...*

Während der Markusdom eine *Pala d'Oro* (italienisch etwa „Goldenes Altarbild") besitzt, ist in der Kirche San Salvador eine *Pala d'Argento* (ein silbernes Altarbild) zu sehen. Es ist ein Meisterwerk der venezianischen Goldschmiedekunst aus dem ausgehenden 14. Jahrhundert. Den Touristen sowie den Venezianern unbekannt, kann man es nur dreimal im Jahr besichtigen: zu Weihnachten, zu Ostern und am 6. August (Verklärung des Herrn).

Meistens befindet sich die *Pala d'Argento* hinter dem Bild „Verklärung des Herrn" von Tiziano, das dann im richtigen Moment durch ausgeklügelte Gegengewichte im Altar verschwindet und den Blick auf die *Pala* freigibt.

Wie die *Pala d'oro* im Markusdom und der Großteil der meistens nicht erhaltenen Altarbilder, die die Kirchen der Lagunenstadt schmückten, war die *Pala d'Argento* anfänglich ein Andachtsaltar, der nur zu besonderen kirchengeschichtlichen Anlässen gezeigt wurde. Da die Kirche San Salvador Jesus Christus selbst geweiht ist, wird die *Pala* nur zu den entscheidenden Momenten seiner Lebens gezeigt, nämlich anlässlich seiner Geburt (Weihnachten), seiner Verklärung (s. oben) und seines Todes und seiner Auferstehung (Ostern).

Laut der im Jahr 2000 von Renato Polacco durchgeführten Untersuchung geht die *Pala* mit großer Wahrscheinlichkeit auf das ausgehende 14. Jahrhundert zurück. Obwohl sie anfänglich ein einfaches Triptychon zum Thema der Verklärung war (wie das Bild von Tiziano), besteht sie heute aus fünf waagerechten Elementen (s. Bild). Die *Pala* wurde so konzipiert, dass man sie schließen konnte. Der Mittelteil, der die Verklärung darstellt, blieb fest, während die unmittelbar darunter und darüber liegenden Teile schließbar waren und so die zwei mit cherubinischen Figuren und dem Lamm Gottes versehenen Teile sichtbar machten. Die Botschaft war eindeutig – das Lamm als Symbol für das Opfer, durch das sich die Himmeltür (nebst der Pala) öffnet, die durch die Verklärung des Herrn dargestellt wird, der seinerseits von Maria, den Heiligen und den Propheten umgeben ist.

WARUM WIRD DIE VERKLÄRUNG DES HERRN AM 6. AUGUST GEFEIERT?
Getreu dem alten byzantinischen Ritual wird die Verklärung schon seit dem 7. Jahrhundert am 6. August gefeiert, also am Tag, als am Berg Tabor, wo sich das Ereignis zutrug, die erste Basilika der Verklärung geweiht wurde. Später, im Jahr 1546, bestätigte auch Papst Kallixt III., dass die katholische Kirche das Ereignis am besagten Tag feiern sollte. Selbst wenn der Papst sich auf diese Weise an ein allgemein anerkanntes Datum anlehnte, denn durch einen glücklichen Zufall feierte er gleichzeitig den am 22. und 23. Juli 1546 in Belgrad errungenen Sieg der christlichen Truppen gegen die Türken, dessen Nachricht erst am 6. August in Rom bekannt wurde.

WAS IST DIE VERKLÄRUNG?
Die Verklärung ist Teil der Evangelien (Mt, 17,1-8; Mk 9, 2-9; Lk 9, 28-36). Nach der wundersamen Brotvermehrung nahm Jesus die Jünger Petrus, Jakobus und Johannes beiseite und führte sie auf einen hohen Berg. Dort wurde er von überirdischem Licht überstrahlt („verklärt") und Elija und Mose erschienen an seiner Seite. Die beiden verschwanden, als schließlich eine Stimme zu Petrus spricht: „Dies ist mein geliebter Sohn. Auf ihn sollt ihr hören!". Die Verklärung nimmt symbolisch die Auferstehung Christi vorweg, die von zahlreichen Propheten – hier durch Elija und Mose verkörpert – bereits angekündigt worden war.
Der Sage nach ist der Ort, an dem das Ereignis stattfand, der Berg Tabor, in der Nähe vom See Genezareth. Die Maroniten behaupten, es handle sich hingegen um das Libanon-Gebirge, während andere wiederum der Meinung sind, es handle sich um den Berg Hermon im heutigen Grenzbereich zwischen Libanon und Syrien.

SAKRISTEI DER KIRCHE SAN SALVADOR ❹

Kirche San Salvador
• Öffnungszeiten: jeden Tag von 9.00 bis 12.00 Uhr und von 15.00 bis 18.00 Uhr
• Besichtigung auf Anfrage oder nach Anmeldung per E-Mail
• sansalvador@inwind.it

Ein unbekanntes Schmuckstück

Die Sakristei der Kirche San Salvador, ein unbekanntes Schmuckstück, wurde 1546 in einem relativ engen und dunklen Raum zwischen Kirche und Kloster gebaut und kann auf Anfrage bzw. nach Anmeldung per E-Mail besichtigt werden. Die Freskomalereien des perfekt proportionierten Saals (von einem unbekannten Künstler) sind ein wahres Meisterwerk und erinnern an einen der schönsten Säle des Palazzo Grimani (in der Nähe von Santa Maria Formosa – Besichtigung jeden Vormittag außer Sonntag nach Vereinbarung möglich). Neben dem Segnenden Christus in der Mitte der Zimmerdecke gibt es nämlich wundervolle Darstellungen von Bäumen, Sträuchern, einheimischen und exotischen Vögel im Stil des Trompe-l'œil. Im Gegensatz zu anderen Klöstern (zum Beispiel Redentore oder San Francesco della Vigna) verfügte das mitten in der Stadt gelegene Kloster San Salvador über keinen Garten, da in den Höfen der zwei Kreuzgänge in traditionellen Brunnen Regenwasser gesammelt wurde. Deshalb hatten die Künstler die Idee, hinter gemalten Fenstern eine Art virtuellen Garten im Trompe-l'œil zu schaffen. Besonders reizvoll sind die Blätter und Baumzweige, die von einem „Fenster" zum anderen gehen.

SEHENSWERTES IN NÄCHSTER NÄHE

DAS ALTE REFEKTORIUM DES KLOSTERS SAN SALVADOR ❺
Telecom Future Center • Öffnungszeiten: jeden Tag von 10.00 bis 20.00 Uhr. Besichtigung auf Anfrage.
Im alten Kloster San Salvador (neben der gleichnamigen Kirche) – jetzt unter der Verwaltung von Telecom Italia – ist neben zwei schönen Kreuzgängen (vermutlich ein Werk von Jacopo Sansovino, während der Biennale zu besichtigen) noch das alte Refektorium erhalten, wo gelegentlich Meetings oder Kongresse stattfinden. Obwohl das Refektorium modernisiert wurde, um es den heutigen Ansprüchen anzupassen, sind noch einige Freskomalereien zu sehen (meistens schlecht erhalten). Die einen schreiben sie Polidoro da Lanciano zu, der von 1530 bis 1565 in Venedig arbeitete. Andere behaupten, sie seien von Fermo Ghisoni gemalt worden. Der 1505 in Caravaggio geborene Ghisoni war einer der bedeutendsten Schüler von Giulio Romano und half dem Meister im Jahr 1538 bei der Verwirklichung der Fresken im Palazzo Te und Palazzo Ducale in Mantua. Die fehlende Prophetenfiguren wurden vor unbestimmter Zeit entfernt. In der Empfangshalle des Refektoriums können eine kleine Sammlung alter Telefongeräte und eine schöne Holztür mit Schnitzarbeiten besichtigt werden.

DAS SPIELKASINO VENIER ❻

Sitz der Alliance Française in Venedig
San Marco 4939
• Öffnungszeiten: von Montag bis Freitag, 9:00-13:00 Uhr und 15:00-18:00 Uhr; Reservierung für Gruppen erforderlich
• Tel.: +39 041 522 70 79
• alliancefrancaise@libero.it

Eines der ersten und bezauberndsten Spielkasinos in Venedig

Das Kasino Venier ist seit 1987 der Sitz der Alliance Française in Venedig und eines der letzten und schönsten Kasinos der Stadt (siehe folgende Doppelseite). Die Einrichtung aus den Jahren 1750-1760 ist intakt geblieben – die Marmorfußböden, die Stuckdecken, Fresken und Spiegel machen das Spielkasino zu einem kleinen Schmuckstück, das von 1981 bis 1993 vom französischen Ausschuss für den Schutz der Stadt Venedig wunderschön restauriert worden ist. Das Kasino, wo man einst dem Glücksspiel und der Unterhaltung frönte, gehörte dem Staatsanwalt Venier; allerdings wurde es viel häufiger von seiner Frau Elena Priuli besucht. Die Anordnung der Räume spiegelt das typische Schema der venezianischen Paläste wider, durch deren Haupteingang man Zutritt zu den verschiedenen Sälen hatte. Über der Eingangstreppe trennen zwei aus vergoldetem Holz geschnitzte Gitter den für die Musiker bestimmten Raum ab. Hier waren die Musiker vor den Blicken der Gäste geschützt und konnten ungestört musizieren. Der Speisesaal (am Ende des Korridors, links) prunkt mit graziösen Stuckarbeiten, die Pflanzen und Vögel darstellen, und mit einem Fresko, das den Triumph des Bacchus zeigt. Bemerkenswert sind auch die in den Küchenschränken versteckten sog. *Passapiatti* (Vorrichtung zur Essens- oder Telleraugabe). Rechts im Saal sind ein entzückender Kamin aus Delfter Porzellan und ein Fresko (Guarana zugeschieben) zu sehen. Nicht zu vergessen – der kleine überdachte Balkon, der auf die Barettieri-Brücke geht. Von hieraus konnte man das Leben auf der Straße beobachten, ohne dabei gesehen zu werden.

EIN VERSTECKTES GUCKLOCH, UM SICH IN ALLER RUHE AUS DEM STAUB ZU MACHEN

Lassen Sie sich das kleine versteckte Guckloch am Marmorfußboden im Eingangsraum nicht entgehen, durch das man sehen kann, wer gerade vor der Eingangstür unter der Brücke steht. Falls die Gäste unerwünscht waren, konnte man das Gebäude durch einen Nebeneingang verlassen, der heute nicht mehr existiert, sich seiner Zeit allerdings hinter einem Wandschrank im ersten Zimmer rechts befand.

DIE VENEZIANISCHEN SPIELKASINOS

Das Spielkasino, italienisch *casino* oder *ridotto*, war ursprünglich ein Ort, wo man sich traf, um zu spielen, Spaß zu haben und sich in gemütlicher Gesellschaft zu unterhalten.

Das erste schriftliche Zeugnis, das die Existenz eines Kasino belegt, geht auf das Jahr 1282 zurück.

Zwar hielten in den Kasinos auch Liebespaare ihr Schäferstündchen, aber meistens wurde dem Glücksspiel gefrönt – und das taten die Venezianer mit Leidenschaft!

Gerade diese unbändige Angewohnheit war es (einige verspielten in einer Nacht ihr ganzes Hab und Gut), die dazu führte, dass die Stadtbehörden schwere Maßnahmen gegen das Glücksspiel ergriffen. 1506 wurden alle Würfel- und Kartenspiele verboten – ein Verbot, das trotz der strengen Strafmaßnahmen aber nie Beachtung fand. Patrizier liefen Gefahr, 10 Jahre ihres Amtes enthoben zu werden und eine Strafe in Höhe von 300 Dukaten bezahlen zu müssen. Leute aus dem Volk hingegen mussten 10 Jahre ins Exil. 1609 wurden die Strafmaßnahmen gesetzlich noch verschärft. Den Angestellten der Kasinos drohte nicht nur, dass ihnen Nase und Ohren abgeschnitten, sondern auch dass sie 6 Jahre ins Gefängnis gesteckt wurden – und im Wiederholungsfall konnte die Strafe sogar verdoppelt werden. Trotz aller Verbote besuchten die Venezianer ihre Kasinos mehr denn je, weshalb die Regierung 1638 beschloss, das Glücksspiel zu genehmigen, um es besser kontrollieren zu können.

Als 1774 ein neues Verbot erlassen wurde, zählte Venedig ganze 136 Kasinos – im Jahr 1744 waren es 118. Viele davon wurden zerstört, so dass es heute gerademal 15 Kasinos gibt (siehe unten).

DEM PUBLIKUM ZUGÄNGLICHE KASINOS

Casino Venier (siehe S. 25) - Casino Sagredo (siehe S. 203) bei Santa Sofia

Casino Zane, in der Nähe der Frarikirche. Das Kasino gehört derzeit zum Zentrum für die französische Musik der Romantik (Bru Zane Stiftung, gegründet im Januar 2008). Es kann während der Konzerte besichtigt werden, die dort regelmäßig stattfinden, wodurch der Ort nach 300 Jahren wieder seinen ursprünglichen Zweck erfüllt.

Casino Contarini dal Zaffo (ehemaliges Casino degli Spiriti – siehe S. 209)

Casino del Commercio auf dem Markusplatz (über dem Caffè Lavena – Zugang von der Rückseite des Cafés). Die Räume werden auch vermietet. Zwei Säle gehen auf den Markusplatz.

Casino Dandolo (*il Ridotto* – siehe S. 53)

Casino Contarini bei San Beneto (siehe S. 37)

DER KOPF EINER ALTEN FRAU

Corte del Teatro
San Luca

Der Gute, der Arme und die Geizige

Auf halber Höhe des Gebäudes in der Corte del Teatro hängt ein sonderbarer Marmorkopf einer alten Frau, auf den vermutlich das Ladenschild der nahe gelegene Apotheke *La Vecchia* (Die Alte) zurückgeht. Dazu erzählt man sich folgende interessante Geschichte.

Eine alte, von Natur aus geizige Frau aus der Pfarrei San Paternian (s.S. 33) versteckte ihr Geld immer im Innenfutter eines alten Mantels in der Dachkammer. Eines Wintertages schenkte ihr Sohn Vincenzo Quadrio, der nichts davon wusste, den Mantel einem mitleiderregenden Armen aus seinem Stadtteil.

Eine Woche danach ging die Frau wieder in die Dachkammer, um ihr Geld zu verstecken, fand aber den Mantel nicht mehr. Um ihren Sohn dazu zu bewegen, ihr das wertvolle Kleidungsstück wieder zurückzubringen, teilte sie ihm mit, dass sie ihm als Erbschaft den gesamten Inhalt des Mantels hinterlassen wolle. Der Mann machte sich daraufhin auf die Suche nach dem Armen, verkleidet sich sogar als Bettler und setzte sich so auf die Stufen der Rialtobrücke. Schließlich fand er ihn und mit scheinbar großmütiger Geste und mit dem Hinweis auf die beißende Kälte bot er ihm seine warme Jacke anstelle seines abgenutzten Mantels zum Tausch an.

Mit dem wiedergefundenen Geld eröffnete der Mann eine florierende Apotheke, deren Rückseite von einem Marmorbild seiner Mutter geschmückt wurde, die zu Füßen ihres Sohnes sitzt.

Heute ist vom Hochrelief nur noch der Kopf der Dame erhalten, umgeben von einer Zeder (Zeichen einer nahe gelegenen, heute nicht mehr existierenden Apotheke), von den Waffen der Familien Bembo und Moro, sowie vom Wappen der Bruderschaft San Rocco, die im 16. Jahrhundert Eigentümer des Gebäudes wurde.

SEHENSWERTES IN NÄCHSTER NÄHE

DIE SYMBOLE AM FAHNENMAST AUF DEM CAMPO SAN LUCA

Bei den zwei Symbolen am Fahnenmast auf dem Campo San Luca handelt es sich um die Wappen der zwei Bruderschaften, die zum Scheitern der von Bajamonte Tiepolo angezettelten Verschwörung im Jahr 1310 (s.S. 61) beitrugen: Die *Scuola della Carità* (S. der Barmherzigkeit) und die *Scuola dei Pittori* (S. der Maler – beide weltliche Bruderschaften).

DER IN STEIN GRAVIERTE MANN MIT DER PFEIFE ⑨

Zweite Säule am Palazzo Loredan
Riva del Carbon

An der zweiten Säule von links an der Vorderseite des Palazzo Loredan erkennt man einen Mann mit einer langen Pfeife. Die Darstellung erinnert an eine interessante Sage. Ein Fischer namens Biagio, ein guter und von allen geachteter Mann, hielt sich oft vor dem Palazzo Loredan auf, um sich dort etwas Geld zu verdienen. Während seiner Pausen saß er gerne am Ufer des Canal Grande und rauchte in aller Ruhe seine Pfeife. Eines Abends, als die Stadt menschenleer war, färbte sich das Wasser unter einer vorbeifahrenden Gondel plötzlich rot. Die Fluten spalteten sich, die Gondel schwebte für einen Moment in der Luft, und der von Panik erfasste Gondoliere sprang ins Wasser und ergriff die Flucht. Aus dem Wasser sah man zwei kräftige schwarze Arme mit Krallen kommen, die nach dem sogenannten *Felze*, der kleinen Kabine in der Mitte der Gondel, griffen. Biagio konnte gerade noch zwei Kinder erkennen, bevor sie von den riesigen Händen erfasst wurden. Kurz darauf tauchte ein abscheulicher Kopf mit zwei Hörnern aus dem Kanal auf. Es bestand kein Zweifel: Es war der Teufel persönlich. Später wurde bekannt, dass die zwei Mädchen zur Familie Gradenigo gehörten. Vermutlich wollte sich der Satan an ihrem Vater rächen, der die Geheimnisse der Zauberei begreifen wollte und dem Teufel dabei versehentlich die Seelen seiner Töchter vermacht hatte. Während des schrecklichen Schauspiels warf Biagio instinktiv seine Pfeife ins Wasser und schrie dem Satan mit ausgebreiteten Armen zu, er solle ihn anstelle der Kindern mitnehmen. Satan verspottete ihn daraufhin, weil er es gewagt hatte, mit seinen Armen Christus am Kreuz nachzuahmen, und antwortete, er wolle die zwei Kinder nur dann freilassen, wenn seine Arme die ganze Welt umarmen könnten. Sobald er dies gesagt hatte, trennten sich Biagios Arme von seinem Körper, ohne dass er dabei Schmerz empfand, und flogen mit einer Cherubimschar davon. Wie vom Schlag getroffen ließ der Teufel sowohl die Kinder als auch Biagio frei, denn Gott hatte ihm nicht erlaubt ihn mitzunehmen.

Das Opfer von Biagio

SEHENSWERTES IN NÄCHSTER NÄHE

DIE ERSTE AKADEMIKERIN IN DER GESCHICHTE ⑩
Calle del Carbon, S. Marco

An der Wand vom Ca' Loredan, erinnert ein Gedenktafel an eine Frau. Darauf steht: „Hier wurde 1646 Elena Lucrezia Cornaro Piscopia geboren, die am 25. 6. 1678 als erste Frau die Hochschule abgeschlossen hat". Die aus einer Adelsfamilie stammende Elena bewies schon als Kind ausgezeichnete Lernbegabung. 1678 reichte sie beim Kollegium der Universität Padua ihren Antrag auf den Hochschulabschluss in Theologie ein. Ihr Gesuch wurde von den hohen Würdenträgern abgelehnt. Letztendlich bekam sie den Hochschulabschluss in Philosophie, blieb zur damaligen Zeit aber eine Ausnahme. Frauen durften sich erst 1867 zum ersten Mal an der Universität einschreiben.

DER GEDENKSTEIN DER EHEMALIGEN KIRCHE SAN PATERNIAN ⓫

Campo Manin

An der Nordwestecke des Standbildes von Daniele Manin erinnert ein in den Boden eingelassener Gedenkstein an den Ort, wo die 1871 abgerissene Kirche San Paternian stand. Teil der im 10. Jahrhundert erbauten Kirche war ein außergewöhnlicher, auf das Jahr 999 zurückgehender Glockenturm

> **Die Reste eines abgerissenen, vieleckigen Glockenturms**

– der zweitälteste nach dem von San Marco, der einige Jahre später einstürzte. Von außen betrachtet war der Glockenturm vieleckig, von innen aber kreisförmig. Somit erinnerte er ein bisschen an die mittelalterlichen Türme in Irland, die bis heute erhalten sind.

Die Kirche wurde damals abgerissen, weil man Platz für das Ehrendenkmal von Daniele Manin brauchte. Dieses befindet sich heute gegenüber einem der seltenen architektonischen Schandflecken der Stadt, dem Sitz der Sparkasse (Cassa di Risparmio), den einige (ehrlich gesagt wenige) für ein schönes Bauwerk zeitgenössischer Architektur halten. Das Gebäude wurde von 1964 bis 1971 nach Plänen von Angelo Scattolin und Pier Luigi Nervi erbaut. Seitdem wurden für moderne Gebäude keine Baugenehmigungen mehr erteilt.

Auch die San Paternian-Brücke, die zum Campo Sant'Angelo führt, erinnert an die frühere Kirche.

An der Nordostecke des Campo Manin erinnert ein schwer erkennbares Schild an das Haus von Aldo Manuzio, dem Erfinder der Kursivschrift und dem wichtigsten Verleger Venedigs zur Zeit der Renaissance (s.S. 150).

SEHENSWERTES IN NÄCHSTER NÄHE

DIE LETZTEN SPUREN DER ALTEN KIRCHE SANT'ANGELO
Campo Sant'Angelo

Ungefähr in der Mitte vom Campo Sant'Angelo befindet sich auf einem *masegno* die lateinische Inschrift «V TEMPLUM ARCHANGELI M AMOLITUM A MDCCCXXXVII FORUM SILICE STRATUM AERE CIVICO A MDCCCXLI». Sie erinnert an die Zerstörung der alten Kirche Sant'Angelo im Jahre 1837. Die in der zweiten Hälfte des 10. Jahrhunderts erbaute Kirche wurde zuerst dem Heiligen Maurus und erst in der zweiten Hälfte des 11. Jahrhunderts dem Erzengel Michael geweiht, von den Venezianern aber einfach Sant'Angelo genannt. Am Ende der Republik wurde die Kirche zu einem Lager umfunktioniert. Die neue Pfarrkirche war die Kirche Santo Stefano, die keine Klosterkirche mehr war.

KIRCHE SANT'ANGELO DEI SOTTI ODER ANNUNZIATA
Campo Sant'Angelo 30124 Venezia
• Öffnungszeiten: Samstagvormittag

Die kleine, den Touristen relativ unbekannte Kirche Sant'Angelo dei Sotti (bzw. degli Zoppi oder Annunziata) ist am Samstagvormittag geöffnet. Sie wurde im 10. Jahrhundert auf Wunsch der Familie Morosini errichtet und im 12. und 13. Jahrhundert wieder aufgebaut. Sie war Sitz der Bruderschaft dei Sotti (oder degli Zoppi), der die Serenissima den Auftrag erteilte, die alten invaliden Seemänner zu pflegen. Im Innenraum befindet sich das Gemälde *Natività di Maria* (Geburt Mariens) von Cavaliere di Arpino.

DIE HISTORISCHE RUBELLI-SAMMLUNG

Archiv des Palazzo Corner Spinelli
Palazzo Corner Spinelli 3877
- Besichtigung nach Terminvereinbarung
- Tel.: +39 041 2417329
- museo@rubelli.com
- Gelegentlich werden auch öffentliche Ausstellungen veranstaltet.
- Mehr Informationen unter www.rubelli.com

*Stoffe
in einem
Schatzkästchen*

Besichtigungen des historischen Archivs Rubelli im Palazzo Corner Spinelli sind nach Terminvereinbarung möglich. Dabei kann auch der prächtige Palast besichtigt werden.

Im Archiv werden neben den Zeugnissen der historischen Produktion des im 19. Jahrhundert von Lorenzo Rubelli gegründeten Textilunternehmens, das mittlerweile in der fünften Generation geführt wird, auch zahlreiche Stoffe aufbewahrt. Unter den rund 5000 Exemplaren, die vom 15. Jahrhundert bis zur ersten Hälfte des 20. Jahrhunderts reichen, befinden sich auch Arbeiten von Künstlern wie Vittorio Zecchin, Guido Cadorin und Gió Ponti, mit Seide und Gold ziselierter Samt des ausgehenden 15. Jahrhunderts mit zusätzlichem ringförmigen Schussfaden, barocker Brokat und Damast mit Blumenmustern, exotische Stoffe im Stil der *Chinoiserie* und luxuriöse Stoffe aus dem 18. Jahrhundert.

Neben zahlreichen Zeichnungen und technischen Webschablonen weist die Sammlung viele historisch interessante Stücke auf, wie z. B. einen *Altobasso*-Samt aus dem 16. Jahrhundert (mit glänzendem Reliefmuster), der für die Stolen der *Procuratori* verwendet wurde, mehrere elegante Fracks aus dem 18. Jahrhundert und einige Samte, die Anfang des 20. Jahrhunderts für die Königliche Familie angefertigt wurden. Im Laufe von über 100 Jahren haben Stoffe aus Amerika, Afrika und dem Orient das Archiv weiter bereichert.

Im Palast befindet sich auch der Ausstellungsraum Rubelli.

SEHENSWERTES IN NÄCHSTER NÄHE

HOLLÄNDISCHE KERAMIK IM EHEMALIGEN KASINO CONTARINI
Palazzo Corner Contarini dai Cavalli
San Marco 3780

Im Palazzo Corner Contarini dai Cavalli, wo heute einige Ämter ihren Sitz haben, sind noch Reste vom früheren Kasino zu sehen. Sofern die Ämter nicht besetzt sind, kann man auf Anfrage einen Raum besichtigen, der fast vollständig mit holländischen Keramikarbeiten geschmückt ist, die Tiere, Häuser und Mühlen im holländischen Stil darstellen.

SEHENSWERTES IN NÄCHSTER NAHE

ALTER SITZ DER BRUDERSCHAFT DER DEUTSCHEN SCHUHMACHER
Crosera 3127a

An der Ecke zwischen der Calle degli Orbi und der Crosera 3127 erkennt man am 1482 gebauten Palazzo auf zwei Metern Höhe ein Flachrelief, das einen Schuh zeigt. Es erinnert an die Stelle, wo sich früher die Bruderschaft der deutschen Schuhmacher befand (im venezianischen Dialekt *Scuola dei Calegheri*, Gründungsjahr 1383). Vorher war die *Scuola* in der Nähe der Kirche Santa Maria della Carità (heute Sitz der Gallerie dell'Accademia).

> Die *Scuola* der (nicht deutschstämmigen) Schuhmacher befindet sich am Campo San Tomà (s. S. 159).

> Auch vor dem Café Lavena auf dem Markusplatz erinnert eine Inschrift am Boden an die Calegheri.

KIRCHE SAN ROCCO UND SANTA MARGHERITA
Istituto Ciliota. Calle delle Muneghe (Santo Stefano). San Marco 2976
• Tel.: + 39 041 520 4888 • www.ciliota.it; info@ciliota.it

Die Kirche San Rocco und Santa Margherita befindet sich im Istituto Ciliota, wurde im 18. Jahrhundert erbaut und ist für die Öffentlichkeit offiziell nicht zugänglich. Das Istituto Ciliota verfügt über 51 nüchtern eingerichtete Zimmer für Studentinnen und Touristen (zwischen 50 € und 140 €). Wenn man sich beim Pförtner meldet, bekommt man allerdings Einlass in die Kirche. Das Institut und die Kirche sind Teil eines alten Augustinerinnenklosters. Es wurde 1448 (andere Quellen sagen 1488) vom Patriarchen Maffeo Girardi an der Stelle gegründet, wo sich früher das Oratorium Santa Susanna befand. 1806 erließ Napoleon ein Edikt zur Klosterschließung, das allerdings unbeachtet blieb. Die wichtigsten Reste sind Teile des alten Kreuzgangs (stark umgestaltet; heute befinden sich dort Sitzgelegenheiten, die zu einer Pause einladen) und der Kirche, wo gelegentlich private Feierlichkeiten des Instituts stattfinden. Das Innere der Kirche ist nichts Außergewöhnliches. Der Name geht zurück auf die Bruderschaft San Rocco, die sich im Laufe des 15. Jahrhunderts im Oratorium angesiedelt hatte, und auf das Kloster Santa Margherita auf Torcello, aus dem Schwester Chiara, die Gründerin des Augustinerinnenklosters, kam.

SEHENSWERTES IN NÄCHSTER NAHE

ALTER SITZ DER BRUDERSCHAFT DER MAURER
San Marco 3216

Im zweiten Stock von San Marco 3216 befindet sich ein relativ unscheinbares, in Stein gemeißeltes Symbol, das auf das Jahr 1482 zurückgeht (wer es sehen will, muss steil nach oben schauen). Zu erkennen sind eine Maurerkelle, ein Winkel, ein Hammer und ein Lot. All diese Werkzeuge erinnern daran, dass die im Jahr 1200 gegründete Bruderschaft der Maurer (im venezianischen Dialekt *Scuola dei Mureri*) dort ihren Sitz hatte. Die Schutzheiligen der Maurer waren der Hl. Thomas und der Hl. Magnus.

DAS VENEZIANISCHE „PANTHEON" IM PALAZZO LOREDAN

Istituto Veneto di Scienze, Lettere ed Arti
Campo Santo Stefano, 2945
30124 Venezia
• Tel.: +39 041 124 77 11 • www.istitutoveneto.it
• Öffnungszeiten: Mo-Fr von 8.00 bis 18.00 Uhr.

Dogen, Maler, Architekten...

Allzu oft wird vergessen, dass der Palazzo Loredan am Campo Santo Stefano seit 1810 Sitz des Venezianischen Instituts für Natur- und Literaturwissenschaft und Kunst ist. Dennoch kann der Palazzo mit seinem Venezianischen „Pantheon" besichtigt werden. In der Eingangshalle stehen rund 60 Büsten historischer Persönlichkeiten aus dem politischen und kulturellen Leben Venedigs, wie z. B. Dogen, Maler und Architekten. Die ersten Werke stammen aus dem Jahr 1847 und befanden sich ursprünglich im Palazzo Ducale. 2009 hat Fabrizio Plessi die Büsten hierher gebracht und dabei drei Farben verwendet: rot, wie der Marmor aus Verona, gelb, wie der Stein aus Vicenza, und weiß, wie der Stein aus Istrien. Alle drei waren Venezianische Kolonien zur Zeit der *Serenissima*.

SEHENSWERTES IN NÄCHSTER NÄHE

VERGESSENE SPUREN DER HABSBURGISCHEN BESATZUNG

Über der Eingangstür des Palazzo Loredan fällt einem eine deutschsprachige Inschrift ins Auge: „K.K STADT UND FESTUNGS COMMANDO". Es handelt sich um Spuren der habsburgischen Besetzung im 19. Jahrhundert, als der Palast Sitz der Heeresleitung in Venedig war.

DIE SPUREN DES *THERIAK* AM CAMPO SANTO STEFANO ㉑

Campo Santo Stefano, vor dem Gebäude mit der Nummer 2800

Spuren der Himmelsarznei

Direkt gegenüber der Apotheke an der Ecke zwischen dem Campo Santo Stefano und der Calle del Spezier (*spezier da medicina* heißt auf venezianisch „Apotheker") erkennt man ein längst vergessenes Detail – ca. 5 Meter von der Fassade der Apotheke entfernt kennzeichnen drei kreisförmige Abdrücke die Stelle, an der sich der große Kessel befand, der zur Zubereitung des bekannten Theriak – einer Art Zaubertrank gegen alle möglichen Krankheiten – verwendet wurde (siehe rechts und folgende Doppelseite).

DIE ZUBEREITUNG DES THERIAK: EINE BIS INS KLEINSTE DETAIL DURCHDACHTE ZEREMONIE

Nicht alle Apotheken durften Theriak zubereiten. Gerade mal vierzig der rund 90 damaligen Apotheken in Venedig hatten die Genehmigung dazu. Das Heilmittel wurde auf der Straße in Bronzemörser zubereitet. Die Stelle, wo sich der Mörser befand, ist nicht nur auf dem Campo Santo Stefano sichtbar (s.S. 42), sondern auch vor der Apotheke „Alle due Colonne" (s.S. 189).

Die am meisten verbreitete Zutat war die Viper, die die Haut jünger und straffer machen sollte. Die Herstellung des Theriak fand ursprünglich einmal pro Jahr statt, genauer gesagt zur Zeit der Vipernjagd am Frühlingsende oder im Sommer.

Der Erfolg des Zaubertranks ließ die Kassen klingeln, weshalb einige Apotheken – wie zum Beispiel „Alla Testa d'Oro" am Rialto – ihn auch dreimal pro Jahr anfertigten.

Um die Qualität des Produktes zu schützen, hatte die Republik strenge Vorschriften gemacht. Alle zur Vorbereitung des Theriak verwendeten Ingredienzien musste drei Tage lang dem Blick der Öffentlichkeit preisgegeben werden. Höhepunkt waren selbstverständlich die lebendigen, in Käfigen gehaltenen Vipern. Nach drei Tagen konnte die Zubereitung dann endlich unter den Augen der Öffentlichkeit und der Aufsicht der Beamten der Republik beginnen.

WEITERE SPUREN DES *THERIAK* IN VENEDIG

Eine Inschrift über dem Ladenschild der Apotheke „Alla Testa d'Oro" (s.S. 17).

Ein Abdruck im Straßenpflaster von San Canciano vor der Apotheke „Alle due colonne", das an die Stelle erinnert, an der sich der Mörser während der Zubereitung der Arznei befand (s.S. 189).

Mehrere Apotheken (wie zum Beispiel die heute hinter dem Markusdom gelegene Kunstgalerie, eine ehemalige Apotheke im Gebäude mit der Nummer 412, auf deren historische Einrichtung noch eine Inschrift zu erkennen ist, die sich auf den Theriak bezieht) besitzen noch ein mit „Theriak" gekennzeichnetes Gefäß, wobei nur wenige davon Originalbehälter sind.

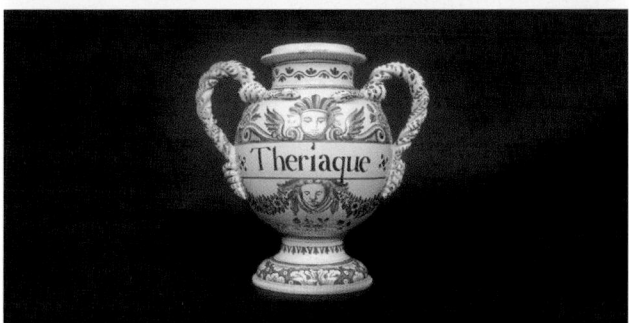

THERIAK: EIN WUNDERMITTEL?

Der Sage nach schrieb Nikandros von Kolophon, Arzt und Dichter aus Ionien, im 2. Jahrhundert vor Christus ein Gedicht mit dem Titel *Ta Theriaka*. Es handelte von Bisswunden von Tieren, besonders von Schlangen und anderen Gifttieren. Der Titel kommt aus dem Altgriechischen *„Therion"* und bedeutet „Viper", „Schlange" und im weiteren Sinne „Gift". Im Jahr 65 vor Christus bereitete Mithridates, der König vom Pontos (ein geographisches Gebiet am Schwarzen Meer, im Nordosten der heutigen Türkei) den namhaften Arzneitrank zum ersten Mal vor. Das Rezept, das schon aus 46 Ingredienzien bestand, wurde von Andromachos, dem Leibarzt des Kaisers Nero, um 25 weitere Zutaten erweitert. Kriton, der Leibarzt des Kaisers Trajan, gab dem Arzneitrank den Namen *Theriaca*, und der Philosoph und Arzt Galenus (131-201) sorgte für seine Vermarktung. Die Herstellungsformel des Theriak unterschied sich je nach dem, in welcher Stadt er hergestellt wurde (Paris, Venedig, Straßburg, Poitiers und anderswo). Unter den häufigsten oder eigenartigsten Zutaten seien hier Vipernpulver (gewonnen aus lebendigen Vipern), Opium, getrockneter Weinstein, Hirschhodenpulver sowie Horn vom Einhorn (eigentlich der Zahn des Einhornwals wie man ihn im Museo Correr sehen kann) erwähnt. Der Theriak schien gegen alles zu helfen und war Heilmittel gegen Pest und alle ansteckende Krankheiten, Skorpionstiche, Vipern- und Hundebisse, Tuberkulose, Faulfieber, Magenschmerzen, Sehstörungen und vieles mehr... Im 17. Jahrhundert war Venedig wegen der Herstellung des Theriak weltberühmt. Diese erfolgte unter der Aufsicht des Gesundheitsamtes, und das Heilmittel wurde nicht nur nach Europa sondern auch in die Türkei und nach Armenien exportiert. Ein solcher Erfolg weckte natürlich das Begehren vieler, so dass einige venezianische Klöster (wie zum Beispiel das Kloster Santi Giovanni e Paolo), deren Kontrolle gering war, illegal große Mengen an Theriak produzierten. Noch schlimmer war, dass es oft zu Fälschungen des Produkts an sich, des Behälters oder des Etiketts kam. Dadurch konnten oft mittelmäßige, wenn nicht sogar unwirksame oder schädliche Produkte legal ausgeführt werden. Als Opfer seines eigenen Erfolgs und seines Missbrauchs verschwand der Theriak im 19. Jahrhundert.

WARUM WAR VENEDIG FÜR ARZNEIEN SO RENOMMIERT?

Bis zum 19. Jahrhundert hatte Venedig dank der Qualität der dort

hergestellten Arzneimittel weltweit einen guten Ruf. Extrem wertvoll für die Zubereitung von Medikamenten waren die Gewürze aus dem Orient, auf die Venedig quasi das Handelsmonopol hatte. Im Hoheitsgebiet der Republik konnte man sich alle fernöstlichen Produkte zu einem akzeptablen Preis besorgen.

Seit 1468 mussten alle importierte Waren, sowie die Matrosen der Handelsschiffe, die mit den Waren beladen waren, mindestens 40 Tage lang vor der Insel Lazzaretto Nuovo warten. So vermied man das Risiko, sich mit der Pest anzustecken.

Dank renommierter und bedeutender Drucker und Verleger war Venedig auch die Stadt, in der die größten Sammlungen und die wichtigsten medizinischen und pharmazeutischen Fachbücher herausgegeben wurden. Die Landesbibliothek Marciana bewahrt noch heute Bücher von fundamentaler Bedeutung über arabische Medizin, Avicenna, Averroës usw. auf. Die Republik maß ihnen bei der Organisation der verschiedenen Heilmittelhersteller sowohl kulturell als auch wissenschaftlich große Bedeutung bei.

Da die Arzneimittelherstellung immer mehr Bedeutung gewann, erließ die Republik strenge Gesetze, die nicht nur die Qualität der Produkte gewährleisteten, sondern auch deren Ausfuhr ermöglichten.

So zählte die Stadt bald 90 Apotheken, die Heilmittel nicht nur verkauften,

sondern auch herstellten. Das Gewerbe wurde als „edle Kunst" angesehen, so dass die Apothekeninhaber sogar Damen aus der Aristokratie heiraten durften. Im 16. Jahrhundert blühte der Arzneihandel dermaßen auf, dass die Republik ihn einschränken musste. Ab dem Jahr 1616 mussten die Apotheken mindestens 100 venezianische Schritte weit voneinander entfernt sein (ungefähr 35 Meter).

DAS GEFLÜGELTE PFERD
DES PALAZZO MOROSINI
22

Palazzo Morosini
Campo Santo Stefano
San Marco 2802

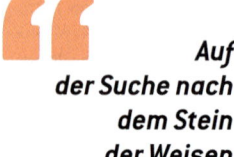

***Auf
der Suche nach
dem Stein
der Weisen***

Der Palazzo Morosini liegt zwischen dem Campo Stefano (Haupteingang) und dem Kanal Rio del Santissimo. Obwohl es eine Brücke über den Kanal gibt, werden Sie Mühe haben, die wunderschönen Skulpturen, die die Rückseite des Palastes schmücken, sehen zu können. Es empfiehlt sich deshalb, ein Boot zu mieten oder den *Gondoliere* Ihres Vertrauens zu bitten, daran vorbeizufahren, damit Sie die überraschende Darstellung des von zwei Greifen flankierten, geflügelten Pferdes bewundern zu können.

Es handelt sich um Pegasus (griechisch: „geflügeltes Pferd"). Der griechische Mythos erzählt, dass Pegasus dem von Medusa vergossenen Blut entsprang, als diese von Perseus geköpft wurde. Mit einem Hufschlag ließ Pegasus außerdem die Quelle der Unsterblichkeit von Hippokrene aus einem Felsen sprudeln. Zeus schenkte ihm die Unsterblichkeit und verwandelte das Tier in ein Sternbild der nördlichen Hemisphäre. Pegasus wurde so zum Symbol der dichterischen Schöpferkraft, denn auch die Poesie ist unsterblich. Das geflügelte Pferd ist auch das Symbol der Urtradition. Die goldenen Zügel verweisen auf das Gold, das mit dem Stein der Weisen hergestellt wurde und das das große Ziel der Alchemisten war.

Die Position der Skulptur in einem Nebenkanal ist nicht rein zufällig gewählt. Sie symbolisiert die göttliche Weisheit, die Gabe Pegasus, Wunderquellen sprudeln zu lassen, die die Menschen unsterblich machen.

Die göttliche Weisheit wird von zwei Greifen begleitet und bestärkt, die das alchemistische Verfahren der Sublimation (siehe folgende Seiten) verkörpern. Der Tradition und der Mythologie nach paaren sich die Greife mit einer Stute und zeugen den Hippogryph. Der Satz aus dem Mittelalter „Jungentur jam grypes equis" sagt aber, diese Kreuzung sei unmöglich, weshalb der Hippogryph das Symbol des Unmöglichen und der Liebe ist. In den mittelalterlichen Legenden ist dieses Fabelwesen das Lieblingstier der unsterblich verliebten Ritter, die vergebens versuchen, eine Dame zu erobern. Außerdem ist er das Sinnbild der Zauberer, die mit ihrer Zauberei schier Unmögliches schaffen.

SEHENSWERTES IN NÄCHSTER NÄHE

DER EINZIGE UNTERIRDISCHE KANAL IN VENEDIG ㉓

Wenn Sie ein Boot besitzen oder die Gondolieri reicher machen wollen, dann können Sie eine Fahrt durch den Rio del Santissimo genießen, den einzigen unterirdischen Kanal in Venedig. Er führt unter dem Chor der Kirche Santo Stefano hindurch und ist Treffpunkt für junge Venezianer, die dort in aller Ruhe rauchen. Vorsicht bei Hochwasser! Kopf einziehen!

SYMBOLIK DES GREIFS

In den alchemistischen Tierbüchern des Mittelalters wird der Greif als ein mythologisches Tier mit Löwenkörper und Kopf und Flügel eines Adlers beschrieben. Seine golden Eier brütet er in einem ebenfalls goldenen Nest, das neben seinen Schätzen liegt.

Zum ersten Mal erscheint dieses Wundertier auf den Gemälden und in den Skulpturen der babylonischen, assyrischen und persischen Kultur des Mittleren Ostens. Im antiken Griechenland glaubte man, dass der Greif in der Nähe des mythologischen Landes *Hyperborea** wohnt, aus dem der Nordwind Boreas kommt, und dass er der Vogel von Zeus, beziehungsweise von Jupiter, ist. Im Mittelalter des 12. Jahrhunderts fand man die Figur des Greifs auf den Waffen vieler europäischen Adelsfamilien, da ihm viele Tugenden – vor allem Mut und Reinheit – und keine Fehler zugeschrieben wurden. Dank seines ausgeprägten Gerechtigkeitssinns, seiner Intelligenz, seines Kunstsinns und seiner Herrschaft über die Himmelslüfte wurde er auch zum Symbol des Sternzeichens Waage.

In der Alchemie wird der Greif allegorisch für die hermetische Verbindung zwischen den festen und flüchtigen Bestandteilen benutzt und verweist dabei auf Salz und Merkur, und zwar nicht so sehr als allgemein bekannte Elemente, sondern auf deren subtile Essenz. *Fest* und *flüchtig* beziehen sich auch auf *Luft* und *Wasser* oder auf *männlich* und *weiblich*, sodass der Greif zum Sinnbild für das *Aludel* wurde. Dabei handelt es sich um ein Tongefäß, das der alchemistischen Sublimation diente – dem Prozess des unmittelbaren Übergangs eines Stoffes vom festen in den gasförmigen Zustand, ohne dass sich dieser vorher verflüssigt.

Ein wunderschönes, vom Bildhauer Barye geschaffenes Werk, das die *Hippogryphen* darstellt, ist im Louvre von Paris zu bewundern.

* Im Altgriechischen bedeutet dieses Wort „jenseits des Nördlichen", weil Boreas in der griechischen Mythologie die Personifikation des winterlichen Nordwinds ist. Außerdem entsprach Hyperborea im antiken Griechenland dem Paradies der Götter.

DIE SPUREN DES ALTEN KIRCHTURMS VON SANTA MARIA DEL GIGLIO ㉔

Campo Santa Maria del Giglio

Der unvollendete Kirchturm

Wahrscheinlich bemerken Sie es nicht auf Anhieb, aber der kleine Souvenirladen, gegenüber dem Seiteneingang der Kirche Santa Maria del Giglio, befindet sich innerhalb der Ruine des alten Kirchturms.

Die ersten Spuren der Kirche gehen auf das 10. Jahrhundert zurück. Aus dem Stadtplan von Jacopo de' Barbari (siehe unten) von 1500 geht hervor, dass der Kirchturm am Ende des 15. Jahrhunderts schon unvollendet war.

Merkwürdig ist, dass der Kirchturm auf dem Plan aussieht wie der heutige, obwohl er seither mehrmals verändert wurde. So wurde er z. B. im 16. Jahrhundert fertig gestellt, 1775 aber wegen seiner schiefen Lage abgerissen, weil er für die umliegenden Häuser eine Gefahr darstellte. Der Senat gab daraufhin den Befehl zum Wiederaufbau, der aber nicht über die noch heute sichtbaren Fundamente hinausreichte.

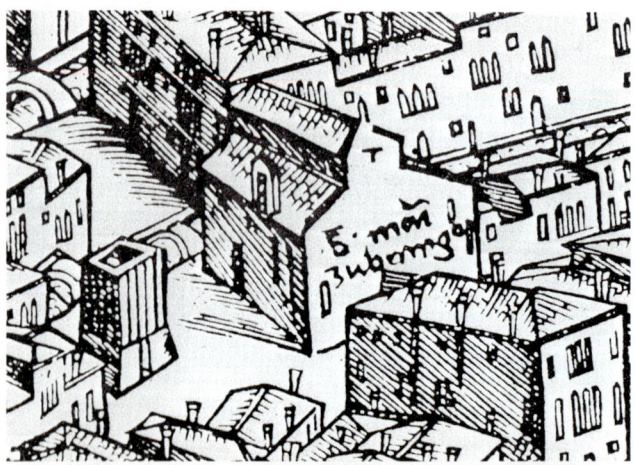

WOHER STAMMT DAS WORT *ZOBENIGO*?
Die Kirche Santa Maria del Giglio, bekannt auch unter dem Namen *Zobenigo*, geht auf die Familie Jubenico zurück, die Anfang des 10. Jahrhunderts wahrscheinlich zur Gründung der Kirche beitrug.

SEHENSWERTES IN NÄCHSTER NÄHE
DER RELIQUIENSAAL DER KIRCHE SANTA MARIA DEL GIGLIO

Kirche Santa Maria del Giglio • Öffnungszeiten: Montag bis Samstag von 10.00 bis 17.00 Uhr • Der Gottesdienst findet am Samstag um 18.00 Uhr, am Sonntag um 11.30 und 18.00 Uhr, und wochentags um 9.30 Uhr statt.

Gleich rechts im Inneren der Kirche Santa Maria del Giglio befindet sich ein wunderschöner Reliquiensaal, in dem viele Reliquien aufbewahrt werden – unter anderem vom Hl. Stephan, dem Hl. Theodor und der Hl. Katharina von Siena. Sehenswert sind auch ein Stück des Schleiers der Heiligen Jungfrau, der Schädelsplitter des Hl. Jakobus (Apostel) und eine Elfenbeinskulptur, die vermutlich Maria Magdalena zu den Füßen Jesu am Kreuz darstellt. Dem aufmerksamen Betrachter entgeht dabei nicht, dass die linke Brustwarze von Maria Magdalena nicht verhüllt ist.

Weitere Informationen über die Reliquien auf S. 76-77.

Selbst wenn die Gemälde der Evangelisten hinter dem Altar von den Touristen meistens ignoriert werden, lohnt sich eine Besichtigung. Denn unter den Werken befinden sich zwei Gemälde von Tintoretto aus dem Jahr 1552, die den Hl. Markus und den Hl. Matthäus darstellen.

Die Kirche Santa Maria del Giglio ist der venezianische Sitz des Ritterordens vom Heiligen Grab, dessen Hauptaufgabe es ist, die Interessen der katholischen Kirche in Jerusalem zu vertreten (weitere Informationen: siehe *Roma insolita e segreta* im selben Verlag) und über die im Notre-Dame in Paris aufbewahrte Dornenkrone Jesu zu wachen (siehe *Paris méconnu* im selben Verlag). Das Kreuz des Ordens ist an der Eingangstür der Kirche zu sehen.

CAMPIELLO DELLA FELTRINA: WOHER STAMMT DAS WORT *FELTRINA*?
Zwischen der Kirche San Maurizio und Santa Maria del Giglio liegt der Campiello della Feltrina, dessen Name darauf hinweist, dass der Palazzo Malipiero bis 1700 ein Hotel war, in dem nur Bürger aus der norditalienischen Stadt Feltre übernachteten. Einige zur Serenissima gehörende Städte hatten nämlich das Recht, die hohen Bürger ihrer Stadt in einem eigenen Hotel zu beherbergen.

DIE RIDOTTO-SÄLE IM HOTEL MONACO E GRAND CANAL

Calle Vallaresso 1332
- Informationen: Tel. 041 5200211 - Fax 041 5200501
- Besichtigung der Säle auf Anfrage
- mailbox@hotelmonaco.it
- www.hotelmonaco.it

Das erste staatlich geleitete Spielkasino

In der Nähe vom Markusplatz wurde der Öffentlichkeit der antike Ridotto-Saal im Hotel Monaco e Grand Canal wieder zugänglich gemacht.

Über eine spektakuläre Innentreppe erreicht man das Obergeschoss, in dem sich ein wunderschöner Zentralsaal befindet, der von acht Zimmern umgeben ist. Die Pläne dazu stammen vom Architekten Maccaruzzi aus dem Jahr 1700. Die Wände und die Decke im größten und doppelt so hohem Saal bestehen aus Kunstmarmor, Spiegeln und filigranen Stuckarbeiten mit Blumen- und Blättermustern. Die anderen Zimmer prunken mit Marmorino- und Stuckarbeiten, die Blumen, Bänder, Voluten und Muscheln darstellen.

Der antike Palazzo gehörte ursprünglich der Adelsfamilie Dandolo. Nachdem das Gebäude im 16. Jahrhundert den französischen Botschafter beherbergt hatte, wurde es 1638 an den Staat vermietet, der den Palazzo – zum ersten Mal – zu einem öffentlichen Spielkasino mit dem Namen *Il Ridotto* machte.

Es war nur während des damals ziemlich lang dauernden Karnevals geöffnet und wurde von verarmten Adligen geführt (den sogenannten *Barnabotti*, die in San Barnaba in den ihnen zugewiesenen Häusern wohnten). Außer den Croupiers mussten alle Besucher eine Maske tragen.

Obwohl der Ridotto europaweit berühmt war und der Staat hohe Gewinne damit machte, wurde das Kasino 1774 geschlossen – vielleicht mit dem Ziel, das Glückpiel und dessen Exzesse zu kontrollieren. Nach längerem Hin und Her beherbergte der Saal in jüngster Zeit das Cinema Modernissimo und dann das Teatro del Ridotto. Heute wird er vom Hotel Monaco für besondere Veranstaltungen genutzt (Kongresse, Feste, Konzerte und Bankette).

Die *Ridotti* waren kleine Räume, in die sich die Venezianer zurückzogen, um dem Glücksspiel zu frönen und soziale und politische Kontakte zu pflegen, ohne dabei die Fleischeslust außer Acht zu lassen (s. Seite 267). Dieses Wort war in Venedig ja schon seit dem 13. Jahrhundert bekannt.
Der Tradition nach fand das Glücksspiel im Freien seinen Anfang und zwar zwischen der Säule des beflügelten Löwen und der des Hl. Theodor auf der Piazzetta San Marco, vor dem Bacino di San Marco, wo auch die Todesstrafen stattfanden. Bald verbreitete sich das Spiel in allen Gesellschaftsständen, so dass die Regierung keine Einwände gegen die Verlegung des Glücksspiels in geschlossene Räumen hatte.

1691

DAS FRESKO DES WÜRFELSPIELS

Rio Terà de le Colonne, an der Südostecke der Calle dei Fabbri

> **Das Spiel zwischen den Säulen der Piazzetta San Marco**

Wie der Name schon sagt, handelt es sich beim Rio Terà de le Colonne (*rio* bedeutet „Bach", „Kanal") um einen alten Kanal. Der einstige Gehsteig am Kanal (venezianisch: *fondamenta*) ist heute ein Bogengang (venezianisch: *sotoportego*). An der Kreuzung mit der Calle dei Fabbri übersieht man an der Decke des Bogengangs leicht ein Fresko, das einige Würfel und eine Laterne zeigt. Auch wenn das Datum auf das Jahr 1691 verweist, handelt es sich wohl um ein modernes Werk.

Der Platz zwischen den zwei Säulen auf der Piazzetta San Marco war der erste Ort in Venedig, an dem es erlaubt war, dem Würfelspiel nachzugehen. Die Geschichte dazu ist interessant: Die zwei aus dem Osten stammenden, großartigen Säulen blieben lange am Boden liegen, weil niemand wusste, wie man sie am besten aufrichtet. Der bergamaskische Ingenieur Nicola Starantonio Barattiero, der die erste Rialtobrücke gebaut hatte, hatte 1172 dann die Idee, eines der beiden Enden der Säule festzumachen und das andere Ende mit Seilen am Boden zu befestigen. Die Seile wurden daraufhin gewässert, wodurch sie sich verkürzten und ihr Durchmesser zunahm. Auf diese Weise konnte der Kopf der Säule wenige Zentimeter angehoben werden. Unter die angehobene Säule wurden dann Holzklötze gelegt, die nassen Seile wurden durch trockene ersetzt und nach etlichen Wiederholungen konnten die zwei Säulen aufgerichtet werden.

Als Belohnung bekam Barattiero die Genehmigung, dort Würfelspiele zu organisieren und eine „Spielhölle" zu eröffnen, obwohl dieses Spiel bis dahin verboten war.

SEHENSWERTES IN NÄCHSTER NÄHE:
DIE ARMENISCHE KIRCHE SANTA CROCE DEGLI ARMENI
• Öffnungszeiten: nur am letzten Sonntag im Monat zum Gottesdienst um 10.30 Uhr

Die relativ unbekannte Kirche Santa Croce degli Armeni gehört wie die Insel San Lazzaro degli Armeni und Ca' Zenobio (s. Seite 349) der armenischen Gemeinschaft der Lagunenstadt. Einmal im Monat versammeln sich die Armenier von Venedig zum Gottesdienst in dieser Kirche, die allerdings nicht von besonderer architektonischer oder künstlerischer Bedeutung ist.

DIE FASSADE DER KIRCHE SAN ZULIAN

Kirche San Zulian
Campo San Zulian

Wie man 120 Jahre alt wird

An der interessanten Fassade der Kirche San Zulian am gleichnamigen Campo fällt einem die von Alessandro Vittoria geschaffene Skulptur des Arztes und Astrologen Tommaso Rangone ins Auge. Dank seiner Entdeckung einer aus Südamerika stammenden Pflanze als natürliches Heilmittel gegen Syphilis (s. nächste Doppelseite) trat Tommaso Giannotti – so sein wahrer Name – beim Grafen Guido Rangone in Dienst, dessen Namen er bald darauf annahm. 1553 finanzierte der Arzt zuerst den Wiederaufbau der Fassade der Kirche San Zulian, die sich in einem sehr schlechten Zustand befand, und später den Wiederaufbau des gesamten Gebäudes. Die Skulptur zeigt Rangone, wie er mit einem Talar, dem Symbol seiner unermesslichen Gelehrtheit, bekleidet auf einem Sarkophag sitzt. Er lässt sich dabei in einem halbkreisförmigen Relief darstellen, womit er auf den Himmel über der Erde verweist und sich auf die Theorien der Hermetik bezieht, die in der Renaissance sehr modern waren. Das Motto der Hermetik lautete „zum Himmel empor und zur Erde zurück" und hatte das Ziel, die kosmische und siderische Energie auf der Erde zu fördern (s. Seite 174). Rechts im Relief zeigt eine Himmelskugel mit einer Neigung von 44° 30' (die Breite von Venedig) das Horoskop seines Geburtstags, den 18. August 1493, mit dem Sternzeichen des Löwen in der Mitte. Die auf einem rechteckigen Sockel liegende Himmelskugel symbolisiert Bewegung und Stabilität, Himmel und Erde, Endlichkeit und Unendlichkeit.

Links hingegen erkennt man eine Erdkugel und einige Bücher, die auf einem Tisch liegen. Die Kugel, die im Vergleich zur Himmelskugel eine entgegengesetzte Neigung hat, zeigt den Atlantik, der Europa von Südamerika, der Heimat des Heilmittels gegen Syphilis, trennt.

Zwischen den zwei Kugeln sitzt Tommaso Rangone. In der linken Hand hält er ein offenes Buch, auf dem die Inschrift und das Akronym HIQ (hinc illincque) stehen. Die doppelte Übersetzungsmöglichkeit von HIQ „auf beiden Seiten" bzw. „von jeder Seite" verweist auf die Tatsache, dass man Gott, laut Rangone, sowohl im Makro- als auch im Mikrokosmos, sowohl im Himmel als auch auf Erden erkennen kann.

In der rechten Hand hält Rangone die in Südamerika entdeckte Pflanze, der er den Namen «Indienholz» oder «heiliges Holz» gegeben hat. Die göttliche Anwesenheit zeigt sich nämlich auf beiden Seiten des Atlantiks, sowie auch in beiden Kugeln, der Himmels- und der Erdkugel.

In der Fassade sind weitere drei Inschriften zu erkennen. Während die lateinische Inschrift biografische und juristische Angaben macht, rühmt die griechische die kulturellen Verdienste der Menschen. Die hebräische erinnert daran, dass es durchaus möglich ist, Gottes Auftrag zu erfüllen und ein Alter von 120 Jahren zu erreichen (s. nächste Doppelseite).

TOMMASO RANGONE, EINE AUSSERGEWÖHNLICHE PERSÖNLICHKEIT

Tommaso Rangone wurde am 18. August 1493 geboren und ist 1577 im Alter von 84 Jahren gestorben (nicht mit 94, wie Tassini behauptet); er war ein Gelehrter und Wissenschaftler, dessen Ruf von seiner manchmal entnervenden Selbstdarstellungsmanie geschmälert wurde. Es ist wahr, dass er es geschafft hat, sich in der Fassade der venezianischen Kirche San Zulian ein Denkmal zu setzen (s. vorige Doppelseite). Aber es ist auch wahr, dass ihm das erst glückte, nachdem man ihm die Selbstdarstellung in der Fassade von San Geminiano, dessen Prokurator er war, und der *Scuola Grande di San Marco*, deren Hoher Vorsteher er war (*Guardian Grande*), verweigert hatte. Rangone ließ sich sogar von Tintoretto auf einigen Gemälden porträtieren, die für die Räume der Bruderschaft bestimmt waren. Die Gemälde wurden aber von den Ordensbrüdern abgelehnt, weil sie nicht damit einverstanden waren, dass Rangone in den Werken so hervorgehoben wurde. Tintoretto war deshalb sogar bereit, die Figur des Gelehrten wieder wegzunehmen, damit seine Gemälde Gefallen finden. Die Werke kehrten allerdings ins Atelier des Malers zurück, der sie den Brüdern ohne jegliche Überarbeitung später auf rätselhafte Weise zurückgab. Rangone war sehr von sich überzeugt. Er prahlte mit seinem immensen Wissen in der Astrologie, der Medizin oder der Linguistik und behauptete, seine Bibliothek wäre eins der sieben Weltwunder. Nach seinem Tod wollte er als Leichnam in einer Prozession zur Kirche San Zulian gebracht werden. Die Prozession sollte von unzähligen Statisten begleitet werden, von denen einige offene Bücher oder Figuren zu den von ihm angegebenen Themen in der Hand halten. Unter den Figuren waren u. a. Ravenna (seine Heimatstadt), der Paradiesvogel, ein Rabenpaar (Symbol für langes Leben), die Pfingstrose (die älteste und berühmteste Heilpflanze), die Himmelsbahnen und die Sternkonstellationen. Rangone wurde aufgrund seiner Entdeckung des Heilmittels gegen Syphilis berühmt. Laut seiner Theorie war „Galecus" keine Geschlechtskrankheit, sondern eine natürlichen Krankheit. Und das Behandlungsmittel kam aus der Neuen Welt, wo die Eingeborenen seit jeher natürliche Heilmittel gegen die verschiedenen Krankheiten kannten. In Padua gründete Rangone ein Studienkolleg für 32 Studenten, die dort kostenlos in Astronomie, Hebräisch, Chaldäisch, Persisch, Syrisch und Auslegung der Heiligen Schrift unterrichtet wurden. Auf der Grundlage der Bibelstelle Genesis 6,3, die besagt, dass das Menschenleben sogar 120 Jahre dauert, verfasste Rangone sein Werk „Wie man das Leben des Menschen über 120 Jahre hinaus verlängern kann". Darin verweist er auf die Tatsache, dass antike Philosophen und Patriarchen oft ein ehrwürdiges Alter erreichten, und spornte seine Leser an, den Verbrauch von Arzneimitteln stark einzuschränken und ein gesundes, diszipliniertes und demütiges Leben zu führen.

ADDI XV GIVGNO MCCCX

DAS HOCHRELIEF DER ALTEN FRAU MIT DEM MÖRSER

Mercerie, an der Ecke zum Sottoportego del Cappello
Mercerie 149

Wenige Schritte von Markusplatz entfernt übersieht man oft ein interessantes Hochrelief. Es erinnert an ein überraschendes Ereignis, das am 15. Juni 1310 Geschichte schrieb:

> *Die Erinnerung an eine Verschwörung im Jahr 1310*

Zusammen mit den Querini und anderen Adelsfamilien plante die Familie Tiepolo (s.S. 120) eine von Bajamonte Tiepolo angezettelte Verschwörung mit dem Ziel, den Dogen Pietro Gradenigo zu stürzen. Die Verschwörer mussten am Markusplatz allerdings mit den Milizen des Dogen kämpfen, die schon im Vorfeld über die Pläne informiert worden waren und den Verschwörern den Weg abgeschnitten hatte. Schließlich mussten die Verschwörer den Rückzug antreten und verließen den Platz in Richtung Rialto. Doch als die Flüchtlinge zur Mercerie-Straße kamen, wurden sie von einer alten Frau namens Giustina (in anderen Quellen Lucia Rossi) bemerkt. Sogleich ließ sie einen Mörser von ihrem Balkon fallen, der Bajamonte Tiepolos Fahnenträger tödlich verletzte.

Die alte Frau versäumte es nicht, eine Belohnung dafür zu fordern: Zum einen wollte sie die Erlaubnis, jedes Jahr am 15. Juni und an anderen Feiertagen die Markusfahne zu hissen. Zum anderen bat sie darum, dass ihr und ihren Töchtern die Miete nicht mehr erhöht wird. Der Doge kam den Forderungen großzügig nach und dehnte das Privileg auf allen zukünftigen Vertreter der Frau aus.

Nach mehr als 500 Jahren ließ die letzte Bewohnerin des Hauses, Elia Vivante Mussati, 1861 ein Relief anbringen, das das Datum des Ereignisses zeigt und die alte Frau, wie sie den Mörser wirft.

> Auch andere Spuren in Venedig erinnern an die Verschwörung von Bajamonte Tiepolo. Am Campo Sant'Agostino, in der Nähe vom Campo San Polo, erinnert eine Schandsäule an die Stelle, wo sich das Haus von Bajamonte Tiepolo befand, bevor es zerstört wurde. Später wurde zur Erinnerung ein Trachytpflaster (venezianisch *masegno*) in den Boden eingelassen (s.S. 151). Die Häuser der Verschwörer wurden mit einem noch heute sichtbaren Zeichen markiert; die Symbole der zwei Bruderschaften, die zum Scheitern der Verschwörer beigetragen hatten, befinden sich hingegen am Campo San Luca (s.S. 29).

> Gleich unter dem Hochrelief kann man unter dem Datum in römischen Ziffern auch einen kleinen weißen Stein erkennen, der den Punkt markiert, wo der Mörser aufgeschlagen ist.

WARUM HAT DAS ZIFFERNBLATT DER TURMUHR 24 STUNDEN?

Nachdem die Zeit jahrhundertelang mit Sonnenuhren gemessen wurde, erschienen Ende des 13. Jahrhunderts in Europa die ersten mechanischen Uhren. Diese Revolution war von großer Bedeutung, da die Dauer einer Stunde von nun an genau vorherbestimmt war. Am Ende des 14. Jahrhunderts schufen die meisten Städte die Sonnenuhren ab, weil nun die Glocken der Kirchturmuhren die Zeit angaben.

Der Tag hatte 24 Stunden und fing mit dem Sonnenuntergang an (dies ist auch der Grund, warum die Uhr im oberen Teil, anstatt 12 oder 24 Uhr, 18 Uhr anzeigt). Die ersten Ziffernblätter wurden deshalb in 24 Stunden unterteilt. Dennoch wurde bald klar, dass die vielen Glockenschläge oft verwirrend waren. So wurde das System im 15. Jahrhundert vereinfacht. Die Glocken schlugen nicht mehr 24 Mal, sondern nur noch 6 Mal. Mit dieser Vereinfachung wurden auch die Ziffernblätter der Uhren verändert, die jetzt in 6 Stunden unterteilt wurden. Einige davon, die sogenannten „römischen Ziffernblätter", sind noch heute zu sehen: zum Beispiel im Palazzo Ducale, im Saal de l'Avogaria, aber auch in anderen Teilen Italiens (siehe auch *Roma insolita e segreta* und *Toscana insolita e segreta*, erschienen im selben Verlag).

Nach den Feldzügen von Napoleon wurde die „italienische Uhr" durch die „französische" ersetzt, deren Ziffernblätter in 12 Stunden unterteilt waren und bei denen der Tag mit Mitternacht begann.

VENEZIANISCHE UHREN MIT 24-STÜNDIGEM ZIFFERNBLATT
- Fondaco dei Tedeschi am Rialto
- Kirche Santi Apostoli am Rialto
- Kirche San Giacomo am Rialto
- Torre dell'Orologio am Markusplatz
- Palazzo Ducale

DIE SYMBOLISCHE BEDEUTUNG DER MAUREN DES UHRENTURMS
Die zwei Mauren oben auf dem Turm verkörpern weder die maurischen Sklaven, noch den Sieg des Christentums über den Islam in Venedig, sondern stellen das ursprüngliche Chaos der anfänglichen Negritude vor der Schöpfung der Welt dar. Durch die Hammer, mit denen die Mauren die Glocke der Uhr anschlagen und die Zeit angeben, erinnern sie daran, dass das Wort Gottes der Ursprung der Schöpfung der Welt ist ("Fiat Lux").

BESICHTIGUNG DES UHRENTURMS
Nur wenige wissen, dass der Uhrenturm (Torre dell'Orologio) besichtigt werden kann. Auch wenn der Preis alles andere als günstig ist (12 Euro pro Person), lohnt sich die einstündige, sehr aufschlussreiche und interessante Führung. Außerdem genießt man vom Turm aus einen faszinierenden Blick auf den Markusplatz und auf das restliche Venedig. Besichtigungen auf Italienisch, Englisch und Französisch. Tickets können im Museum Correr gekauft oder telefonisch unter 0039 041 520 90 70 reserviert werden.

DIE DREI FAHNENMASTEN AM MARKUSPLATZ
Markusplatz

31

Symbole von Candia, Morea und Zypern

Heute läuft man oft achtlos an den Fahnenmasten vor dem Markusdom vorbei. Zur Zeit der Serenissima stellten die Mäste die drei von den Dogen eroberten Königtümer dar: Zypern, Candia (das heutige Iraklio) und Morea (die heutige Peloponnes).

Ab dem 12. Jahrhundert bezeichneten die Kreuzfahrer die Peloponnes wegen der vielen Maulbeerbäume als Morea (griechisch: „Maulbeerbaum"). Außerdem glaubten sie, die Halbinsel hätte die Form eines Maulbeerbaumblattes. Peloponnes leitet sich dagegen von Pelops, dem Namen des Sohnes des lydischen Königs Tantalos, ab. Heute ist Lydien eine Region der Türkei. 1715 eroberten die Osmanen die Morea und die letzten Kolonien der Serenissima auf Kreta zurück. Dennoch dauerte der Krieg bis 1718.

Candia leitet sich hingegen vom lateinischen *Candicus* (Graben) ab und war der ursprüngliche Name der wichtigsten Stadt auf Kreta, Heraklion. Im Mittelalter wurde die Bezeichnung sowohl für die Insel als auch für die Stadt verwendet. Candia war von 1204 bis 1648 unter venezianischer Herrschaft; Venedig beherrschte damals nur drei Städte auf Kreta: Gramvousa (wird 1691 fallen), Spinalonga und Souda (wird 1715 fallen).

Zypern war von 1489 bis 1571 unter venezianischer Herrschaft, nachdem die Venezianerin Katharina Cornaro 1468 den König von Zypern Jakob II. von Lusignan geheiratet hatte.

Im Ehevertrag stand, dass die Insel nach Jakobs Tod in den Besitz Katharinas übergeht. Deshalb soll Katharina nach der Geburt ihres ersten Sohnes einen Plan zur Vergiftung Jakobs ausgeheckt haben.

Heute wehen an den Fahnenmästen die venezianische, die italienische und die europäische Flagge.

ÄNDERUNG DER SYMBOLE STATT ABRISS
Zur Zeit Napoleons forderte ein gewisser Giuliani, die Fahnenmäste abzureißen, weil sie zum Symbol der Tyrannei geworden waren. Nach langen Diskussionen entschied man sich gegen den Abriss und die Masten wurden offiziell zu Symbolen der Freiheit, der Tugend und der Gleichheit.

DIE PORPHYRRAUTE IM ATRIUM VOM MARKUSDOM

32

Markusdom
Vor der Haupttor

" Der Ort des Kniefalls von Friedrich I. (1177)

Vor dem Haupttor in der Vorhalle des Markusdoms erinnert eine Porphyrraute an die Stelle, wo es am 24. Juli 1177 zum Kniefall Friedrich Barbarossas vor Papst Alexander III. kam, bevor er im Palazzo Ducale zur Audienz empfangen wurde. Friedrich I. erkannte mit seinem Kniefall Alexander III. als alleinigen Papst des Christentums an und verzichtete gleichzeitig auf das Recht, Bischöfe zu ernennen. Dies war eine große Demütigung für den Kaiser, der sich als Erbe der Römischen Kaiser verstand und davon träumte, alle einst römischen Gebiete wieder in Besitz zu nehmen. Kurz nach Beginn des Pontifikats von Alexander III. (1159) ließ Friedrich Barbarossa Viktor IV. zum Gegenpapst* ernennen, und zwar mit Hilfe einer Gruppe von Kardinälen, die dem Kaiser freundlich gesinnt waren. Später sollten noch zwei weitere Gegenpäpste folgen: Paschalis III. und Kalixt III. Die großen katholischen Staaten (Frankreich, England, das Königreich Sizilien und die Königreiche in der iberischen Halbinsel) setzten sich schon lange gegen die Macht des Heiligen Römischen Reichs deutscher Nation zur Wehr und zollten Alexander

III. ihre Anerkennung. Dieser exkommunizierte Friedrich im Jahr 1160, was zum Krieg führte. Nach der Schlacht von Legnano im Jahr 1176 wurde Venedig zum Ort der Versöhnung zwischen dem geschlagenen Kaiser und dem Papst. Das Ereignis war von enormer Bedeutung, denn die Stadt wurde zum Vermittler zwischen den zwei Mächten und gewann auf diese Weise an Prestige. Nachdem man Barbarossa sowohl in Ravenna als auch in Chioggia abgewiesen hatte, musste er vor dem Treffen mit dem Papst vor dem Eingangstor des Markusdoms den von ihm ernannten Gegenpäpsten abschwören.

*Gegenpapst: unter besonderen Umständen gewählter Papst, neben dem es bereits einen kanonisch gewählten Papst gab. Die katholische Kirche erkannte die Gegenpäpste nicht an. Meistens wurden sie von Kaisern aus persönlichem Interessenschutz ernannt.

DIE MYSTERIÖSE GLÜCKWUNSCHKARTE DES PRIESTERKÖNIGS JOHANNES

Nach dem Friedensabkommen schickte der sogenannte Priesterkönig Johannes einen Brief an den Papst und den Kaiser, mit dem er den beiden zum Friedensschluss gratulierte. Wer genau dieser Johannes war, bleibt bis heute unklar. Einigen Quellen zufolge handelte es sich um einen Kaiser des Orients, der bei den Tempelrittern einen legendären Ruf genoss. Demnach sollte er in einem geheimnisvollen Reich irgendwo in Asien herrschen, dort sowohl Papst als auch Kaiser sein und sogar von der Mutter Jesu gekrönt worden sein. Scheinbar wurde der Brief, der voller Gedanken zur Eintracht unter den Völkern und voller Reflexionen über die Heilige Jungfrau war, von den Tempelrittern selbst angefertigt.

Johannes war mitunter einer der Auslöser der portugiesischen Feldzüge, deren Ziel es war, die Muslime im Nahen Osten zwischen Westeuropa und Asien mit seiner Hilfe rücklings zu überfallen. Mehr Informationen dazu finden Sie im Reiseführer *Secret Lisbon* (im selben Verlag).

WORAUF GEHT DER BEGRIFF *BUCENTAUR* ZURÜCK?

Der Tradition zufolge wollte der Papst Venedig für den Einsatz im Friedensprozess mit Friedrich I. belohnen und schenkte dem Dogen deshalb einen Ring. Dieser war es auch, der den Ring am Himmelfahrtstag zum ersten Mal in die Adria warf, um so die Vereinigung zwischen Venedig und dem Meer zu symbolisieren, woraus die bis heute lebendige Tradition entstand. Das vom Dogen zu diesem Anlass benutzte Boot wurde als *Bucentaur* bezeichnet, allerdings erst ab 1311, als die Tempelritter in Frankreich gerade ausgerottet wurden. Uneinigkeit herrscht über die Herkunft des Begriffs *Bucentaur*. Einige behaupten, der Begriff gehe auf ein mittelalterliches, mit mehreren Rudern versehenes Boot mit dem Namen "bucio" oder "bucin" zurück, während die Endung „aur" vom italienischen Wort „oro"(„Gold") komme und mit der goldenen Verzierung zusammenhänge. Andere glauben jedoch, es komme von *Beaucéant*, mit dem das Wappen des Templerordens bezeichnet wird. Denn 1177 war der Papst bei den Templern in Venedig zu Gast (s.S. 144), die auch die Leibwache von Alexander III. waren und dank ihrer großen Flotte und ihrer Besitztümer im Heiligen Land den Handel zwischen Venedig und Asien aufrechterhielten (s.S. 243). Der Begriff *Beaucéant* gehe demnach auf „beau" (schön) und „céant" in den Langues d'oïl zurück, womit die innerliche und spirituelle Schönheit zum Ausdruck gebracht werde.

DAS MOSAIK VOM DODEKAEDER ❸❸
Vorhalle vom Markusdom

" Das Dodekaeder und die kosmische Harmonie

Vor dem Haupttor des Markusdoms ist am Boden ein *sternenförmiges Dodekaeder* dargestellt, das auch im Chor zu sehen ist. Es wird dem bekannten florentinischen Maler Paolo Uccello (1397-1475) zugeschrieben, der in der Renaissance tätig war. Er wurde vermutlich vom Franziskaner und Mathematiker Luca Bartolomeo Pacioli (1445-1517) beeinflusst, der als Vater der modernen Buchführung gilt, auch wenn er beim Tod von Paolo Ucello erst 30 war. In der 1509 veröffentlichten Abhandlung *De Divina Proportione* beschreibt Pacioli hauptsächlich den Goldenen Schnitt und dessen Anwendungen in der Malerei und Architektur.

Verlängert man die Seiten des Dodekaeders bis zu ihren Schnittpunkten, entstehen pyramidenartige Formen, die ein sternenförmiges Dodekaeder ergeben, der aus zwölf Fünfecken besteht.

Für die Weisen der Antike war das Fünfeck, aus dem das Pentagramm (oder fünfeckiger Stern) hervorging, das Symbol der Venus. Der Planet spielte in der Geschichte Venedigs eine große Rolle (s. S. 86), weshalb er an dieser Stelle dargestellt wurde.

In der traditionellen Symbolik ist das Dodekaeder die Figur, die die Erscheinung Gottes in der Natur am besten darstellt. Bei Platon verkörpert es die kosmische Harmonie. Außerdem symbolisiert es die dreidimensionale Symmetrie des Fünfeckes und des Goldenen Schnitts – zwei Begriffe, die überall in der Welt der Physik zu finden sind.

Der Goldene Schnitt (1,618) wird von Kepler in seinem Werk *Mysterium Cosmographicum* als *„ein kostbares Juwel"* beschrieben und ist eine grundlegende Eigenschaft des Dodekaeders und aller anderen platonischen Körper. Diese fünf Körper zusammen stellen alle Formen der materiellen Welt dar (siehe folgende Doppelseite). Diese universellen Formen werden systematisch in geometrische Figuren geordnet, wo jede eine eigene mathematische und philosophische Bedeutung hat, und dementsprechend in der religiösen Kunst und Architektur angewandt.

> Auch unter der Ikonostase kann man einen Dodekaeder erkennen, wenn man vom Eingang der Pala d'Oro Richtung Chor schaut.

DIE FÜNF REGELMÄSSIGEN KÖRPER UND DIE HEILIGE GEOMETRIE

Die *Heilige Geometrie* ist eine Weltanschauung, die die Hauptkriterien ihrer Existenz als *heilig* betrachtet. Die Grundlage dieser Kriterien ist zum Beispiel, dass man das *Magnum Mysterium*, den *Großen Plan* des Universums, deutet und dessen Regeln, Gesetze und wechselseitigen Verhältnisse der Formen erlernt. Laut der Theorie sind diese universellen Formen in einem geometrischen System geordnet, wobei es für jede Figur eine mathematische und philosophische Deutung gibt. Sie werden in der kirchlichen Kunst und Architektur verwendet, die sich immer auf die «göttlichen» Proportionen stützt, wo der Mensch das Universum widerspiegeln kann und umgekehrt. Solche Proportionen sind auch in der Musik, im Licht und in der Kosmologie zu finden. Schon in der Urgeschichte, in der Megalith- und jungsteinzeitlichen Kultur, entdeckte der Mensch dieses Wertsystem und betrachtete es als universelles Element, das der Natur des Menschen eigen ist. Die *Heilige Geometrie* ist für die Errichtung von Sakralbauten wie Synagogen, Kirchen und Moscheen von fundamentaler Bedeutung und spiegelt sich oft auch in Altären und Tabernakeln wider. Als Vermächtnis der griechischen und ägyptischen Kultur kam diese Geometrie ins antike Rom und beeinflusste den Bau von romanischen und gotischen Basiliken bis ins europäische Mittelalter durch die Vereinigung geometrischer Prinzipien und kirchlicher Symbole.

Man sagt, es sei Pythagoras gewesen (geb. um 570 v. Chr. in Samos, gest. um 497 v. Chr. in Metapont in Basilicata, Süditalien), der die

Heilige Geometrie in seiner Schule im heute in Italien liegenden Crotone (früher Griechenland) gegründet hat, und zwar dank der in Ägypten und Indien erworbenen Kenntnisse, die er in sein Heimatland gebracht hatte. Durch Anwendung des Goldenen Schnitts (1,618) auf die fünf Grundkörper der Geometrie hat Pythagoras die mathematische Methode der pythagoreischen Geometrie begründet. Um die fünf Grundkörper (Tetraeder oder Pyramide, Hexaeder, Oktaeder, Dodekaeder und Ikosaeder – Platon hatte sich darüber dermaßen den Kopf zerbrochen, dass man sie noch heute Platonische Körper nennt) zu finden, hat sich Pythagoras vom Mythos des **Spielzeugs vom göttlichen Kind Dionysos** inspirieren lassen: Es bestand aus Korb, Würfel, Kreisel, Kugel und Spiegel. In kosmischer Hinsicht symbolisiert der Korb das Universum. Die Würfel symbolisieren die fünf platonischen Körper, die die Grundelemente (Äther, Luft, Feuer, Wasser und Erde) verkörpern. Der Kreisel symbolisiert das Atom der Materie. Die Kugel verkörpert die Erdkugel. Der Spiegel stellt schließlich das ganze Werk des Großen Geometers (Dionysos) dar.

Jeder der fünf Körper repräsentiert auch eine planetarische Kraft, die sich dank ihrer Gestalt mit einem der Grundelemente in Verbindung setzt. Der Dodekaeder ist traditionsgemäß mit Venus und der natürlichen Quintessenz (Äther) verbunden und wird in der Kuppel dargestellt; der Oktaeder ist mit Saturn und der Luft verbunden und wird im Querschiff dargestellt; der Tetraeder ist mit Mars und Feuer verbunden und wird durch Schlitze symbolisiert, die als Lichtquellen dienen; der Ikosaeder ist mit Mond und Wasser verbunden und entscheidet über die Harmonie der Formen; der Hexaeder schließlich verbindet die Sonne mit der Erde und verkörpert so das irdische Element, das den Grundriss des Baus bestimmt. Der Hauptzweck der Heiligen Geometrie ist, die universelle Perfektion durch perfekte mathematische Formen und Berechnungen wiederzugeben und die Vielfältigkeit durch die kirchliche Architektur mit der Einzigkeit zu verbinden, und zwar in geometrisch dazu bestimmten Räumen.

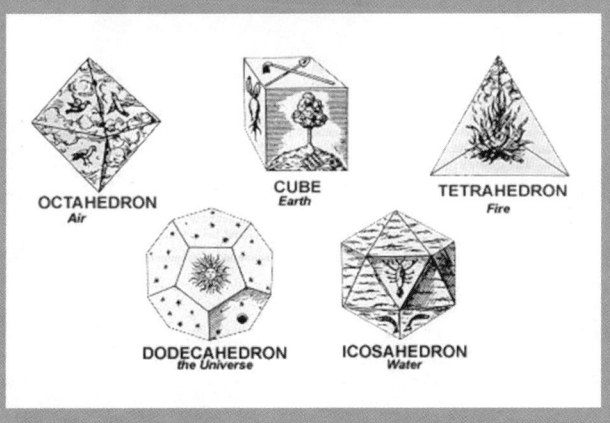

DAS NASHORN-MOSAIK

Markusdom
• Öffnungszeiten: an Wochentagen von 9.45 bis 17.00 Uhr
an Sonn- und Feiertagen von 14.00 bis 17.00 Uhr (von November bis
Ostern bis 16.00 Uhr)

Ein Nashorn in der Basilika...

Dank der langen Geschichte des Markusdoms befinden sich an den Wänden der Basilika wundervolle und oft besondere Darstellungen. Links vom Seiteneingang, gegenüber der Isidor-Kapelle, ist ein ungewöhnliches Mosaik zu erkennen, das ein Nashorn darstellt und über dessen Ursprung sich die Fachleute streiten. Manche führen es – wie die meisten Mosaike der Basilika – auf das 13. Jahrhundert zurück, andere auf das 15., 16. oder 18. und einige sogar auf das 20. Jahrhundert. Obwohl Plinius der Ältere, Strabon, Solinus und Isidor von Sevilla schon davon berichtet hatten, bekam man das erste Nashorn der Neuzeit in Westeuropa erst im Jahr 1515 zu sehen. Damals schenkte der Sultan von Cambay (im heutigen Bundesstaat Gujarat in Indien) dem König von Portugal Manuel I. ein Exemplar. In Lissabon wurde sogar ein Kampf zwischen einem Nashorn und einem Elefanten organisiert. Die sofortige Flucht des Elefanten bestätigte die Aussage antiker Werke, das Nashorn sei das einzige Tier, das einen Elefanten in die Flucht schlagen könne. Später wurde es an Papst Leo X. geschickt und erregte eine solche Neugierde, dass Franz I. von Frankreich während einer Fahrt nach Marseille dem Papst einen Besuch abstattete, um das Nashorn zu bestaunen. Das Tier starb während eines Seesturms, worauf es laut einiger Quellen präpariert und dem ursprünglich Beschenkten zurückgegeben wurde. Im selben Jahr (1515) realisierte Albrecht Dürer den bekannten Holzschnitt *Rhinocerus*.

In Venedig bekam man das erste Nashorn 1751 anlässlich einer von seinem Besitzer, einem gewissen Douwe Mout van der Meer, organisierten

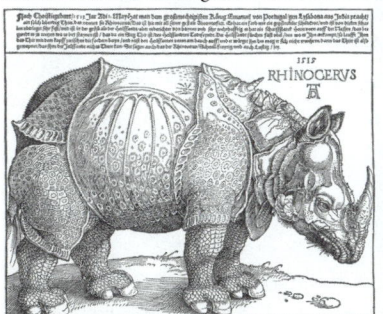

Besichtigung zu Gesicht. Mit dem Spitznamen „Clara" wurde es zu einer der Faschingsattraktionen und von Pietro Longhi in einem Gemälde verewigt.

Einige sehen in dem Baum hinter dem Nashorn das Symbol der Stärke, andere halten das Tier für ein Talisman gegen Krankheiten.

WEITERE BESONDERHEITEN IN DER BASILIKA

Man sagt, **die Ikone der Nikopoia** sei vom **Hl. Lukas** gemalt worden.

Die schwarzen und weißen **Säulen** des Vestibulum sollen **aus dem salomonischen Tempel in Jerusalem** stammen (oder aus den Pyrenäen).

Die Säulen neben den Engeln im Mosaik auf beiden Seiten vor dem Hochaltar sollen ursprünglich **im Haus des Pontius Pilatus** gestanden haben.

Der Altarstein im Baptisterium soll aus dem Stein sein, auf dem **Jesus in Tyros gepredigt hat (Bild rechts).**

Der Stein, auf dem Johannes der Täufer enthauptet wurde und auf dem der Sage nach noch Blutspuren des Heiligen sichtbar sind, war lange ausgestellt. Heute wird er in den Lagerräumen aufbewahrt.

RELIQUIEN UND AUSSERORDENTLICHES AUS DER SCHATZKAMMER VON SAN MARCO

Venedig hielt sich im „Kampf um die Reliquien" in den Anfängen des Christentums nicht zurück (s. folgende Doppelseite). Neben den bekannten Markusreliquien und anderen „klassischen" Stücken, wie einige Fragmente des Heiligen Kreuzes, ein Finger von Maria Magdalena oder ein Daumen des Heiligen Markus, zählt der Schatz weitere überraschende Reliquien, von denen einige für alle sichtbar sind:

Eine Ampulle mit dem **Blut Christi**;

Baumwollfäden, die mit dem Blut und Wasser aus der geöffneten Seite Christi getränkt sind;

Ein kleiner Teil der **Geißelungssäule** (der größte Teil befindet sich in Rom, siehe *Roma insolita e segreta* im selben Verlag);

Ein Teil vom Stock, auf den der **Essigschwamm** für den gekreuzigten Jesus gesteckt wurde;

Ein Stück Leinenstoff, der für die Fußwaschung verwendet wurde;

Die Reliquie der **Milch der Heiligen Jungfrau**, heute in den Lagerräumen;

Eine Haarsträhne der Mutter Christi;

Das Schwert, mit dem Petrus während der Passion das Ohr von Malchus abgehob;

Ein Teil des Schädels von Johannes dem Täufer;

Der Daumen des Heiligen Markus. Der Heilige soll sich wegen seiner Bescheidenheit den Daumen abgeschnitten haben, damit er nicht zum Priester geweiht wird.

Ein Arm des Heiligen Georg, mit dem er den Drachen getötet haben soll;

Ein Zahn von einem Flusspferd (der lange für das Horn eines Nashorns gehalten wurde) und drei Hörner von Einhörnern (eigentlich Zähne des Einhornwals oder Narwals (in den Lagerräumen)). Hingewiesen sei auch auf den großen und wunderschönen, im *Museo Correr* aufbewahrten Narwalzahn mit eingeschnitztem Jessebaum.

MERKWÜRDIGES VOM CHRISTLICHEN RELIQUIENKULT

Seit dem Mittelalter stehen die Reliquien der Heiligen im Mittelpunkt. Heute sind sie allerdings fast in Vergessenheit geraten und die Wichtigkeit ihrer Verehrung hat nachgelassen. Dennoch erinnert ihre Anwesenheit in zahlreichen europäischen Kirchen noch heute an ungewöhnliche Ereignisse.

Die ersten Zeugnisse der Reliquienverehrung finden sich bereits in den Anfängen des Christentums, als die ersten Märtyrer und Heiligen starben. Die Reliquien hatten drei Funktionen: Sie galten als konkreter Beweis eines tugendhaften Lebens; sie besaßen spirituelle und energetische Macht, wodurch sie Wunder vollbringen konnten (man glaubte, dass die Wundertätigkeit der Heiligen in den Reliquien erhalten bleibt) und sie konnten ihrem Besitzer auch zum Ablass verhelfen (s. Seite 147).

Aus der Nachfrage entstand das Angebot; daher verkauften viele rücksichtslose Händler unechte Reliquien. Die Kirche half ihnen sogar dabei, indem sie zahlreiche Persönlichkeiten aus politischen und unlauteren Gründen heilig sprach (siehe rechts). Das Ergebnis ist absurd: Wenn alle Reliquien echt wären, hätte Maria Magdalena sechs Körper und der Hl. Blasius Hunderte von Armen.

Dieses Übermaß verursachte offenbar großes Misstrauen gegenüber

den Reliquien und nach und nach schlief ihr Kult ein, auch wenn er heute wieder im Kommen ist; denn viele glauben noch, dass die Reliquien eines Heiligen besondere Kräfte besitzen, wovon z. B. die vielen Pilgerfahrten in Italien zeugen; ein gutes Beispiel dafür ist der Kult um Padre Pio.

Insgesamt existieren fast 50.000 Reliquien von zirka 5.000 Heiligen, die in ganz Europa verstreut sind. Auch in den meisten anderen Religionen der Welt werden oder wurden Reliquien verehrt.

21.441 RELIQUIEN FÜR 39.924.120 JAHRE ABLASS

Der größte Reliquiensammler war Friedrich III. von Sachsen (1463-1525), der 21.441 Reliquien besaß, unter denen auch 42 vollständig erhaltene Heiligenkörper waren. Dank dieser auf der Welt einzigartigen Sammlung errechnete er die Gesamtsumme von 39.924.120 Jahren und 220 Tagen Ablass! Allerdings gab Friedrich 1523 unter Luthers Einfluss den Reliquienkult auf.

WENN HEILIGE DOCH NICHT SO HEILIG SIND, ODER WENN DIE KIRCHE DEN HL. GEORG, DEN HL. CHRISTOPH UND DIE HL. PHILOMENA AUS DEM KALENDER STREICHT...

Seit dem Mittelalter nahm die Suche nach Reliquien stark zu, und immer mehr Fälschungen wurden als echte Reliquien verkauft. Es entstanden sogar falsche Heilige. Vor kurzer Zeit – es ist unbemerkt geblieben – hat die Kirche den Hl. Georg, den Hl. Christoph und die Hl. Philomena aus dem Kalender gestrichen, weil ihre Existenz zweifelhaft war.

Um die Zahl der potentiellen Reliquien zu steigern und somit den Handel zu fördern, wurden einige Persönlichkeiten ohne Genehmigung heilig gesprochen. Im 16. Jahrhundert wurden die Heiligsprechungen aus diplomatischen, mit der Reformation verbundenen Gründen eher auf politischer als auf religiöser oder moralischer Grundlage durchgeführt. Beispielsweise wurden durch außerordentliche Maßnahmen der Realpolitik viele Herrscher der Zeit heilig gesprochen, wodurch man sich die Treue zur katholischen Kirche erkaufte, die damals unter den Angriffen des Protestantismus litt. Einige dieser Herrscher waren: Hl. Stanislaus von Polen, Hl. Kasimir von Litauen, Hl. Birgitta von Schweden, Hl. Stephan von Ungarn, Hl. Margareta von Schottland, Hl. Elisabeth von Portugal, Hl. Wenzel von Böhmen und viele andere.

DIE FEDERN DES ERZENGELS MICHAEL, DER HAUCH JESU UND DER STERNENSTRAHL, DER DIE HEILIGEN DREI KÖNIGE FÜHRTE, ALS RELIQUIEN

Um Geld zu verdienen, betrogen die Händler die naiven Gläubigen und zeigten dabei viel Phantasie; sie suchten nach neuen Reliquien und verkauften wahrlich faszinierende Fälschungen, wie die Hörner von Moses oder die Federn des Erzengels Michael, die 1784 in Mont Saint-Michel verkauft wurden.

Die begehrtesten Reliquien waren selbstverständlich die von Christus. Zum Unglück der Reliquienjäger wurde Jesus in den Himmel aufgenommen, und sein Körper stand somit nicht mehr zur Verfügung. So ließ man der Phantasie freien Lauf und erfand völlig außergewöhnliche Reliquien: den Hauch Jesu, der angeblich in einem Glasfläschchen in der Domkirche von Wittenberg aufbewahrt wird; oder die Reliquie der Vorhaut Jesu, die acht Tage nach seiner Geburt unmittelbar nach der Beschneidung sichergestellt wurde; oder die seines Bauchnabels (!). Diese soll sich im Lateran in Rom befinden (Sancta Sanctorum). Das Brot des Letzten Abendmahls soll sich hingegen in Gaming in Österreich befinden. Manchen mittelalterlichen Texten zufolge, die heute verloren gegangen sind, soll es im Lateran auch eine Reliquie des Sternenstrahls geben, der die Heiligen Drei Könige nach Bethlehem führte.

Heutzutage wird einer Kirche der Titel „Basilika" aufgrund ihres großen spirituellen Einsatzes und ihrer Vorbildfunktion im Alltag nur auf päpstlichen Beschluss verliehen.

DER STEIN DES HERZENS
DES DOGEN FRANCESCO ERIZZO

- Besichtigung: nur während der Öffnungszeiten der Pala d'Oro
- Mo-Sa von 9.45 bis 17.00 Uhr.
- Sonn- und Feiertage von 14 bis 17.00 Uhr (von November bis Ostern bis 16.00 Uhr)

Ganz in der Nähe der Pala d'Oro in Richtung Ausgang trifft man auf einen besonderen Stein, auf dem ein Herz und eine Dogenmütze zu erkennen sind. Der Stein weist darauf hin, dass hier das Herz des Dogen Francesco Erizzo (1566-1646 – von 1631 bis 1646 im Amt) auf eigenen testamentarischen

Ein Dogenherz in der Basilika

Wunsch hin begraben ist. Der Leichnam befindet sich hingegen in der Kirche San Martino di Castello, in der Nähe seines Geburtsortes.

Das schwarze Bild unter der Dogenmütze stellt einen Igel (italienisch: *riccio*) dar, der die Adelsfamilie Erizzo symbolisiert. Grund dafür ist die Ähnlichkeit des italienischen Wortes *riccio* mit dem Familiennamen Erizzo.

GEHEIMTIPP: WIE MAN BEI DER BESICHTIGUNG DIE TOURISTEN UMGEHT

Nach der offiziellen Schließung um 17 Uhr ist die Basilika nur den Gläubigen zugänglich. Der Eingang befindet sich an der Nordseite. Um 17.30 Uhr im Winter und um 18.00 Uhr im Sommer kann man so der Vesper beiwohnen. Das Gleiche gilt für die Messe um 18.45 Uhr und den Rosenkranz um 18.30 Uhr. Da der Zutritt nur für Gottesdienstbesucher erlaubt ist, sollte man auf keinen Fall mit Fotoapparat anrücken. Aus demselben Grunde sollte man sich auch hinsetzen und unnötiges Herumlaufen vermeiden. Außerdem ist es unratsam, zu spät zu kommen oder früher wegzugehen. Die Alternative dazu ist eine offizielle und etwas teurere, private Nachtbesichtigung der Basilika (ca. 400 € für bis zu 50 Teilnehmer; Reservierung: Tel. +39 41 270 2424 oder +39 41 270 8334). Mit inbegriffen ist auch die Besichtigung der Krypta.

WAS VERSTEHT MAN UNTER BASILIKA?

In der Zeit des Römischen Reiches war die Basilika der Ort der königlichen Rechtsprechung (*Basileus=König*). Nach dem Mailänder Edikt (313 n.Chr.) mussten die Christen nicht länger im Untergrund leben, und die Verfolgungen hatten ein Ende; als Geschenk für den Papst ließ Kaiser Konstantin I. in Rom vier Basiliken erbauen, die sogenannten Patriarchalbasiliken. Es handelt sich um den Petersdom, wo Apostel Simon Petrus als Märtyrer gestorben sein soll, Sankt Paul vor den Mauern, wo Apostel Paulus sein Martyrium erlitten haben soll, Santa Maria Maggiore, die erste Kirche des Christentums, die der Heiligen Jungfrau geweiht wurde, und den Lateran, der Johannes, dem Lieblingsjünger Jesu, geweiht wurde. Die übrigen Basiliken sowohl in Rom als auch auf der Welt werden als *basilicae minores* bezeichnet: Sie befinden sich unter dem Schutz des Heiligen Stuhls und sind mit einer der vier Patriarchalbasiliken verbunden.

DAS RELIEF VON PIETRO ARETINO

Zugangstür zur Sakristei
• Tür kann während der Öffnungszeiten der Pala d'Oro (des goldenen Altarbildes) besichtigt werden: täglich von 9.45 bis 17.00 Uhr; an Sonn- und Feiertagen von 14.00 bis 17.00 Uhr (von November bis Ostern bis 16.00 Uhr)

Wenn man das Bronzerelief betrachtet, das die Türflügel des Zugangs zur Sakristei im Markusdom schmückt, erkennt man den Kopf von Pietro Aretino, einem Freidenker und antiklerikalen Dichter und Schriftsteller der italienischen Renaissance. Aretinos Kopf ist ein Werk von Jacopo Sansovino, der es auch vor der Zerstörung bewahrte. Der Zugang zur Sakristei kann nur während der Öffnungszeiten der Pala d'Oro besichtigt werden; die Tür befindet sich nämlich links vor der Pala d'Oro.

Ein antiklerikaler Freidenker im Markusdom

Pietro Aretino wurde im Jahre 1492 in Arezzo geboren; zu seinen Werken zählen die *Sonetti lussuriosi* (freizügige Sonette zwischen Erotismus und Obszönität) und weitere Texte, die die Sakramente lächerlich machen. Da er ein Feind des Papsttums war, flüchtete er in die Stadt Venedig, die zu jener Zeit die größte Unabhängigkeit vom Papst hatte. In seinen satirischen Schriften verschonte er auch die Großen seiner Zeit nicht. Er starb 1556 in Venedig.

PIETRO ARETINO IN DER KIRCHE SAN LUCA
Neben dem Hauptaltar in der Kirche San Luca sind einige Gemälde von Alvise Dal Friso zu sehen. Auf ihnen sieht man den zügellosen Schriftsteller, der am Ende seines Lebens in die Pfarrei San Luca in Riva del Carbon (siehe S. 129) umzog. Dal Frisos Werke wurden aber 1845 aus der Pfarrei entfernt, weil die Besucher sich an den Gemälden von Aretinos Leben lieber ergötzten als zu beten. Auch Aretinos Leichnam, der dort begraben war, wurde aus der Pfarrei entfernt.

„DIE VENEZIANER KÖNNEN WEDER ESSEN NOCH TRINKEN"
Als Freidenker und ungehaltener Dichter nahm sich Aretino kein Blatt vor den Mund. Er behauptete ganz offen, dass „die Venezianer weder essen noch trinken können". Ein anderer meinte, wie traurig es sei, dass der größte kulinarische Stolz der Stadt Venedig ein trockener Keks ist, deren einziger Vorzug es ist, dem Zahn der Zeit zu widerstehen. Einige Kekse, die 1669 auf der Insel Kreta hinterlassen wurden, waren nämlich im Jahre 1821 immer noch essbar!

DIE SYMBOLIK DES „VENEZIANISCHEN" KREUZES

In Venedig kann man einige Kreuze erkennen, deren Enden jeweils mit einer Art Kugel verziert sind (z. B. das Kreuz auf dem Markusdom oder in der Kirche San Martino). Diese Kugeln an den drei Enden des Kreuzes stellen Lilien dar, die als Symbol der Dreifaltigkeit dienen. Vier weitere Lilien wachsen hingegen aus dem inneren Teil des Kreuzes und symbolisieren das weltliche Diesseits. Wie man am Kreuz vor der Apsis des Markusdoms sehen kann, sind es ursprünglich 16 Lilien. Es handelt sich dabei um das Markuskreuz, das eingeführt wurde, als die im Jahre 775 gegründete Erzdiözese Venedig zum Patriarchat und der Dom zu dessen Sitz erhoben wurden. Der Patriarch von Venedig hat das Privileg, unmittelbar nach seiner Investitur zum Kardinal ins Konsistorium gewählt zu werden. Mit der Ernennung zum Kardinal erwirbt er den Titel *Kardinal-Patriarch von Venedig*, wenngleich sich die Liturgie der venezianischen Kirche von der römischen unterscheidet und dank ihrer Autonomie an ihren ursprünglichen byzantinische Prinzipien festhält, die das Christentum in Venetien und besonders in Venedig um das Jahr 568 bestimmten.

Der *St. Markus-Orden* wurde im Zusammenhang mit der Gründung des Patriarchats Venedig gegründet und machte das „venezianische Kreuz" in ganze Venetien bekannt. Der Orden wurde von der Regierung der Republik Venedig gegründet und unter den Schutz ihres Patrons, des Heiligen Markus, gestellt. Die Auszeichnung wurde Personen verliehen, die sich um den Staat verdient gemacht hatten (egal ob Patrizier oder Leute aus dem Volk, Venezianer oder nicht), verschwand jedoch schon bald wieder.

Die Lilie verkörpert hier nicht nur das göttliche Reich (siehe folgende Doppelseite) sondern auch die Macht und die Weisheit Gottes und verweist somit auf den *geflügelten Löwen*, das Symbol des Heiligen Markus.

DAS WAPPEN DES PATRIARCHEN VON VENEDIG

In der Tradition der katholischen Kirche ist das Kreuz mit den doppelten Querstreben für Erzbischöfe und Kardinäle, sowie für den Patriarchen von Venedig (siehe oben) bestimmt. Der obere Querbalken symbolisiert die Stelle, an der Pontius Pilatus die lateinische Inschrift *Iesus Nazarenus Rex Iudaeorum* anbrachte, während der untere den Querbalken darstellt, an dem Jesus angenagelt war. Das Kreuz mit den drei Querbalken ist seit dem 15. Jahrhundert für den Papst bestimmt. Sie beziehen sich symbolisch auf die päpstliche Tiara, den Kardinalshut und die Bischofsmütze. Das „übliche" Kreuz mit nur einem Querbalken ist das Bischofskreuz. Auf dem Wappen des Patriarchen von Venedig steht der Satz *Suffict Gratia Tua* („Deine Gnade reicht"). Außerdem erkennt man das Bild eines Schiffes unter dem Venusstern (siehe S. 86) mit acht Strahlen (Symbol der Perfektion Christi).

DIE KIRCHLICHE SYMBOLIK DER LILIE

Die heraldische Lilie kann symbolisch sowohl mit der Schwertlilie als auch mit der Lilie an sich (*Lilium*) verglichen werden. Laut Mirande Bruce-Mitford soll der erste französische Herrscher, Ludwig VII. genannt der Jüngere (1147), die Schwertlilie zum Emblem gewählt und sie als Siegel auf seinen Verordnungen verwendet haben. Mit der Zeit verwandelte sich der Name des Symbols vom ursprünglichen «*fleur de louis*» („Blume Ludwigs") in «*fleur de lys*» (franz. für *Schwertlilie*). Die drei Blütenblätter stehen für Glauben, Weisheit und Mut.

Obwohl zwischen der Lilie und der Schwertlilie Ähnlichkeit besteht, verwandte der König eigentlich ein schon bekanntes Zeichen der französischen Heraldik. Der Sage nach soll Chrodechild, der Ehefrau von Chlodwig, König der Franken, im Jahr 496 n. Chr. ein Engel erschienen sein. Dieser habe ihr eine Lilie gegeben, was dazu beigetragen habe, sie zum Christentum zu konvertieren. Dieses Wunder erinnert auch an die Jungfrau Maria, die bei der Verkündigung von Engel Gabriel auch eine Lilie bekommen hatte. Die Blume ist auch in der bildnerische Darstellung von Joseph, dem Vater Jesu, zugegen und macht ihn zum Patriarchen der neuen Menschheit und zum Sprachrohr des Reichs Gottes.

Schon im Jahr 1125 war in der französischen Flagge ein Schild mit dicht angeordneten Lilien aus Gold abgebildet. Im Jahr 1364 schlug König Karl V. dann vor, anstatt fünf Blumen nur drei abzubilden. Er wählte dieses Zeichen offiziell zu Ehren der Heiligen Dreifaltigkeit, die durch die drei Blumenblätter symbolisiert wird.

Diese von einer stilisierten Schwertlilie dargestellten Blume wird außerdem in der Bibel erwähnt und ist sowohl mit dem Zeichen des Königs David als auch mit der Person Jesus Christus verbunden («Schaut die Lilien auf dem Feld an,...», Mt 6, 28-29). Sie kommt ebenfalls in Ägypten (in Verbindung mit der Lotosblume), bei den Assyrern und bei den Muslimen vor.

Die Lilie wird bald zu einem Symbol für Macht und Souveränität „durch die Gnade Gottes", und sollte die Reinheit von Körper und Seele darstellen. Aus diesem Grund waren die europäischen Herrscher göttlich und von Gottes Gnaden durch die Autorität der Kirche geweiht und sollten eigentlich gerecht, perfekt und rein sein wie die Jungfrau Maria, die «Lilie der Verkündigung und der Demut» («*Ecce Ancilla Domini*», «Siehe, ich bin des Herren Magd» Lk 1, 38) und die Schutzpatronin des Königtums.

Da beide Blumen symbolisch als heraldische Lilie beschrieben wurden, übernahm schließlich die Lilie die Rolle

der Schwertlilie. Der spanische Ausdruck «*fior de lirio*» hat auch zur Verwechslung beigetragen.

In der Botanik heißt «*fior de lirio*» weder Lilie noch Schwertlilie. Die Deutsche Schwertlilie (*Iris Germanica*) ist eine aus Nordeuropa stammende Pflanzenart aus der *Familie* der Schwertliliengewächse. Die bekanntesten Lilienarten (*Lilium pumilum, Lilium speciosum, Lilium candidum*) gehören zur Familie der Liliengewächse, die aus Ost- und Zentralasien stammt. «*Fior de lírio*» wäre eigentlich die *Sprekelia formosissima*, oder „Jakobslilie", eine aus Mexiko und Guatemala stammende Pflanzengattung aus der Familie der Amaryllisgewächse. Die Gattung wurde im 18. Jahrhundert vom Botaniker Carl von Linné nach J. H. von Spreckelsen benannt – einem deutschen Rechtsanwalt, der ihm einige Zwiebeln schickte. Die Pflanze wurde am Ende des 16. Jahrhunderts von den Spaniern aus Mexiko nach Europa importiert.

DIE VERGESSENE SYMBOLIK DES NAMENS "VENEDIG" – WARUM DIE SERENISSIMA AUF DER SUCHE DER RELIQUIEN VOM HEILIGEN MARKUS IST

Die Anfänge der Stadt Venedig gehen auf das biblische Volk der *Veneter* zurück. Nach dem römisch-jüdischen Historiker Flavius Josephus (37-100 v. Chr.) gingen die Veneter aus den Paphlagoniern hervor, einem in Kleinasien ansässigen Volk. Der Stammvater der Paphlagonier war Riphath, Sohn von Gomer, Enkel von Japhet und Enkel des Patriarchen Noah. Auch der Epiker Homer schrieb, dass die Veneter in Paphlagonien sesshaft waren. Die Veneter waren ein kriegerisches, wissensdurstiges Volk, in dessen Weltanschauung die Religion die Hauptrolle spielte. Ihre Hauptgottheit war Reitia, die im griechischen und römischen Pantheon Hera bzw. Juno entspricht. Die Paphlagonier nannten den Planet Venus Reitia, die „Aufrichtige, Gerechte und Adelige". Deshalb wurden die Veneter bei den Römern und den Hunnen mit der gleichen Etymologie bedacht wie Reitia. Allerdings kamen noch die Beinamen *Splendida* (Herrliche) und *Serenissima* (Heiterste) hinzu. Serenissima entspricht der autonomen Regierungsweise von Venedig weit vor der Römerzeit und verweist damit auf den Einfluss der Urmuttergottheit.

Veneto (italienisch für Venetien), auch Heneto, kommt vom lateinischem Uenus, Venus. In diesem Namen sind zwei sumerische Wörter zu erkennen, nämlich W und Anu, "Tochter" und "Himmel". Venus ist demnach die Tochter des Himmels, da sie die Eigenschaft hat, vor der Morgendämmerung und nach dem Sonnenuntergang sichtbar zu sein.

In der Mythologie der Antike war Venus nicht nur die Göttin des Abends, die Liebe und Lust begünstigt (diese beiden Themen sollten in der Geschichte Venedigs zu Leitmotiven werden). Sie war auch die Göttin der Morgenröte, die den Kriegs- und Eroberungsaktionen beiwohnt. Die Veneter waren nämlich ein kriegerisches Volk, wie der Gott Ares, bzw. Mars.

Die Legende sagt, dass die Stadt am 25. März 811 n. Chr. unter diesem Zeichen gegründet wurde. Die Tagundnachtgleiche stand bevor. Von jenem Tag ab steht die Sonne im Widder und Mars.

Venus war die Tochter des Mondes und die Schwester der Sonne; ihre Mutter war die Herrscherin über die Unterwelt, das Wasser der Lagune und des darin lebenden Krokodils. Dieses verkörpert die Götter der Unterwelt, der Nacht, der Geheimnisse oder des Verborgenen.

Venus ist am Tag sowohl im Osten als auch im Westen zu sehen und ist deshalb ein wichtiges Symbol für Tod und Wiedergeburt. Die Totenmaske, die in der Antike auf das Gesicht des Toten gelegt wurde, nimmt dieses Thema wieder auf. In Venedig hat diese Tradition im Karneval überlebt, wobei die Feierlichkeit einen bitteren Beigeschmack hat.

Nicht zufällig hat Venedig sich Mühe gegeben, die Reliquien vom Heiligen Markus zu finden. Der Name Markus hat indoeuropäische Wurzeln: Makara – das heißt Krokodil.

Heutzutage wird der Schutzheilige von Venedig am 25. April gefeiert, wenn die Sonne (von einem Löwen symbolisiert) ins Sternbild Stier tritt, das von Venus gestützt wird.

DIE VERLORENGEGANGENE SYMBOLIK DES KARNEVALS UND DIE VERRÄTERISCHEN MASKEN DER WAHRHEIT

Im Laufe des Lebens ist der Mensch ständig hin und her gerissen zwischen einem besseren und geistigeren Leben und seinen niedrigen Instinkten. Der Ochse und der Esel, die neben Jesus in der Krippe standen, verkörpern die Kraft des Guten (der Ochse) beziehungsweise des Bösen (der Esel) und nehmen bei der Kreuzigung Jesu die Gestalt der zwei Schächer an. Es sei auch darauf hingewiesen, dass Jesus bei seinem Einzug in Jerusalem auf dem Rücken eines Esels reitet, was als Sieg über die Macht des Bösen zu verstehen ist.

Dies ist auch der Sinn des Karnevals, der im ständigen Kampf zwischen Gut und Böse die Macht des Bösen kanalisiert und sie so für kurze Zeit und in einem festgesetzten Kontext sichtbar macht.

Deshalb sind die Masken oft sehr hässlich, denn sie verkörpern ja die niedrigen Instinkte. Dieser Auffassung nach verstecken wir uns hinter der Maske nicht, sondern geben in Wirklichkeit unsere wahre Identität der unheilvollsten Mächte preis, die in uns wohnen.

Im 18. Jahrhundert dauerte der Karneval in Venedig mehrere Monate, wodurch der Kern des Festes verloren ging. Auch hier wird die Dekadenz der Stadt vor dem Ende der Republik sichtbar.

DIE GEDENKTAFEL DER ZERSTÖRUNG DER ERSTEN KIRCHE SAN GEMINIANO

Die vom Architekten Sansovino errichtete Kirche San Geminiano war nicht die erste, die zerstört wurde. Eine zweite Gedenktafel, die etwa zehn Meter weiter rechts vor dem Café Florian liegt, weist auf die im 13. Jahrhundert zerstörte Kirche Santi Geminiano e Mena hin, die im 6. Jahrhundert auf Wunsch von Narses, dem Exarchen von Ravenna, errichtet wurde.

DIE GEDENKTAFEL DER KIRCHE SAN GEMINIANO
Soportego San Geminian

37

Vor dem Eingang des *Museo Correr* ist eine Gedenktafel angebracht, die auf die Zerstörung der Kirche San Geminiano im Jahr 1807 hinweist. Die im Jahre 1557 vom Architekten Jacopo Sansovino erbaute Kirche wurde später von Napoleon abgerissen, um den Napoleonischen Flügel der Prokuratien bauen zu lassen. Dabei geschah es, dass die Leichname des Bankiers John Law und von Sansovino (sein Leichnam befindet sich heute im Baptisterium des Markusdoms) verloren gingen, was Napoleons Zorn erregte. Im Gegensatz zu dem, was man gewöhnlich zu Ohren bekommt, war die Kirche bei den Venezianern nicht sehr beliebt. Der Historiker Leopoldo Cicognara* behauptete z. B., dass das Innere der Kirche sicher nicht so viele Mängel aufwies als das Äußere! Auch der Architekt Antonio Visentini kritisierte die Planungsfehler der Fassade in seiner Schrift *Trattato sopra gli errori degli architetti* (1771-1775) heftig. Zur Entlastung Sansovinos muss man allerdings sagen, dass er sich damals mit wichtigeren Bauarbeiten beschäftigte, z.B. mit den Prunktreppen der *Libreria Marciana* und des Dogenpalastes (*Palazzo Ducale*).

> **War diese von Napoleon zerstörte Kirche vielleicht auch bei den Venezianern nicht sehr beliebt?**

Am 18. Januar 1973 entschied die Stadt Venedig, dem bis dahin namenlosen *Sotoportego* den venezianischen Namen *Sotoportego San Geminian* zu geben, um Spuren der damaligen Kirche in der städtischen Topografie sichtbar zu machen.

Der Altar der Kirche befindet sich heute in der Kirche San Giovanni di Malta (s. S. 289).

* Zusammen mit A. Diedo und G. Selva Autor des Buches *Le fabbriche e i monumenti cospicui di Venezia* (1838-1840; Fabriken und beachtliche Bauwerke in Venedig)

DIE GESCHICHTE DER KAPITELLE VOM DOGENPALAST

38

Piazzetta San Marco

„Das steinerne Buch des Dogenpalastes"

Der Dogenpalast war das Regierungszentrum und zugleich das Symbol der Größe und Macht der Republik. Der Palast ist mit 600 Kapitellen geschmückt, die die Geschichte der Schöpfung darstellen und dabei durch Allegorien und moralische Lektionen, Geschichten und Mythen, Heiliges und Profanes die Erhabenheit Gottes widerspiegeln. Quellen sind *biblische Texte* und die Schrift *Tetrabiblos (Previsioni Astrologiche)* von Claudius Ptolemäus, die dazu einladen, die Weisheit, die Gerechtigkeit und das Gebet zu suchen, um das Heil zu erreichen. Die Außenskulpturen wurden von 1340 bis 1355 von einer Arbeiterschaft unter der Oberaufsicht der zwei *Protomagister* Pietro Baseggio und Henricus Tajapiera geschaffen. Anders als die Chronisten der Renaissance weisen jüngste Forschungsergebnisse darauf hin, dass diese Werke nicht dem Bildhauer Filippo Calendario zuzuschreiben sind. Dennoch wird Calendario in Dokumenten aus dem 14. Jahrhundert erwähnt, da er Steine für den Bau des Palastes lieferte und als Teilnehmer an der Verschwörung von Marin Faliero festgenommen und zum Tode verurteilt wurde.

Die Eckkapitelle

Die biblischen Ecksculpturen (*Der Sündenfall von Adam und Eva, Die Trunkenheit Noahs* und *Das Urteil Salomons*) sind größer als die anderen, weil diese in der Erzählung eine wichtige Rolle spielen und die politische Richtung der Republik betonen, die sich auf den christlichen Glaube stützte.

Die Kapitelle waren als *steinernes Buch* konzipiert, das von links nach rechts zu lesen ist. Die Geschichte fängt mit dem südwestlichen Kapitell (d.h. der Erschaffung Adams, dem wichtigsten Kapitell des Palastes) an und endet mit dem südöstlichen Kapitell (der Geschichte Noahs).

Neben den zwei Säulen der Piazzetta San Marco befinden sich an der südwestlichen Ecke die Erschaffung Adams, der Sündenfall und der Erzengel Michael, der den Eingang zum Garten Eden bewacht. Diese Figuren stellen die Menschheitsgeschichte dar. Der Erzengel bewacht den daneben liegenden Versammlungssaal (*Sala del Maggior Consiglio*), in dem man das Gemälde *Paradiso* (Paradies) von Tintoretto bewundern kann. Der Versammlungssaal war das Zentrum der Macht – der Ort, wo die Patrizier die Ehre hatten, sich der Weisheit und den in den Kapitellen dargestellten Eigenschaften zu widmen.

Die Hochreliefs neben der südöstlich liegenden Seufzerbrücke (*Ponte dei Sospiri*) stellen die Trunkenheit Noahs, den Spott seines Sohnes Ham, die Besorgnis der anderen Kinder und den Erzengel Raphael, den Patron der jungen Leute und weisen Ratgeber von Tobias, mit dem er abgebildet ist,

dar und drücken die Kindesliebe und die Hoffnung auf die Auferstehung aus. Neben der nordwestlichen *Porta della Carta* wird vom Urteil des weisen Salomons und dem Erzengel Gabriel das Kommen des Messias angekündigt, der die Frohe Botschaft verkündigen wird. Diese eckige Skulptur, die Bartolomeo Bon zugeschrieben wird, geht auf das Jahr 1435 zurück.

Die 13 Kapitelle des Bogengangs

Die Kapitelle des Bogengangs sind gemäß der Vorlage des Dogenpalastes nummeriert, damit Sie die Kapitelle auch im *Museo dell'Opera* wiederfinden können. Der Besuch beginnt mit dem Kapitell Nr. 1 der Statuengruppe *Das Urteil Salomons* neben der *Porta della Carta* und endet mit dem Kapitell Nr. 36 bei der Brücke *Ponte della Paglia*.

Vögel und ihre Beute (35). Laut Claudius Ptolemäus sind die sehr fein gearbeiteten Vögel von der Symbolik des Sonnenwendepunkts und der Tagundnachtgleiche beeinflusst. Ein Vogel frisst einen Fisch, ein Storch verschlingt eine Schlange und ein Ibis putzt sich mit geneigtem Kopf sein Gefieder.

Das römische Volk (34). Diese Darstellung, die als „die Familie des Kreuzritters" allgemein bekannt ist, zeigt den Kopf eines Soldaten und andere weibliche und männliche Figuren verschiedenen Alters. Nach der von Ptolemäus beschriebenen „Universellen Astrologie" glaubte man im Mittelalter, dass die Planeten und die Sternzeichen Auswirkungen auf die Eigenschaften der verschiedenen Völker haben.

Könige und Kaiser (32). Dieses Hochrelief stellt eine Reihe von Königen dar – vom weisen Nebukadnezar, dessen Lilienzepter die auf die Reinheit des Geistes basierende „Gute Regierung" symbolisiert, bis zum römischen Kaiser Trajan, dessen Schwert die Gerechtigkeit und die militärische Macht verkörpert. Damals erklärten die von Jupiter beherrschten Sternkonjunktionen die Entstehung, den Aufstieg und das Ende der Königreiche.

Römische Frauen (31). Das Kapitell der römischen Frauen im römischen Stil zeigt schöne Frauenhäupter, die nach Alter und Zensus frisiert sind. Die Szene wird von Jupiter und Mars beherrscht.

Die Todsünden (27). Die sieben Todsünden und die Eitelkeit werden durch wirksame Allegorien und lateinische Inschriften dargestellt. Die Wollust ist eine junge Frau mit einem Perlendiadem, die ihren Busen freimacht und sich im Spiegel betrachtet. Ein Krieger, der den gehörnten Helm Satans und einen mit einem funkelnden Drachen geschmückten Schild trägt, verkörpert den Hochmut. Darauf folgt die Völlerei, die sich betrinkt und in eine Keule beißt. Der Zorn reißt sich mit im Wind wehenden Haaren die Kleider vom Leib, während der Geiz von einer alten Frau verkörpert wird, die sich an zwei Beutel klammert. Die Faulheit wird von der Apathie beherrscht, die sie mit der Zeit umbringt (dargestellt durch die Zweige eines Baums ohne Blätter, die sie umschlingen). Die von Blumen umgebene Eitelkeit, die emblematisch mit der Wollust verbunden ist, wird wütend vom Neid beobachtet. Begleitet wird der durch eine alte Frau verkörperte Neid von teuflischen Tieren (einem Drachen und zwei Schlangen, die sich um Oberkörper und Kopf schlingen).

Die Völker der Erde (21). Die wirklichkeitsgetreue Darstellung der Völker der Erde stützt sich auf die Astrologie. Zu sehen ist ein maurischer Mann mit Turban, ein tartareischer Mann mit Plattnase und ein alter Mann. Dieser letzte trägt eine mit zwei kleinen Markuslöwen mit geschlossenem Buch geschmückte Mütze und stellt wahrscheinlich eine der von Venedig beherrschten Völker dar.

Die freien, von Salomon und den sieben Weisen verkörperten Künste (20). Die sieben Weisen in nachdenklicher Haltung und im Schneidersitz verkörpern die freien Künste des *Triviums* (Priscian für die Grammatik, Aristoteles für die Dialektik, Tullius Cicero für die Rhetorik) und des *Quadriviums* (Pythagoras für die Arithmetik, Euklid für die Geometrie, Tubalkain, nach der mittelalterlichen Tradition der Erfinder der Musik, Claudius Ptolemäus, der Autor der Schrift *Tetrabiblos,* für die Astronomie). Allen voran ist Salomon als Lehrer der Weisen und Symbol der höheren göttlichen Weisheit.

Dieses Kapitell will alle daran erinnern, dass die menschlichen Wissenschaften aus der göttlichen Wissenschaft stammen, und betont die Wichtigkeit der „Guten Regierung", die die Tür des Himmels öffnen und nur durch die Kenntnis der Gesetze des Universums erreicht werden kann.

Die Planeten und ihre Lage (19). Das Kapitell der *Erschaffung Adams* ist der erzählerische Ausgangspunkt, von dem aus sich die Geschichten der zwei Seiten des Dogenpalastes entwickeln. Es wurde vom englischen Kritiker John Ruskin zu "dem schönsten Kapitell Europas" erklärt und verweist auf das 1. Buch Mose und die griechische Mythologie. Das Hochrelief stellt die sieben Planeten, die zwölf Sternzeichen und die verschiedenen Lebensperioden dar.

An der Seite 1 wird Adam in Kindergestalt von Gott geformt. An der Seite 2 sitzt ein alter und bärtiger Saturn auf dem Steinbock. Er trägt den Krug des Wassermannes und hat Löcher in den Schuhen (der Planet verkörpert nämlich die Armut, die Alterssorgen, die Gefangenschaft und die Not). An der Seite 3 befindet sich Jupiter zwischen dem Fisch und dem Schützen, der vom Zentauren Cheiron, dem Erzieher von Achilles und Jason, verkörpert wird. An der Seite 4 ist Mars zwischen dem Widder und dem Skorpion zu sehen. Er ist ein Krieger, der ein Schwert und einen Schild trägt, der mit auf dem Wasser brennenden Flammen geschmückt ist. Dieses alchemistische Symbol weist auf die Inschrift des Banners *Sono di ferro* (Ich bin aus Eisen) hin. An der Seite 5 sieht man den jungen Phöbus, dessen Kopf Licht ausstrahlt. Er sitzt auf einem Löwen und stützt die Sonne, während (an der Seite 6) Venus, der Morgen- und Abendstern, die Waage stützt, die auf dem Stier reitet und sich im Spiegel betrachtet. An der Seite 7 geht ein feierlicher, zwischen der Jungfrau und den Zwillingen stehender Merkur einer jungen Frau voran, deren Haare im Wind wehen und die sich in einem Boot befindet. Sie verkörpert den Mond, der die Kindheit, die Winde und die Gezeiten beeinflusst. Diese Mondgöttin Selen ist an der Seite 8 zu sehen, während sie den Mond stützt und den Krebs berührt.

Die Heiligen und die Schutzpatronen der Steinmetze (18). Um der Bruderschaft *Tajapiera* Ehre zu erweisen, wurden die christlichen Märtyrer Claudius, Sempronianus, Simplicius, Castorius und Nikostratus – jetzt Schutzpatrone der Steinmetze – in dieses Kapitell gemeißelt. Unter ihren Figuren befinden sich auch andere, wie z.B. „der Optimus", „der Tatarus" mit mandelförmigen Augen und Plattnase und „der Ungläubige", der einen Turban

und einen Kaftan trägt.

Tiere mit ihrer Beute (17). Diese Darstellung zeigt mehrere Tiere – einen Löwen, einen Wolf, einen Fuchs, einen Greif (das einzige mythologische Tier – s.S. 49), ein Wildschwein, einen Hund, eine Katze und einen Bären. Unter jedem Kopf ist ein anderer Zweig zu erkennen, was die Verbindung zwischen der Tierwelt und dem Pflanzenreich ausdrückt.

Handwerke (16). Unter den wenigen dargestellten Handwerken, die als *praktische Künste* (*artes mechanicae*) bezeichnet wurden, sind der Schmied und der Schuster zu finden. Als Handarbeit wurden auch der Beruf des Notars (er benutzte sein Gedächtnis und seine Intelligenz) und der Beruf des Goldschmieds betrachtet („edle Tätigkeit" aufgrund der Kostbarkeit der Rohstoffe). Zu sehen sind auch andere Personen aus der Landwirtschaft: Bauer, Steinmetz, Tischler und eine Person, die Getreide und Hülsenfruchte wiegt.

Der *berufliche Status* ist an der Kopfbedeckung zu erkennen. Der Lehrer, der Goldschmied, der Notar und der Steinmetz tragen einen großen und auffälligen Hut; die „Gehaltsempfänger", wie der Schmied und der Tischler, tragen eine Haube; die Gesellen, wie der Schuster, tragen hingegen gar nichts auf dem Kopf.

Monate (12). Das astrologische Jahr, das entgegen dem Uhrzeigersinn zu lesen ist, und auch der venezianische Kalender fangen mit März an. Dieser windige Frühlingsmonat des Widders wird von einem Doppelhornspieler verkörpert. Danach kommen April und Mai, die von Venus beherrscht werden und mit Blumen umgeben sind. April hält einen kleinen Stier (Sternzeichen) auf seinen Knien, während der zweite eine Rose in der Hand hält. Juni lässt die Kirschen reifen, Juli mäht das Korn und August bereitet den Bottich für die Weinlese vor. September, der wie Bacchus mit Reblingen und Trauben geschmückt ist, keltert die Trauben. Das Korn wird von Oktober und November gedroschen, deren Darstellungen beschädigt sind. Dezember schlachtet das Schwein und der alte und haarige Januar wärmt sich am Feuer. Er muss sich zwischen dem alten und dem neuen Jahr aufteilen und ist deshalb doppelgesichtig (drei Augen und zwei Nasen). Februar brät den Fisch (Sternzeichen) auf offenem Feuer.

Die Früchte (10). In der Schrift *Tetrabiblos* von Claudius Ptolemäus wird erklärt, wie die verschiedenen Planeten die Erde, die Zeit, die Jahreszeiten, die Fruchtbarkeit der Tiere und Pflanzen, die Wasserläufe und die Winde beeinflussen können. Insbesondere wirken sich die Sonnenwenden und die Tagundnachtgleichen auf die Witterungsverhältnisse, die Jahreszeiten und auf deren Früchte aus. Das Kapitell zeigt Körbe, die je nach Jahreszeit voller Kirschen, Birnen, Gurken, Pfirsiche, Kürbisse, Feigen und Trauben sind.

Am Ende des 19. Jahrhunderts wurden die 42 Kapitelle (13 im Außenbogengang und 29 in der Loggia) bei den Restaurationsarbeiten durch Kopien ersetzt. Die echten Kapitelle kann man heute aus nächster Nähe in den sechs Sälen des *Museo dell'Opera* des Dogenpalastes bewundern (Öffnungszeiten: vom 1. April bis 31. Oktober von 9.00 bis 19.00 Uhr; vom 1. November bis 31. März von 9.00 bis 18.00 Uhr. Der Kartenverkauf ist bis eine Stunde vor Schluss geöffnet. Das Museum ist am 25. Dezember und am 1. Januar geschlossen).

DIE ROSA SÄULEN DES DOGENPALASTES 39

Weshalb sind zwei Säulen des Dogenpalastes rosa?

Zwei Säulen der obersten Loggia des Dogenpalastes sind rosa, während alle anderen weiß sind. Der Sage nach war der Platz zwischen den zwei Säulen bei offiziellen Anlässen für den Dogen reserviert und außerdem wurden von hier auch die Todesurteile verkündet. Das Rosa der Säulen soll also an das Blut der Verurteilten erinnern.

Oftmals war es so, dass das Schafott zwischen den zwei Säulen der Piazzetta San Marco gegenüber dem Uhrenturm stand. Sobald der Verurteilte auf das Schafott geführt wurde, konnte er so die exakte Zeit seines Ablebens ermessen.

Der Glockenturm von San Marco wurde manchmal auch als Folterstelle verwendet. Dazu wurde ein Käfig (venezianisch: *cheba*) auf halber Höhe am Turm befestigt, in den die Verurteilten gesperrt wurden.

SEHENSWERTES IN NÄCHSTER NÄHE

DIE BRENNENDEN LICHTER DES DOGENPALASTES 40
An der Südwestseite des Dogenpalastes kann man nachts zwei kleine Lichter sehen, die immer brennen. Sie erinnern an einen der wenigen Justizirrtümer der *Serenissima*: Als Piero Tasca an einem Wintermorgen auf dem Weg zu seinem Laden war, stieß er mit seinem Fuß an einen Gegenstand. Er bückte sich und erkannte die Scheide eines Dolches, der einen wenige Meter daneben liegenden Mann tödlich verletzt hatte. Als er wegen Mordes angeklagt und gefoltert wurde, gestand er das Verbrechen, das er nicht begangen hatte, und wurde am 22. März 1507 vor dem Markusdom zum Tode verurteilt. Der wahre Täter wurde einige Zeit später gefasst.

SPUREN DES ALTEN BRUNNENS AUF DEM MARKUSPLATZ 41
Etwa zehn Meter vor dem Café Florian, leicht rechts, befindet sich eine relativ diskrete Bodeninschrift, die anzeigt, wo der letzte Brunnen des Platzes stand.

DIE DOMACHSE 42
Der Markusdom ist im Vergleich zur Achse des Markusplatzes leicht versetzt. Unter den Bogengängen, gegenüber dem *Sotoportego de l'Arco Celeste*, ist am Boden relativ unscheinbar die genaue Domachse markiert.

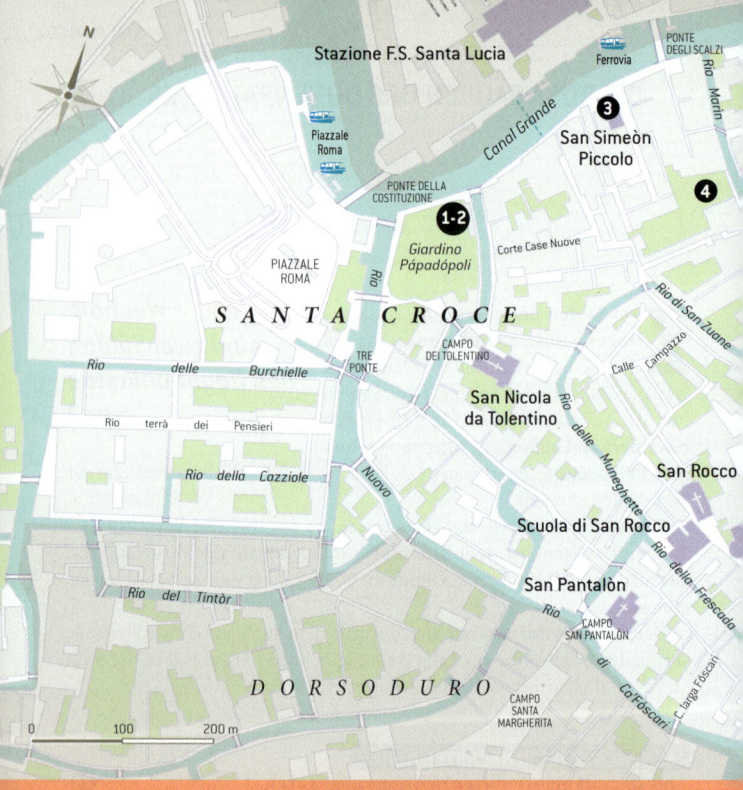

SANTA CROCE

DIE SÄULE DER EHEMALIGEN KIRCHE SANTA CROCE

1

Fondamenta del Monastero, an der Ecke der Fondamenta di Santa Croce

Am Fuße der Brücke von Santa Croce, am Canal Grande zwischen den Papadopoli-Gärten und dem Rio dei Tolentini, ist in der Ecke eine antike Säule eingelassen, die man leicht übersieht.

> **War dies der Ort, an dem Verbrechern die Hände abgetrennt wurden?**

Es ist das einzige, was noch von der Kirche Santa Croce und dem Kloster übrigbleibt, nachdem sie zu Beginn des 19. Jahrhunderts zerstört wurde. Die ersten Spuren der Kirche gehen vermutlich bis ins 9. Jahrhundert zurück.

Im 12. Jahrhundert wurde die Kirche an die Benediktiner abgetreten, die ein Kloster erbauen und die Kirche erneuern ließen (s. unten links). 1470 ging das Kloster an die Klarissen (Franziskanerinnen) über. Am Ende des 16. Jahrhunderts wurde die Kirche nochmals erneuert und am Anfang des 19. Jahrhunderts, wie bereits erwähnt, zerstört.

Viel wurde über die Säule diskutiert. Die Ähnlichkeit der Inschriften des Kapitells mit denen an der Säule an der Vorderseite des Baptisteriums des Markuskoms (sie soll 1256 nach Venedig gebracht worden sein) lässt vermuten, dass sie ähnlichen Ursprungs sind, auch wenn einige davon ausgehen, dass die erste Säule wohl eher vom Grabmal des Dogen Domenico Morosini oder vom Dogen Orio Mastropiero (Malipiero) stammt, die beide in der Kirche Santa Croce beerdigt sind.

Einige Quellen behaupten, das Kapitell sei aus dem Kaukasus oder aus Tikhil (siehe folgende Doppelseite).

Historiker gehen davon aus, dass die Verbrecher vor dem Vollzug der Todesstrafe genau vor dieser Säule gefoltert und ihnen die Hände abgetrennt wurden.

SYMBOLE AM KAPITELL DER SÄULE DER EHEMALIGEN KIRCHE SANTA CROCE

Säule der ehemaligen Kirche Santa Croce
Fondamenta del Monastero, an der Ecke der Fondamenta di Santa Croce

Tikhil, eine Stadt die in Verbindung mit Venedig steht?

Auch wenn die Säule am Fuße der Brücke von Santa Croce (siehe vorhergehende Doppelseite) scheinbar aus einer jüngeren Epoche (vielleicht 19. Jahrhundert) stammt, ist das Kapitell doch sehr wahrscheinlich aus dem Mittelalter.

Der hintere Teil des Kapitells, den man nur sehen kann, wenn man sich auf die Zehenspitzen stellt, trägt nur ein byzantinisches Kreuz, während die Inschrift an der Vorderseite um einiges geheimnisvoller ist.

Mit Mühe und Not kann man die Buchstaben T I K H I und L entziffern, die auf stilisierte Art ausgearbeitet wurden. Diese Buchstaben ergeben den Namen einer Stadt im Südwesten Russlands, die lange Zeit mit der armenischen Kirche in Verbindung stand, die heute immer noch in Venedig präsent ist (siehe Seite 347). Denn die ersten Veneter kamen aus diesem Tikhil (siehe Seite 86).

Man kann deutlich erkennen, dass die zwei abgerundeten Teile, vor allem der auf der rechten Seite (auch wenn der oberste Teil fehlt), offensichtlich an das altägyptische, mit Schlaufen versehene Kreuz *Ankh* erinnern. Der Name *Ankh* stammt von *ansa* (Schlaufe) oder *asa* (sich entwickeln, wiederaufleben).

Daneben gibt es auch eine symbolische Erklärung: Das Kapitell setzt sich aus dem Buchstaben H zusammen, der manchmal als Symbol für den Hermetismus betrachtet wird. Dieses mit Schlaufen versehene und mit dem Grundstrich des H verbundene Doppelkreuz soll das hermetische Symbol der Auferstehung darstellen.

Der Standort des Kapitells in der Kirche Santa Croce wurde nicht dem Zufall überlassen: Das Kreuz Christi verweist offensichtlich auf seine Auferstehung. Auf die gleiche Art waren die Mönche des Klosters Santa Croce sowohl geographisch als auch strukturell mit dem Kloster von Santa Chiara verbunden, wo einer der drei heiligen Nägel aufbewahrt wurde (siehe Seite 178).

DIE LATEINISCHE MESSE: DER TRIDENTINISCHE RITUS
In der Kirche San Simeon Piccolo wird die Messe nach dem tridentinischen (auch römischen) Ritus auf Lateinisch gefeiert. Der Ritus wurde 1563 auf dem Konzil von Trento von Pius V. festgelegt. Trotz der neuen Messform von 1970 wurde die tridentinische Messe nie abgeschafft, bis sie von Papst Benedikt XVI. im Jahre 2007 wieder belebt wurde.
Die 1988 von Papst Johannes Paule II. gegründete Ordensgemeinschaft San Pietro hält an diesem Ritus fest, in dem das Heilige und das Geheimnisvolle noch stärker erlebbar werden.

DIE KRYPTA DER KIRCHE SAN SIMEON PICCOLO

③

Kirche San Simeon Piccolo
698 Santa Croce
• Öffnungszeiten: jeden Sonntag zur Messe um 11.00 Uhr (Dauer: etwa eine Stunde und 40 Minuten); am ersten Samstag des Monats zur Messe um 18.30 Uhr.
• Kontakt: padrek@libero.it • www.sansimon.info
• Tel. (+39) 041 719438

Die heutige Kirche San Simeon Piccolo (der eigentliche Name ist Santi Simeone e Giuda Taddeo) wurde von 1718 bis 1738 von Giovanni Scalfarotto an der Stelle erbaut, an der sich urprünglich *Ein vergessener Friedhof* eine Kirche aus dem 11. Jahrhundert befand. Das Untergeschoss der heutigen, im Vergleich zum Fundament höher liegenden Kirche diente dabei als Bestattungsort.

Obwohl es keine festen oder offiziellen Führungen gibt, kann die Krypta nach der Sonntagsmesse auf Anfrage bei einem der Brüder der Ordensgemeinschaft San Pietro, die vom Patriarchen von Venedig mit der Messfeier in der Kirche beauftragt wurde, besichtigt werden.

Die Besichtigung ist faszinierend; im Schein einer Lampe kommt man in einen relativ großen Raum, dessen Wände voller Fresken aus dem 18. Jahrhundert sind. Sie stellen den Tod, das Jüngste Gericht und das Leiden Christi dar. Diese mittelmäßigen Fresken sind wegen der Feuchtigkeit in einem schlechten Zustand.

Der Bestattungsort erstreckt sich um einen achteckigen Raum, in dem wahrscheinlich die Gottesdienste stattfanden. Von hier aus kommt man über vier Gänge in die verschiedenen Grabkammern. In einer kann man noch menschliche Knochen sehen.

> Der Glockenturm von San Simeon Piccolo ist der niedrigste von ganz Venedig. Er ist nur 3 m hoch!

WARUM IST DIE KIRCHE SAN SIMEON PICCOLO GRÖSSER ALS SAN SIMEON GRANDE?

In unmittelbarer Nähe befindet sich auch die Kirche San Simeon Grande (Simon der Große). Die Kirche Santi Simeon e Giuda Taddeo wurde allerdings in San Simeon Piccolo (Simon der Kleine) umbenannt, und zwar aus zwei Gründen. Vor dem Wiederaufbau im 18. Jahrhundert war die alte Kirche San Simeon Piccolo wirklich kleiner als San Simeon Grande; außerdem ist Letztere dem Propheten Simeon geweiht, der auch der Große genannt wird.

GARTEN DES PALAZZO SORANZO CAPPELLO ❹
Santa Croce 770
Rio Marin
• Besichtigung während der Bürozeiten möglich

Ein romantischer Geheimgarten

Der Garten Palazzo Soranzo Cappello gilt als einer der schönsten Venedigs. Er liegt hinter dem Palazzo versteckt, in dem sich die Abteilung für alte Architektur des Kultusministeriums der Provinzen Venedig, Belluno, Padua und Treviso befindet. Während der Bürozeiten kommt man durch die Gartentür in den Innenhof, von dem aus man den Garten kostenlos besichtigen kann. Man sollte sich diskret und anständig verhalten und den Garten als historische Stätte betrachten. Der Garten besteht aus zwei Hauptteilen. Der erste liegt gegenüber dem Palazzo und beherbergt in einem Hof die Statuen von Julius Caesar und der ersten elf römischen Kaiser. Sie machen den Reichtum der Familie Soranzo

deutlich, die den Palazzo im 17. Jahrhundert erbauen ließ. Am Ende des Gartens befindet sich ein Pavillon mit acht Säulen, auf dessen Spitze sich allegorische Statuen befinden. Rechts, im übrigen Teil des großen Gartens, befinden sich eine Laube und eine Wiese mit Obstbäumen.

Nach dem Verkauf des Palazzo wurde der Garten vom Ministerium für Kultur- und Landschaftsgüter auf der Grundlage einer Darstellung von Vincenzo Coronelli (1709) restauriert. Man beschloss (vernünftigerweise), einen Teil des Gartens „wild" zu lassen, um an die Werke Das Feuer von Gabriele D'Annunzio und Die Aspern-Schriften von Henry James zu erinnern. Das Ergebnis ist ein wunderschöner wild-romantischer Garten.

DAS HOCHRELIEF VON JOHANNES DEM TÄUFER

Kirche San Zan Degolà (it. San Giovanni Decollato, Johannes der Enthauptete)
Campo San Zan Degolà
• Öffnungszeiten: jeden Tag von 10.00 bis 12.00 Uhr, außer Sonn- und Feiertage.
• Gottesdienst jeden Samstag um 19.00 Uhr
• Ukrainischer Gottesdienst jeden Sonntagmorgen

Eine köstliche Soße mit ... Kinderfleisch!

An der südöstlichen Seite der Kirchenfassade erinnert ein Hochrelief an eine makabere Geschichte. Die Skulptur stellt Johannes den Täufer dar. Sie war bis zur Hälfte des letzten Jahrunderts Teil der Fassade des Palazzo Gidoni-Bembo hinter der Brücke gegenüber der Kirche.

Die Einwohner des Stadtviertels erzählten ihren Kindern zur Abschreckung, dass es sich bei der Skultpur um einen gewissen Biasio handelte, der schon viele Kinder ermordet hatte.

Biasio lebte im 16. Jahrhundert und besaß ein Wirtshaus, das wegen seiner guten Fleischsoße bald in der ganzen Stadt berühmt war. Das Geschäft lief bestens, bis eines Tages ein Stammkunde ein Fingerglied in seinem Teller entdeckte. Biasio wurde öffentlich angezeigt. Später erfuhr man, dass das Geheimnis seiner Soße Kinderfleisch war ...

Biasio wurde daraufhin von einem Pferd bis vor sein Wirtshaus gezogen, wo ihm die Hände abgeschnitten und um Hals gehängt wurden. Dann wurde er mit Zangen gefoltert und auf den Markusplatz getrieben, wo er zwischen den zwei Säulen auf dem Platz erhängt wurde.

Sein Körper wurde geviertelt und die Körperteile wurden an verschiedenen Stellen der Stadt aufgehängt. Sein Wohnhaus und seine Gaststätte wurden abgerissen.

Trotz der grausamen Geschichte wurde sowohl das Ufer (Riva di Biasio) als auch die Haltestelle des Vaporetto nach ihm benannt.

Eine ähnliche Geschichte spielte sich im Palais Royal in Paris ab, wo ein Friseur seinen Kunden die Kehle durchschnitt und „alles" seinem Nachbarn dem Metzger gab… (siehe Parigi insolita e segreta im selben Verlag).

WOHER KOMMT DER NAME „JOHANNES DER ENTHAUPTETE"?
Der Name Johannes beruht auf der berühmten Geschichte von Salome, die für ihre Mutter Herodias von Herodes den Kopf von Johannes dem Täufer fordert. Johannes hatte Herodes vorgeworfen, Herodias, die Frau seines Halbbruders Philippus, geheiratet zu haben.

DIE SPUREN DES KASINOS TRON

Calle Tron 1957
• Der Palazzo kann während der Öffnungszeiten der Universität besichtigt werden (ohne Reservierung): von Montag bis Freitag 9.00-19.00 Uhr
• Weitere Auskünfte: Tel. 041 2572300

Spuren vom alten Glanz

Der Fachbereich Planung der Fakultät für Architektur hat seinen Sitz in einem schönen, im Jahr 1971 restaurierten Palazzo, dessen Eingang sich am Ende der Calle Tron neben der Haltestelle von San Stae befindet. Das Gebäude mit Blick auf den Canal Grande hat seinen Zauber nicht verloren: Die Räume sind ziemlich gut erhalten und zeigen die Spuren der einstigen Pracht der Familie Tron, der ehemaligen Eigentümer des Palazzo. In der Beletage zwischen den Fresken des Franzosen Dorigny mit Darstellungen des des Alten Testaments hängen die Familiengemälde der Trons. Der Fussboden des Empfangszimmers mit einem Kamin aus dem späten 15. Jahrhundert weist verschiedene chromatische Facetten auf. Vom einstigen Kasino des 18. Jahrhunderts ist nur wenig erhalten. Es befand sich am Ende des Gartens und wurde am Anfang des 19. Jahrhunderts nach dem Tod von Cecilia Tron, der letzten Vertreterin der Familie, zerstört. Erhalten sind noch zwei bossierte Pfeiler mit ionischen Kapitellen aus istrianischem Marmor und eine Statue des heiligen Georg mit Drachen. Früher waren die prächtigen Innenräume mit Spiegeln, vergoldeten Stuckwerken, Gemälden von Dorigny und Fresken von Guarana dekoriert. Das Kasino war Schauplatz vieler Intrigen und Leidenschaften und Tanzsalon des mächtigen Prokurators Andrea Tron, auch El Paron („Herr von Venedig") gennant. 1775 wurde hier der österreichische Kaiser Joseph II. empfangen.

CECILIA TRON, DIE LIEBHABERIN VON CAGLIOSTRO

Cecilia Zen, Gattin von Francesco Tron, war eine bezaubernde und geistreiche Frau und Muse des Dichters Angelo Barbaro. Parini, der sich von ihrem Charme angezogen fühlte, erwähnt sie außerdem in seiner Ode Il Pericolo (1787). Sie liebte das schöne Leben und gab prunkvolle Empfänge für die Herrscher, die die Serenissima besuchten. In ihrem prächtigen Palazzo empfing sie talentierte Menschen und Literaten. Sie war die Liebhaberin des Grafen Cagliostro. Die Beziehung zerbrach aber, denn der Graf musste ziemlich plötzlich abreisen, da er einen reichen venezianischen Händler bestohlen haben soll.

DAS WUNDER DER JUNGFRAU IN DER KIRCHE SAN GIACOMO DELL'ORIO

Kirche San Giacomo dell'Orio
• Öffnungszeiten: Montag - Freitag von 10 bis 17 Uhr
• Messe: sonntags um 8, 11 und 19 Uhr; an Werktagen um 18 Uhr (Winterzeit) und im Sommer um 19 Uhr (April - September)

Die Kirche San Giacomo dell'Orio hat viele bemerkenswerte Besonderheiten, darunter ein interessantes Gemälde, das sich gleich rechts beim Eingang befindet.

Vom Ungläubigen, der seine Hände verlor

Das Werk von Gaetano Zompini (1702-1778) stellt ein relativ unbekanntes Wunder der Jungfrau dar, das auch Jacques de Voragine in seiner Erzählung *Leggenda dorata* erwähnt.

Dem Text nach nähert sich der ungläubige Gefonio dem Körper der schlafenden Jungfrau (der christlichen Tradition nach stirbt der Körper Mariens erst nach der Himmelfahrt, hier schläft sie hingegen nur), der von den Gläubigen getragen wird. Um zu sehen, ob Maria ihre Heiligkeit eingebüßt hat, berührt er den Sarg der Jungfrau, woraufhin sich seine Hände von den Armen lösen und er zu Boden fällt.

Dieses Gemälde zeigt genau diese wundersame Szene. Man sieht den Mann am Boden mit erhoben Armen, während seine Hände noch am Sarg haften.

Auch in der Sakristei der Kirche San Zaccaria befindet sich ein Gemälde, das von der gleichen Episode erzählt.

VENEZIANISCHE SPUREN DER WALLFAHRT NACH SANTIAGO DIE COMPOSTELA
Die Kirche San Giacomo dell'Orio war der Ort, von dem aus die Pilger nach Santiago (verkürzte Form von San Giacomo) di Compostela aufgebrochen. Auf dem Kirchturm kann man noch eine Spur davon entdecken. Man sieht einen Mann mit einer Jakobsmuschel, dem Symbol des Jakobswegs.

DAS VERGESSENE WUNDER VON SANTIAGO DI COMPOSTELA
Über der Tür der ersten Kappelle auf der linken Seite, unmittelbar nach dem Eingang, ist ein Gemälde von Antonio Palma zu sehen (Beginn des 16. Jahrhunderts), das an ein apokryphes Wunder des heiligen Giacomo erinnert. Es erzählt von einem Jungen, der mit seinen Eltern auf dem Jakobsweg in einem Gasthaus übernachtet. Die Tochter des Gastwirtes verliebt sich in ihn und beschließt, ihm Goldmünzen in die Satteltasche zu stecken, um einen Diebstahl vorzutäuschen und so seine Rückkehr zu erzwingen. Der junge Mann wird verhaftet, während seine Eltern den Weg nach Santiago fortsetzen. Bei ihrer Rückkehr bemerken die Eltern, dass er zu Unrecht beschuldigt worden war. Er soll deshalb begnadigt werden, wenn er zwei bereits gekochte Hühner vom Küchentisch wieder zum Leben erweckt. Die Eltern des Jungen rufen den heiligen Jakob an, der oben rechts auf dem Bild zu sehen ist, woraufhin die zwei Tiere wieder zum Leben erwachen. Der Junge wird sofort freigelassen.

DER SCHIEFE BALKON DES PALAZZO PEMMA ❽
Santa Croce 1624
Campo San Giacomo dell'Orio

> **Der Jude
> und der
> kirchenfreie Blick**

Der im 17. Jahrhundert erbaute Palazzo Pemma weist eine kuriose Besonderheit auf: Die Achse des Eingangstors sowie einiger Stützelemente des Balkons stehen nicht wie normal im rechten Winkel zur Fassade. Der aufmerksame Betrachter erkennt, dass die Elemente leicht nach rechts auf die Calle Larga ausgerichtet sind und nicht auf den gegenüberliegenden Glockenturm der Kirche San Giacomo dell'Orio. Der Grund dafür war Legende nach ein Jude, der den Palazzo kaufte, aber die gegenüberliegende Kirche nicht im Blickfeld haben wollte.

SEHENSWERTES IN NÄCHSTER NÄHE

DIE SPUREN DES TEATRO ANATOMICO
Campo S.Giacomo dell'Orio, 1507
Besichtigung der Portale des Teatro Anatomico: Bitte beim Landesamt OCRAD klingeln: Montag und Donnerstag von 9.00 bis 12.30 Uhr und von 15.00 bis 17.00 Uhr; Dienstag, Mittwoch und Freitag von 9.00 bis 12.30 Uhr.

Neben der Kirche steht ein Palazzo, auch Ex-Vida genannt, an dessen Fassade die Inschrift D.O.M MEDICORUM PHYSICORUM COLLEGIUM zu lesen ist. Das Gebäude gehörte zu dem alten anatomischen Theater, wovon die Brücke und der angrenzende Hof Corte dell'Anatomia zeugen. Von der ursprünglichen Struktur sind nur die zwei Außenportale (17. Jahrhundert) erhalten. Die Oberstockwerke wurden restauriert und zu Wohnungen umgestaltet. Allerdings befinden sich im Inneren immer noch zwei alte Portale mit Maskaronen aus istrianischem Stein aus der Zeit, als hier Anatomie gelehrt wurde. Das Teatro Anatomico wurde im Jahr 1671 eingeweiht und hatte einen Hörsaal mit drei Tribünen, von denen aus die Ärzte die Sezierung verfolgen konnten. Im Oberen Stockwerk befanden sich eine reiche Bibliothek, ein Archiv und einige Versammlungsräume für die Ärztegremien. Im Jahr 1800 wurde das Teatro durch einen großen Brand verwüstet. Das Gebäude wurde in wenigen Monaten wieder aufgebaut, der Anatomiehörsaal wurde aber einige Jahre später ins Stadtkrankenhaus verlegt.

Perfekt erhaltene anatomische Theater befinden sich noch in Padua, Bologna, Pistoia (siehe *Toscana insolita e segreta* im selben Verlag), London (siehe *Londra insolita e segreta*) und Barcelona (siehe *Barcellona insolita e segreta*).

EINE „INSEL" WEITAB VON DER WELT
Vom Campo San Giacomo dell'Orio kommt man in ein kleines Viertel, das ziemlich abgelegen und relativ unbekannt ist. Es ist durch zwei kleine Parallelstraßen erreichbar. In der Vergangenheit war das Viertel noch isolierter, weil es gänzlich von einem Kanal umgeben war und somit eine richtige Insel darstellte. Der Kanal wurde zugeschüttet und es entstanden der Rio Terà dell'Isola und die Calle della Vita, die mit unterschiedlichen „Masegni" (venezianischem Schieferstein) gepflastert sind. An der Ecke der ursprünglichen Straße Calletta befand sich einst das Stahlwerk der Serenissima.

SEHENSWERTES IN NÄCHSTER NÄHE

DIE RELIEFS DER EVANGELISTEN DES PALAZZO AGNUSDIO ⑪
Palazzo Agnusdio
Fondamenta Pesaro 2060

Der Palazzo Agnusdio liegt an einem ruhigen und stillen Kanal neben Ca' Pesaro und besitzt ein fünfbogiges Hauptfenster, das mit den Symbolen der vier Evangelisten verziert ist. Es handelt sich um einen Adler, einen Löwen, einen Engel und einen Stier (siehe rechts).

Der Name des Palazzo verweist wahrscheinlich nicht auf die venezianische Adelsfamilie Agnusdio (bereits 1242 ausgestorben), sondern eher auf die prachtvolle Darstellung des Lamm Gottes (lat.: Agnus Dei). Dieses mystische Symbol zeugt, zusammen mit den anderen Verzierungen, vom Sinn für das Heilige und von der Devotion der Auftraggeber.

WARUM GIBT ES VIER EVANGELIEN?

Im 1. Jahrhundert n. Chr. gab es neben den apokryphen Evangelien von Thomas, Judas und Petrus viele andere Evangelien über das Leben Jesu. Im 2. Jahrhundert kam dann Irenäus von Lyon zu der Ansicht, dass auch die Weltkirche wie die vier Erdteile und vier Winde auf vier Evangelien basieren sollte. Der Zusammenhang zwischen den vier Evangelien von Lukas, Markus, Johannes und Matthäus und den vier Lebewesen (s. oben) soll dabei zur Wahl beigetragen haben, aus gerade diesen Evangelien die Grundtexte des Christentums zu machen. Nach der Meinung einiger Gelehrten stehen die so genannten apokryphen Evangelien anscheinend im Widerspruch zu der von Paulus evangelisierten Kirche. Zur damaligen Zeit war es allerdings wichtig, den christlichen Glauben in der römischen Welt zu festigen, weshalb man sich auf die vier Evangelien geeinigt hätte. Einige der Schriften wurden für gnostisch gehalten, weil sie das Heil nur den Eingeweihten vorbehielten. In anderen Texten war Jesus nicht als der Fleisch gewordene Gott beschrieben, sondern eher als ein jüdischer Königsprophet, der die Juden von den römischen Feinden befreien wollte.

WOHER KOMMEN DIE TIERSYMBOLE DER VIER EVANGELISTEN?

In vielen Kirchen in Venedig und anderen Teilen der Welt werden die Evangelisten mit einem Tier dargestellt.

Markus: Löwe   Johannes: Adler

Lukas: Stier   Matthäus: Mensch/Engel

Die Erklärung dieser Kombinationen geht auf Hieronymus (348-420) zurück. Er schrieb Matthäus einen Menschen/Engel zu, weil dessen Evangelium mit dem Stammbaum Jesu beginnt (Mt 1,1-17).

Der Löwe wurde Markus zugeschrieben, dessen Evangelium mit den Worten beginnt: „Die Stimme eines Predigers in der Wüste". Das konnte sich laut Hieronymus nur auf das Gebrüll des Löwen beziehen (Mk 1,3).

Der Stier, das Opfertier schlechthin, repräsentiert Lukas aufgrund der Anfangsgeschichte seines Evangeliums (Lk 1,5), die das von Zacharias dargebrachte Ofer im Tempel von Jerusalem beschreibt.

Johannes wurde hingegen der Adler zugeschrieben, weil der Apostel Ausdruck der höchsten Lehre ist und somit dem Adler über den Berggipfeln gleicht.

Die Zuordnung der verschiedenen Symbole bezieht sich auf die Vision Ezechiels der göttlichen Herrlichkeit (die vier Lebewesen im Buch Ezechiel, Ez 1,5) und auf die Vision vom Thron Gottes im Buch der Apokalypse (Offb 4,6), in der vier Lebewesen den Thron Gottes umgeben: „Das erste Lebewesen glich einem Löwen, das zweite Lebewesen glich einem Jungstier, das dritte Lebewesen hatte ein Gesicht wie ein Mensch, und das vierte Lebewesen glich einem fliegenden Adler".

Irenäus von Lyon war der erste, der in seinem Traktat *Gegen die Häresien* (um 180 verfasst) einen Zusammenhang zwischen den vier Evangelisten und den vier Lebewesen schuf.

Die Erklärung des heiligen Hieronymus wurde in die *Vulgata* (lateinische Übersetzung der Bibel aus dem 5. Jh.) aufgenommen und so in der gesamten westlichen Kirche verbreitet.

Interessant ist, dass die Kirchen des Ostens diese Idee ablehnten. Das ist auch der Grund, warum die Evangelisten in den byzantinischen Darstellungen weit weniger mit den Tiersymbolen verbunden sind. Wenige Ausnahmen sind auf den Einfluss des Westens zurückzuführen, wie z.B. der Markuskom in Venedig.

Laut Hieronymus repräsentieren die vier Lebewesen auch die vier wichtigsten Momente im Leben von Jesus Christus: die Menschwerdung Gottes (der Mensch), die Versuchung Jesu in der Wüste (der Löwe), die Kreuzigung (der Stier) und die Himmelfahrt (der Adler).

DER BESEITIGTE LÖWE AN DER FASSADE DER CA' ZANE ⑫

Campo Santa Maria Mater Domini - Ca' Zane
Santa Croce 2120 und 2121

Ein Löwe an den Häusern der Verschwörer von 1310

Nach der Verschwörung von Bajamonte Tiepolo im Jahr 1310 (s. Stein mit den Spuren der Schandsäule auf Seite 151 und Relief der alten Frau mit dem Mörser auf Seite 61) wurde in die Hausmauer derjenigen, die am Aufstand teilnahmen, ein Markuslöwe gemeißelt. Natürlich wurden diese Zeichen auf Wunsch der Hausbesitzer sobald wie möglich wieder beseitigt, dennoch sind heute immer noch einige Spuren sichtbar. An der Fassade der Ca' Zane am Campo Santa Maria Mater Domini 2120 und 2121 (gegenüber der Brücke) kann man noch die Stelle erkennen, wo sich der Löwe befand und dass dieser später beseitigt worden ist.

Auch an den folgenden Häusern befinden sich diese Löwen:

Ca'Longo gegenüber den Servi

Ca' Querini in der Calle delle Rasse

Ca' Querini bei der Brücke San Giacomo dell'Orio

Ca' Loredan am San Canciano

Ca' Molin in Bragora

Ca' Corner bei der Brücke Santa Fosca

Ca' Corner in San Veneto, am Anfang des Rio Menuo

Ca' Garzoni am Campo San Bartolomeo

Ca' Donà in San Polo am Ponte dei Cavalli

SEHENSWERTES IN NÄCHSTER NÄHE

DIE AUFFINDUNG DES KREUZES VON TINTORETTO

Kirche Santa Maria Mater Domini - Campo Santa Maria Mater Domini
Öffnungszeiten: morgens von 10.00 bis 12.00 Uhr, sonntags von 17.00 bis
19.00 Uhr

Die Kirche Santa Maria Mater Domini liegt in einer dunklen und engen
Gasse, weshalb sie von den meisten Touristen übersehen wird. Und das,
obwohl sie besonders interessant ist und ihr Inneres ein keines Meisterwerk
von Tintoretto birgt. Am Ende des linken Seitenschiffes befindet sich
nämlich das große Gemälde *Die Auffindung des Kreuzes,* das an ein ebenfalls
in Vergessenheit geratenes Ereignis der Kirchengeschichte erinnert. Das Bild
wurde für die 1561 gegründete Bruderschaft *Scuola della Croce* gemalt.

Es wird erzählt, dass Helena, die Mutter des ersten christlichen römischen
Kaisers Konstantin, im 4. Jahrhundert das Kreuz Christi in Jerusalem
wiedergefunden hat und dort die *Kirche vom Heiligen Grab* hat bauen lassen.
Die Kirche Santa Maria Mater Domini wurde im 10. Jahrhundert errichtet
und mehrmals verändert.

ADAM, SALOMON, DIE KÖNIGIN VON SABA UND DAS KREUZ CHRISTI

Die Legende von Jacopo da Varagine (1228-1298) erzählt, dass Adam im
fortgeschrittenen Alter seinen Sohn Seth beauftragte, den Erzengel Micheal um
Salbungsöl zu bitten, damit er ihn segnen könne. Der Erzengel verweigerte ihm
die Bitte, gab ihm aber anstelle des Öls einen Zweig vom Baum der Erkenntnis von
Gut und Böse und trug ihm auf, den Zweig Adam nach seinem Tod in den Mund zu
stecken. Aus dem kleinen Zweig wure ein großer Baum, Adam wurden seine
Sünden vergeben und war für immer gerettet. Als König Salomon viel später
seinen Tempel in Jerusalem bauen ließ, wurde der Baum gefällt, denn er sollte
dem Königsbau dienen. Doch wo und wie der Stamm auch immer verwendet
werden sollte, er war entweder zu lang oder zu kurz. Die Arbeiter warfen ihn
daraufhin in den Fluss Siloe, damit er als Brücke diene. Als die Königin von Saba
Salomon einen Besuch abstattete, hatte sie beim Erblicken des Stammes eine
Vorahnung. Aus diesem Holz sollte eines Tages das Kreuz Christi gemacht und
die Herrschaft der Juden unterbrochen werden. Um dieses tragische Ereignis
zu verhindern, ließ König Salomon den Stamm wegschaffen und vergraben. Als
Jesus der Prozess gemacht wurde, erschien der Stamm wie durch ein Wunder
wieder an der Oberfläche. Aus dem Holz wurde das Kreuz Christi gemacht. Um
jegliche Art von Verehrung zu verhindern, wurden die Kreuze vergraben und
vergessen, bis Kaiser Konstantin eines Tages eine Vision von einem leuchtenden
Kreuz mit der Aufschrift „In hoc signo vinces" („Mit diesem Zeichen gewinnst du")
hatte. Als das Heer von Konstantin unter dem Zeichen dann die entscheidende
Schlacht von Ponte Milvio gewann, machte sich Konstantin auf die Suche nach
dem Kreuz Christi und entsandte seine Mutter Helena nach Jerusalem. Nachdem
Helena sieben Tage lang einen Juden foltern ließ, um zu erfahren, wo sich die drei
Kreuze von Christus und den zwei Schächern befanden, wurde sie fündig. Durch
ein wundersames Ereignis wurde dann auch klar, welches der drei Kreuze das
von Christus war. Denn ein gerade verstorbener junger Mann war von den Toten
erstanden, sobald sein Körper mit dem Kreuz in Berührung gekommen war. Ein
Teil des Kreuzes blieb in Jerusalem, während der andere nach Konstantinopolis,
der neuen Hauptstadt des Reichs, gebracht wurde.

SAN POLO

DIE *CAPPELLINA* IN DER KIRCHE SAN CASSIANO ❶

Chiesa di San Cassiano
• Öffnungszeiten: täglich von 9 Uhr bis 12 Uhr, von 17.30 bis 19.30 Uhr. Messe um 19 Uhr.
• Fragen Sie, ob man Ihnen zur Besichtigung der *Cappellina* das Licht einschalten kann.

In der Kirche San Cassiano führt ein kleiner, versteckter Durchgang links zur Sakristei und rechts zu einer wunderschönen, von den Besuchern oft übersehenen Kapelle, der *Cappellina*. Sie wurde 1746 unter Abt Carlo

Eine mit Edelsteinen geschmückte Kapelle

dal Medico (+1758) errichtet und ist dem heiligen Carlo Borromeo geweiht. In diesem Schmuckkästchen mit farbigem Marmor, Halbedelsteinen und Stühlen aus Nussbaumholz kann man das großartige Gemälde *Cristo nell'Orto* (Christus im Garten Gethsemane) sehen, das dem Maler Leandro Bassano zugeschrieben wird. Das Gemälde am Altar *La Vergine col putto, San Carlo Borromeo e San Filippo Neri* (Madonna mit Kind, Hl. Carlo Borromeo und Hl. Filippo Neri) ist wie das Fresko an der Decke ein Werk von G.B. Pittoni.

EIN UNBEKANNTES MEISTERWERK VON TINTORETTO
Die Kirche San Cassiano ist relativ unbekannt, obwohl dort ein Meisterwerk von Tintoretto aufbewahrt wird: *La crocefissione* (Kreuzigung), 1568. Das Gemälde hängt links hinter dem Altar und zieht einen wegen der Farben und der Kraft in seinen Bann. Die 50 Cent für die Besichtigung des herrlichen Gemäldes lohnen sich auf jeden Fall.

SEHENSWERTES IN NÄCHSTER NÄHE
DIE INSCHRIFT DER BELAGERUNG VON BUDA ❷
In der Häuserfassade am Campo San Cassiano bei der Brücke (Hausnummer 1686) befindet sich ein Pfeiler mit folgender Inschrift: 1686 - ADI 18 ZVGNO - BVDA - FV ASSEDIATA ET ADI 2 - SETTEMBRE FV PRESA. Die Inschrift erinnert an die Belagerung der unter türkischer Herrschaft stehenden Stadt Buda (später Budapest), die am 18. Juni 1686 belagert und am 2. September von den Habsburgern erobert wurde.

DIE KAPITELLE AM FISCHMARKT ❸

Pescheria Nuova, Rialto

"

Darstellungen interessanter Meerestiere

Auf der Pescheria Nuova, dem Neuen Fischmarkt, stehen viele Säulen mit schönen Kapitellen, die allerdings oft übersehen werden.

Die Säule in der Mitte, auf der vier in Stein gemeißelte Köpfe zu sehen sind, erinnert an das Jahr, in dem der erste Teil des Gebäudes vom Architekten Domenico Ruopolo nach einem Entwurf des Malers Cesare Laurenti abgeschlossen wurde. Das Kapitell trägt den Namen des Künstlers.

An einer der Säulen an der Seite sind Boote mit großen Körben zu sehen, in denen die Fische im Wasser frisch gehalten wurden.

An den anderen Kapitellen sind verschiedene Meerestiere dargestellt: Krabben, Langusten, Fische, Kraken und Seepferdchen.

Bei genauerer Betrachtung der Kapitelle erkennt man die Namen Ruopolo und Laurenti unter den Darstellungen.

Die Pescheria wurde zur Zeit des Symbolismus erbaut: Am oberen Ende der sechs großen inneren Pfeiler sieht man deshalb Seemanns- und Blumensymbole (unter anderem Windrosen, Jakobsmuscheln, Meeresschnecken, Porzellanschnecken, Krustentiere, Krabben und Fische). Auch esoterische Symbole wie Sonne, Mond und Sterne und ein leeres Wappen sind dargestellt.

EIN BEISPIEL DER NEUGOTIK AUS DEM JAHR 1907
Die heutige Pescheria erscheint viel älter, als sie eigentlich ist. Das Gebäude wurde 1907 eingeweiht und vom Künstler und Handwerker Umberto Bellotto gestaltet.

SEHENSWERTES IN NÄCHSTER NÄHE

INSCHRIFT „PISCIS PRIMUM A CAPITE FOETET" ❹

Das Gebäude an der Pescheria Nuova (Neuer Fischmarkt) beherbergt im ersten Stock die Staatsanwaltschaft, die über eine Freitreppe mit steinernen Symbolen (Pinienzapfen, Muscheln, Krake, Fischerköpfe) erreicht werden kann. Unter der Freitreppe befinden sich zwei schmiedeeiserne Gittertüren. An der größeren ist ein griechisches Sprichwort zu erkennen, das im Laufe des 16. Jahrhunderts von Erasmus von Rotterdam ins Lateinische übersetzt wurde: „Piscis primum a capite foetet" („Der Fisch stinkt zuerst vom Kopf.")

Den Inhalt der Inschrift kennen die Fachleute der Fischerei gut. Das Sprichwort kann als Mahnung für den unerfahrenen Käufer gelten, aber auch eine Warnung vor der korrupten Macht sein, die alles verdirbt, womit sie in Berührung kommt. In diesem Sinne stinkt zuerst der Kopf, also die hohen Machpositionen, was als Anspielung auf die Stadtbeamten verstanden werden kann, die hier ihren Hauptsitz hatten.

DIE EHRE, FISCHVERKÄUFER ZU SEIN

Der Beruf der Fischverkäufer war ein ehrwürdiger Beruf, zu dem nur die alten Fischer von Poveglia und San Nicolò zugelassen wurden. Voraussetzung war, über 50 zu sein und mindestens 20 Jahre als Fischer geschufftet zu haben. Als Belohnung für die jahrelange Mühe bekamen wurden ihnen der begehrte Beruf weitab von den Gefahren des Meeres zugewiesen. Am Ende des 18. Jh. gab es bei mehreren Tausend Fischern nur 158 Fischverkäufer; ihr Schutzpatron war der Hl. Nikolaus. Sie versammelten sich in der Kirche Beata Vergine ai Carmini.

FISCHFANG NACH MASS

Hinter der Pescheria Nuova in Richtung Canal Grande schreibt ein Gedenktafel die genauen Zeiten und Maße des Fischfangs vor. Die Regeln mussten genauestens befolgt werden, um die Fortpflanzung der Fische sicherzustellen. Auch heute haben diese Regeln nichts an ihrer Bedeutung eingebüßt. Ähnliche Gedenktafeln befinden sich am Campo Santa Margherita, an den Fondamenta della Tana in der Nähe des Arsenale und am Palazzo dei X Savi, dem Sitz Wasserverwaltungsbehörde der Serenissima.

DIE RATIONIERUNG WÄHREND DES ZWEITEN WELTKRIEGS

Während des Zeiten Weltkriegs wurden in den Räumen im ersten Stock der Pescheria Nuova die Lebensmittelkarten für die Rationierung ausgegeben.

DAS PORTRÄT VON ARETINO – ANDENKEN AN SEINEN AUFENTHALT IN VENEDIG

An der Fassade der Pescheria Nuova befinden sich zwei Werke von Cesare Laurenti: Der Markuslöwe und das Standbild vom Hl. Petrus als Fischer, vermutlich ein Selbstporträt des Künstlers. Weiter rechts fällt ein modernes Werk des Künstlers Guerrino Lovato ins Auge: Es handelt sich um eine Darstellung von Pietro Aretino aus farbiger und glasierter Terrakotta – Kopie einer Medaille des Bildhauers Alessandro Vittoria für den Literaten

Aretino. Die 2001 errichtete Gedenktafel erinnert an den freidenkenden Kunstkritiker, der von 1527 bis 1556 gegenüber dem Fischmarkt am Canal Grande im Palazzo Bollani wohnte. Im Relief sieht man auch ein Tintenfass mit Feder, Anspielung auf den maßgebenden Einfluss und auf die polemische Haltung von Aretino, und ein Zitat des Literaten: „veritas filia tempori" („Die Wahrheit ist die Tochter der Zeit.").

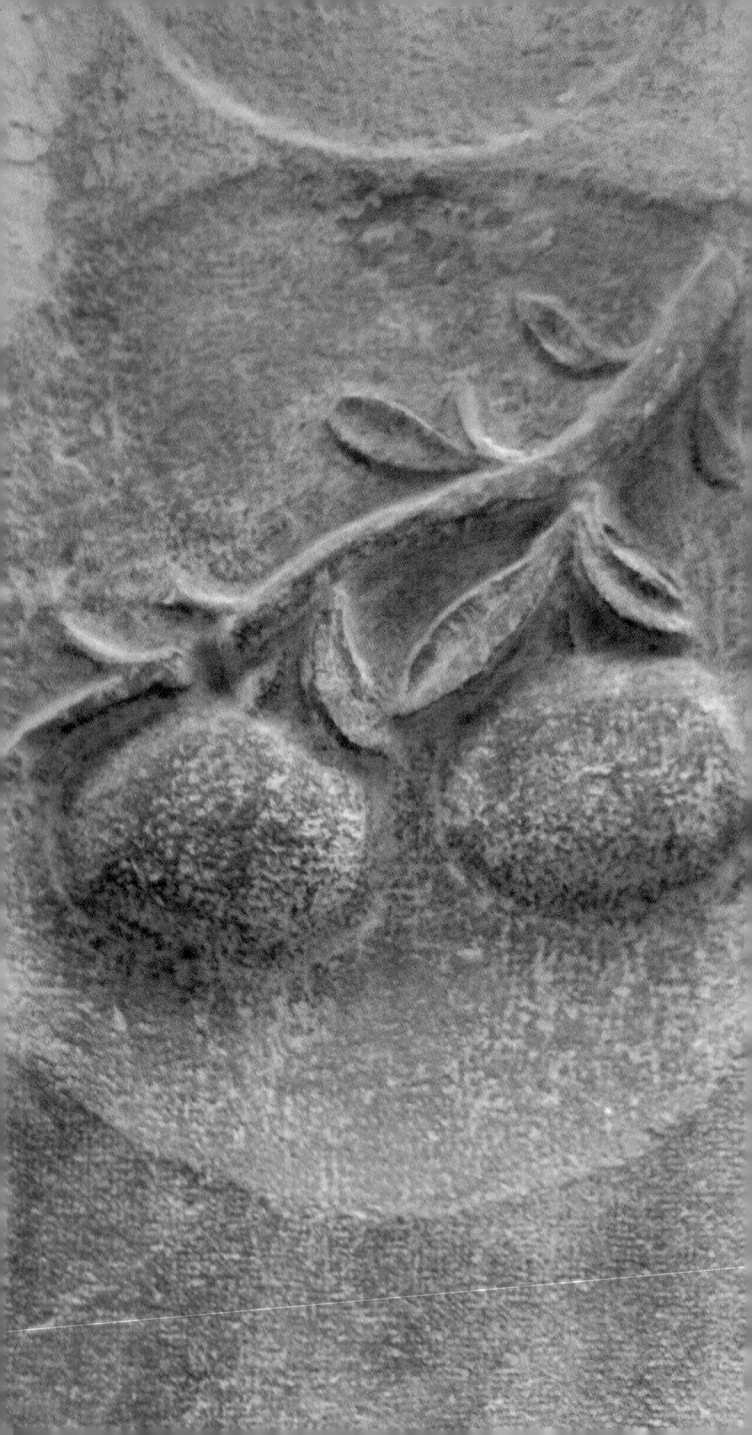

SEHENSWERTES IN NÄCHSTER NÄHE

DER ECKPFEILER DER PERSICATA ❺

In der Nähe vom Markt kann man an einem Eckpfeiler zwischen der Ruga dei Spezieri und dem Ramo do Mori (Hausnummer 379 und 395) zwei Reliefs mit zwei Pfirsichen, dem Symbol der Persicata-Zunft, erkennen. Die *Persicata* ist eine aus Pfirsichen gewonnene Konfitüre, die an Gelee und Quittenbrot erinnert und seit der Renaissance sehr gern gegessen wird.

Das Haus mit der Nummer 374 zeigt zwei ähnliche Früchte an einem Zweig.

DAS SCHIEFE HAUS VON SAN POLO (HAUSNUMMER 965A) ❻

In der Calle del Sansoni, am Ende der Calle Arco (Hausnummer 965a), steht wahrscheinlich die schiefste Eingangstür der ganzen Stadt.

RAMO DELLA DOGANA DA TERRA: ZUR ERINNERUNG AN DEN ALTEN FESTLAND-ZOLL

Das Zollamt ist leider nicht erhalten, aber der Name Ramo della Dogana da Terra erinnert daran. Bis 1414 wurden alle Waren in San Biagio di Castello verzollt, wo der Platz bald nicht mehr ausreichte. So wurden zwei andere Zollämter geschaffen: Das eine für die Waren, die aus dem Meer kamen (die berühmte Dogana da Mar) und das andere, leider nicht erhaltene Amt für die Waren, die vom Festland kamen.

DIE TÜR DER FÄSSER
San Polo 456 – Calle Arco

In dem Gassenlabyrinth hinter der Rialtobrücke werden Sie an der Hausnummer 456 eine erstaunliche Besonderheit bemerken: Der untere Teil der Tür wurde leicht verbreitert, damit die Weinfässer durchpassten.

Eine verbreiterte Tür für den Transport der Fässer

SEHENSWERTES IN NÄCHSTER NÄHE
DAS HOCHRELIEF MIT DEM FASS

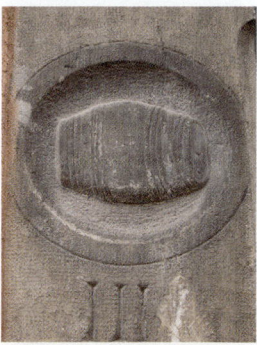

Am Campo Rialto Novo (wörtlich: neuer Rialtoplatz, weil er im Vergleich zum Campo di Rialto bei San Giacometto später geschaffen wurde) kann man einige Pfeiler aus dem 16. und 17. Jahrhundert sehen, die verschiedene Handwerkskünste darstellen.

Am Haus mit der Nummer 551 erkennt man ein Fass, Symbol für die Zunft der Böttcher (venezianisch: *boteri*), die hier ihre Lager hatten. Noch heute erinnert der Straßenname Calle dei Boteri neben dem Fischmarkt an die Zunft.

DIE ZUNFT DER BÖTTCHER
Die Böttcher waren die Hersteller der Fässer, die ihren Sitz gegenüber der Jesuitenkirche (in der Nähe der Fondamenta Nuove) hatten. Normalerweise verwendeten sie zur Herstellung von leichten und handlichen Fässern hochqualitatives Eichenholz. Doch oft benutzten sie auch Kastanien- und Tannenholz. Sie waren dazu verpflichtet, die Fässer des Dogenhofs kostenlos zu reparieren.

Am Haus mit der Nummer 553 ist die Darstellung eines Maulbeerbaums zu sehen. Die Pflanze repräsentiert die Seidenhersteller, die in dieser Gegend ihren Sitz hatten (siehe S. 19).

PALLADIOS ENTWURF DER RIALTOBRÜCKE

Das Museum Gulbenkian in Lissabon beherbergt ein wunderschönes Bild von Guardi, das die Rialtopläne illustriert, die Palladio im 16. Jahrhundert für die Stadt Venedig entworfen hatte. Der Vedutenmaler, der in seinen Bildern üblicherweise reale und imaginäre Elemente miteinander mischte, hat die Brücke so gemalt, als würde sie wirklich schon existieren.

Die erste hölzerne Rialtobrücke wurde im Jahr 1264 gebaut. In der Folgezeit wurde die Brücke mehrmals renoviert (auf einem Bild von Carpaccio in der Accademia sieht man eine der vielen hölzernen Fallbrücken), bis man sich im Jahr 1525 entschloss, eine Brücke aus Stein zu errichten. 1529 präsentierte Michelangelo seine Pläne. Diese riefen aber so geteilte Meinungen hervor, dass die Entscheidung auf das Jahr 1551 verschoben wurde, als eine neue Ausschreibung stattfand. Am Wettbewerb beteiligten sich namhafte Architekten wie Palladio, Scamozzi, Sansovino und Giacomo Barozzi Vignole. Im Jahr 1588 entschied man sich aber für den kühnen Entwurf von Antonio del Ponte. Eine Einbogenbrücke sollte einen rascheren Verkehrsfluss auf dem dichtbefahrenen Canal Grande ermöglichen. Die Arbeiten wurden 1591 abgeschlossen.

Noch heute halten viele Venezianer (und nicht nur sie) die heutige Rialtobrücke für plump und unelegant und bedauern bitterlich, dass der wundervolle Entwurf von Palladio nicht verwirklicht wurde.

DIE LEGENDE VOM TEUFEL AUF DER RIALTOBRÜCKE

Als im 16. Jahrhundert die Rialtobrücke gebaut wurde, hatte laut Legende der Teufel seine Hände im Spiel und verlangte die Seele des ersten Lebewesens, das die Brücke überqueren würde; anderenfalls würde die Brücke nie fertig werden.

Der Architekt Da Ponte akzeptierte die Forderung und gedachte, einen Hahn als ersten über die Brücke stolzieren zu lassen. Der Teufel, der die List des Architekten durchschaut hatte, ging deshalb zu ihm nach Hause sagte seiner Frau, man würde sie auf der Brücke erwarten. Diese war schwanger, ging aber sofort auf der Brücke. Die Seele des totgeborenen Kindes soll noch lange auf die Brücke herumgeirrt sein.

DER BÜRGERKRIEG AUF DER RIALTOBRÜCKE

Der letzte Kanonenschuss in Venedig wurde von der Rialtobrücke abgefeuert. Einige Venezianer waren von ihren Regierenden, die den Einfall der Truppen Napoleons ermöglicht hatten, so enttäuscht, dass sie begannen, die Häuser derjenigen zu plündern, die für den Niedergang der Republik verantwortlich waren. Um den Aufstand niederzuschlagen, ordnete die Regierung am 2. Mai 1797 an, mit den Kanonen am obersten Teil der Brücke auf das Volk zu schießen.

DER STORCH – DAS WAPPENTIER DER FAMILIE DES DOGEN PASQUALE CICOGNA

Der Storch, der in einem Medaillon auf der südöstlichen Seite der Brücke eingemeißelt ist, erinnert daran, dass die Brücke während der Regierungszeit des Dogen Pasquale Cicogna gebaut wurde, denn Cicogna heißt Storch.

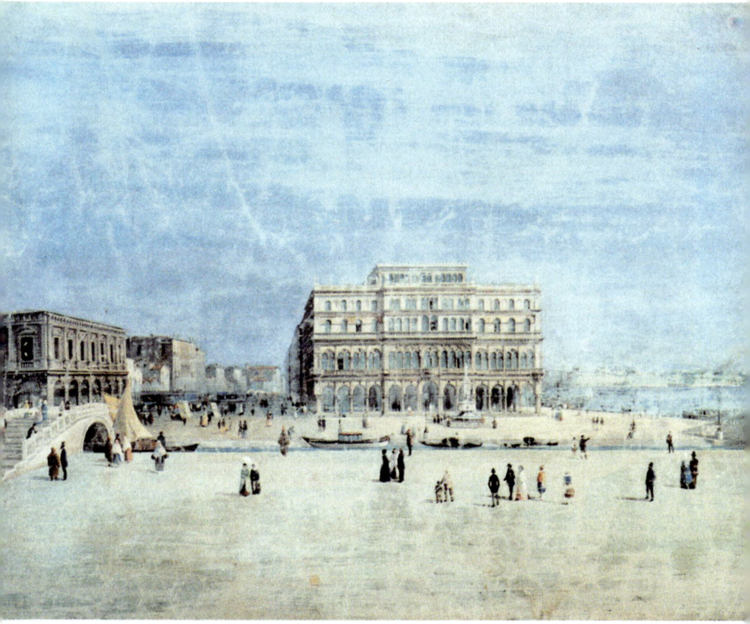

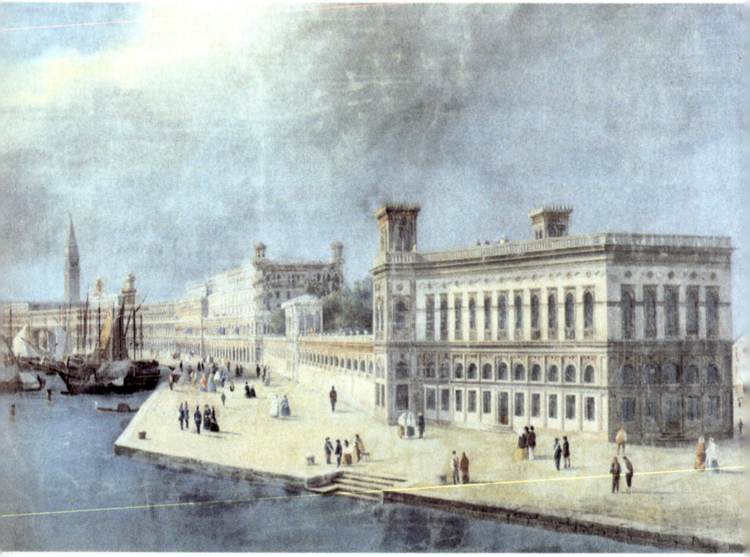

NIE VERWIRKLICHTE ENTWÜRFE

Zwei visionäre Entwürfe aus dem 19. Jahrhundert

Aufgrund der industriellen Entwicklung und der touristischen Prägung der Stadt beschloss man, einen Bahnhof in der Nähe der Piazza San Marco zu bauen. Der Bahnhof sollte bei **San Giorgio** gebaut werden und den Touristen direkten Zugang zum Herzen der Stadt schaffen. Im Jahr 1852 schlug der Unternehmer *Busetto* (auch „Fisola" genannt) den Bau eines pompösen ***Grand Hotel Termal*** an der Riva degli Schiavoni neben dem Palazzo Ducale vor (s. unten). Allerdings wurde nichts davon verwirklicht.

Der erste Entwurf für die Brücke der Accademia wurde im 19. Jahrhundert verworfen

Bereits seit dem 16. Jahrhundert wurden Pläne zum Bau einer Brücke gemacht, die neben der Rialtobrücke die beide Seiten des Canal Grande verbinden sollte. Aber erst 1838 wurde der erste Entwurf vom Direktor des Technischen Büros der Gemeinde Venedig Giuseppe Salvadori vorgelegt. Die neue Brücke sollte das zentral gelegene Viertel San Marco (auf der Höhe von Santa Maria del Giglio) mit dem Stadtteil Zattere im Dorsoduro verbinden, der damals zum neuen Handelsviertel der Stadt wurde. Der Plan sah einen klassizistischen Sockel und eine bewegliche Brücke vor. Diese sollte den Schiffen mit hohen Masten, die damals noch im Canal Grande verkehrten, die Durchfahrt ermöglichen. Letztendlich setzte sich aber der Plan von Neville (1853) durch, einem auf Eisenbau spezialisierten englischen Unternehmer und Eigentümer der Gießerei von San Rocco. Seine Metallbrücke bestand bis 1933, als sie durch eine Holzbrücke ersetzt wurde, wobei es sich nicht um die heutige, sondern um die Vorgängerbrücke handelte.

Die vierte Brücke über dem Canal Grande aus dem 19. Jahrhundert

Am Anfang der Zeit, in der viele Bauwerke abgerissen wurden, um die Stadt moderner und praktischer zu gestalten und eine bessere Lebensqualität zu erreichen, schlug Neville vor, eine schnelle Verbindung zwischen dem Bahnhof und Campo Santo Stefano zu schaffen. Diese sollte auch strategisch günstig neben seiner Gießerei in San Rocco vorbeiführen. Der Ingenieur war schon bekannt, weil er zwei Eisenbrücken am Canal Grande erbaut hatte (die Brücke der Accademia und die Scalzi-Brücke). Der Plan wurde aber nie genehmigt. Er sah eine neue und breite Straße und eine weitere Eisenbrücke auf der Höhe von Ca' Garzoni vor. Diese Brücke wäre somit die vierte Eisenbrücke am Canal Grande gewesen.

Das neue Krankenhaus von Le Corbusier: ein Plan, der nie verwirklicht wurde

Die Idee von Le Corbusier für das Stadtkrankenhaus (Ospedale Civile) hatte auch kein Glück. Es sollte in dem Gebiet des Schlachthofs Nuovo Macello Comunale in San Giobbe entstehen. 1965 unterschrieb der bekannte Architekt den Vertrag für den auszuführenden Plan, starb aber nur wenige Monate später. So wurde die Ausführung verzögert und scheiterte schließlich. Das Gebiet blieb lange außer Gebrauch und wurde erst vor kurzem zum Sitz der Universität umgestaltet. Einige Zeichnungen des Schweizer Architekten sind in der Bibliothek der Scuola Grande di San Marco zu sehen (s. Seite 261).

DAS BARBACANI-MUSTER
Calle della Madonna 574

Zwischen den letzten Häuserfassaden der Riva del Vin kann man einen aus der Hausmauer ragenden Balken aus istrianischem Stein erkennen. Er diente als Muster und Modell zur Realisierung der typisch venezianischen vorspringenden Holzbalken (der sog. Barbacani), auf denen die oberen Stockwerke lagern. Die Ausmaße der Balken waren von der Stadbehörde Venedig genauestens vorgegeben.

" Barbacan – der Musterbalken für ganz Venedig

DIE BARBACANI IN VENEDIG

Die Barbacani sind Holzbalken, die die Funktion hatten, die knappen Raumverhältnisse der venezianischen Häuser optimal zu nutzen, ohne dabei die venezianischen Straßen, die sog. Calli, noch enger machen zu müssen. Man ließ also die oberen Stochwerke über das Erdgeschoss ragen, um so die Wohnfläche zu vergrößern. Die Straßen blieben dabei unverändert und die Fußgänger konnten weiterhin ungestört ihren Geschäften nachgehen.

Früher hatte der Begriff „Barbacan" auch eine kriegerische Bedeutung. In alten Werken bezeichnet das Wort auch ein militärisches Bauwerk zur Verstärkung. Außerdem stand der Begriff auch für die Mauern mit Schießscharten, die über dem Eingangstor der Festung emporragten und der Verteidigung dienten. Barbacan stand überdies für die Strebemauern, die manchmal mit den Festigungsbögen des Wehrgangs verbunden waren.

Im Allgemeinen stand das Wort auch für die Stützbauwerke an der Außenseite der Wohnhäuser. Die Etymologie des Wortes ist relativ unklar. Einige behaupten, dass es vermutlich aus dem Arabischen b-al-baqára kommt, was soviel heißt wie „Tor der Kühe". Es handelte sich um eine Schutzwand für das Gehege neben der Hauptmauer, wo das Vieh stand.

Auch in Konstantinopolis gab es Barbacani, die den venezianischen sehr ähnlich waren. Dies beweist eine Skizze des berühmten Illustrators Cesare Biseo aus dem Jahr 1878.

Barbacani sind in ganz Venedig zu finden. Gut erhaltene Exemplare kann man in der Näher der Rialtobrücke und in der Calle del Paradiso beim Campo Santa Maria Formosa sehen.

SEHENSWERTES IN NÄCHSTER NÄHE

HOCHRELIEF DER HEILIGEN VIER GEKRÖNTEN
Ehemalige Bruderschaft der Steinmetze

Auf der linken Seite der Fassade der Kirche Sant'Aponal zeigt das Haus mit der Nummer 1252 im zweiten Stock ein Hochrelief der Heiligen Vier Gekrönten. Das Gebäude war nämlich der Sitz der im Jahr 1515 gegründeten Steinmetzschule, deren Schutzpatrone eben die Heiligen Vier Gekrönten waren (s. unten).

WARUM SIND DIE HEILIGEN VIER GEKRÖNTEN DIE SCHUTZPATRONE DER STEINMETZE?

Der Legende nach waren Claudius, Castorius, Sempronianus und Nikostratus römische Steinmetze, die sich zum Christentum bekehrt hatten. Nachdem sie sich geweigert hatten, eine Statue des heidnischen Gottes Asklepios für den Kaiser Diokletian zu machen, wurden sie 304 v. Chr. in Pannonien (im heutigen Bosnien) zu Märtyrern. Sie wurden 287 in Bleikästen eingesperrt und in einen Fluss geworfen. Simplicius, ein Christ und Gefährte von ihnen, barg die Leichname, woraufhin er auch den Märtyrertod starb und ab und zu mit den Heiligen Vier Gekrönten dargestellt wird. Manchmal werden sie mit den Heiligen Secundus, Carpophorus, Victorinus und Severianus verwechselt, römischen Soldaten, die um 289 als Märtyrer starben, weil sie sich geweigert hatten, eine Statue von Asklepios zu verehren. Ihre Existenz ist aber umstritten.
Der anonyme Name „die Heiligen Vier Gekrönten" stammt aus der Zeit, in der die Namen der vier Märtyrer noch unbekannt waren.
Sie sind Schutzheiligen der Maurer, Steinmetze und Bildhauer und werden am 8. November gefeiert.

SEHENSWERTES IN NÄCHSTER NÄHE

DER KAPITELSAAL DER EHEMALIGEN BRUDERSCHAFT DER WEINHÄNDLER

Kirche San Silvestro
• Öffnungszeiten: jeden Tag von 9.00 bis 12.00 Uhr und von 14.00 bis 17.00 Uhr • Besichtigung des Kapitelsaals: auf Anfrage möglich

Der schöne Kapitelsaal der ehemaligen Bruderschaft der Weinhändler kann auf Anfrage und bei verfügbarem Führer besichtigt werden. Er befindet sich auf der rechten Seite der Kirche im ersten Stock und wurde von Chiona Lombardo zwischen 1573 und 1581 gebaut – ein paar Jahrhunderte früher als der Sakralbau. Die Kirche wurde nämlich zwischen 1837 und 1843 völlig umgebaut, und die Fassade stammt aus dem Jahr 1909.

Auch der Straßenname *Riva del vin* (Weinufer), das Hochrelief mit dem Fass und die Tür des Fasses (s. Seite 133) weisen auf die Weinhändler hin.

DIE FREIMAUREREI IN VENEDIG

Wilmshurst, einer der Gründer der spekulativen Freimaurerei* im 18. Jahrhundert, definierte die Freimaurerei folgendermaßen: „Es handelt sich um ein sakramentales System, das wie jedes andere Sakrament einen sichtbaren äußeren Teil hat, der aus Zeremonien, Doktrinen und Symbolen besteht, und einen spirituellen inneren Teil, der von Zeremonien, Doktrinen und Symbolen verdeckt wird und zu dem nur die Freimaurer Zugang haben, die schon gelernt haben, ihre Vorstellungskraft zu benutzen, und die in der Lage sind, die vom äußeren Symbol verdeckte Wirklichkeit zu schätzen".

Frosini behauptet, dass die ursprüngliche handwerkliche Freimaurerei schon im Venedig des 15. und 16. Jahrhunderts existierte. 1515 wurde ihr Sitz nach Sant'Aponal verlegt. An der Fassade des Gebäudes mit der Nummer 1252 kann man noch ein Relief der Quattro Coronati (der Vier Gekrönten) mit folgender Inschrift sehen: „MDCLII SCOLA DI TAGLIAPIERA" („Bruderschaft der Steinmetze"; siehe folgende Doppelseite). Die Bruderschaft der freien Maurer war solange in Venedig tätig, bis die Freimaurerei 1686 verboten wurde. Erst nach 1729, als der Großmeister der Großloge von London nach Venedig kam und dort ein Haus in der Nähe der Kirche Madonna dell'Orto bewohnte, lebte die Freimaurerei wieder auf – allerdings als spekulative Freimaurerei. Später gründete Marconis de Nègre, der Sohn eines Offiziers der französischen Flotte in Ägypten, den Orden der Licht-Weisen (Ormusse), der der Ausgangspunkt für die Entwicklung der Freimaurerei im 18. Jahrhundert war. Venedig sollte zum moralischen und sozialen Modell werden, wie man in dem heroischen Poem *La Venetia Edificata* (siehe rechts) des Philosophen und Freimaurers Giulio Strozzi lesen kann, weshalb die venezianischen Freimaurer die Literatur und die schönen Künste dazu benutzten, tiefgreifende Reformen im sozialen und städtischen Bereich durchzuführen. Entgegen dieser Linie stützte sich die Freimaurerei aber auf den Geheimbund der Karbonari**, der Anfang des 19. Jahrhunderts auf Initiative von General Pepe entstand. Dieser tat sich vor allem wegen seiner militärischen Operationen hervor, die nicht nur in der Serenissima sondern auf der ganzen Halbinsel für Schrecken sorgten. Vielleicht wurde die Freimaurerei auch deshalb von den Behörden streng überwacht. Dennoch existierten 1778 immer noch fünf Freimaurerlogen in der Republik Venedig (zwei in Venedig, eine in Brescia, eine in Vicenza und eine in Padua). Allerdings distanzierten sich damals einige Freimaurer von der politischen Entwicklung und widmeten sich der spirituellen Seite. Die Kirche verfolgte die Freimaurerei immer aufmerksam, denn sie war ihr hinsichtlich Tradition und Erkenntnis ein Dorn im Auge. Laut *Inventair du 7 mai 1785* hieß die erste Loge in Venedig *Fedeltà* („Treue") und wurde im Jahr 1780 gegründet. Sie befand sich im Palazzo Contarini am Rio Marin (Santa Croce 803) und war neben dem Rektifizierten Schottischen Ritus wegen ihrer alchemistischen und hermetischen Studien bekannt. Später übernahm sie den Misra m-Ritus, der 1788 von Cagliosto in Venedig gegründet wurde. Die Gründer der Loge waren Domenico Gasperoni und der Venezianer Michele Sessa, auch *Ecques Michael a Leone* bzw. „Michael der Venezianer" genannt. Dieser wurde 1778 Ehrwürdiger Meister. Die Loge *Fedeltà* war wahrscheinlich bis

Ende des 19. Jahrhunderts tätig. Ihr gehörten berühmte Persönlichkeiten der Freimaurerei an, wie z. B. Giuliano de Lorenzo, Francesco Milizia und sein Schüler Tommaso Temanza (1705-1789), der Architekt der Kirche della Maddalena (siehe S. 237). Die Loge *Union* befand sich hingegen in der Corte da Mosto in der Nähe der Kirche San Marcuola. Auch der gebürtige Venezianer Casanova war ein berühmter Freimaurer.

* Die handwerkliche Freimaurerei entstand aus dem *Colegium Fabrorum*, den Architekten- und Handwerkerkollegien im antiken Rom. Berühmt wurde sie durch die mönchischen Steinmetze im Mittelalter. Sie dauerte bis Anfang des 17. Jahrhunderts. Die spekulative (moderne) Freimaurerei entstand hingegen 1717 im französischen Clermont-Ferrand und unterscheidet sich noch heute durch ihre philosophischen Studien und ihre geheimen Rituale.

** Die Karbonari versammelten sich heimlich in den Hütten der Köhler. Hier liegt auch der Ursprung ihres Namens: Köhler heißt auf Italienisch *carbonai*.

DAS RELIEF DES SCHLAFENDEN PAPSTES ❶②

Sottoportego de la Madonna

Die (falsche) Legende vom Papst, der auf der Straße schlafen musste...

Wenige Meter vom Campo Sant'Aponal entfernt befindet sich beim Eingang des Sottoportego de la Madonna (an der Ecke zwischen der Calle de la Madonna und der Calle del Perdon) direkt unter dem gemalten Straßenschild (venezianisch: „nizioleto") ein Holzbalken mit einer Inschrift und einem kleinen Relief, das an eine interessante Geschichte erinnert. Als Papst Alexander III. nach Venedig kam, um den Friedensvertrag mit Kaiser Barbarossa (siehe S. 66) zu unterschreiben, schlief er nicht im nahe liegenden Palazzo des Patriarchen (vom Palazzo sind noch Spuren im Sottoportego zu sehen, der zur Vaporetto-Haltestelle führt) sondern mitten auf der Straße, denn er hatte Angst vor einem Komplott des Kaisers. Eine andere Quelle sagt, dass der Papst jene Nacht in San Salvador verbrachte. Andere wiederum behaupten, der Papst habe im nahen Patriarchat oder möglicherweise in der Nähe des Sottoportego, nicht aber auf der Straße genächtigt. Es existieren tatsächlich Dokumente, die bezeugen, dass die Templer (scheinbar die Leibgarde des Papstes, siehe S. 243) das Gebäude Casa della Madonna besaßen, das sich eben an der Stelle befand, an der heute das Haus links vom Sottoportego steht. Vielleicht hat der Papst also hier geschlafen.

Man kann außerdem einige andere interessante, neutemplerische Darstellungen an den Innenmauern des Sottoportego sehen (siehe nächste Seite), während hinter dem Gitter der Nische im Sottoportego eine kleine Statue des schlafenden Papstes erkennbar ist.

Wer hier zum Gedenken an das Ereignis ein Vaterunser und ein Ave-Maria betet, bekommt den vollkommenen Ablass für seine Sünden....

DIE NEUTEMPLERISCHEN DARSTELLUNGEN DES SOTTOPORTEGO DE LA MADONNA
Wer sich im Sottoportego de la Madonna umdreht und nach oben blickt, kann einige interessante Darstellungen erkennen, die unter der Decke versteckt und an den Wänden befestigt sind. Darunter ist das berühmte „Non nobis domine, non nobis, sed nomini tuo da gloriam nos perituri mortem salutamos" [siehe S. 242]. Wer genau hinsieht, erkennt auch eine kleine Templerfigur hinter einem Blumenstrauß in der Nische des schlafenden Papstes. Diese Darstellungen gehen sicher nicht auf die Epoche der Templer zurück, sind aber höchstwahrscheinlich auf die Renaissance der neutemplerischen Bewegung an der Stelle zurückzuführen, wo das Gebäude *Casa della Madonna dei Poveri Compagni d'armi di Cristo e del Tempio di re* Salomone erbaut wurde. Vermutlich geht das Gebäude auf das Jahr 1830 zurück, während von der Templerzeit nichts erhalten ist.

DAS VENEZIANISCHE KREUZ
Das Kreuz, das man am Anfang des Sottoportego de la Madonna sieht, ist kein Templerkreuz, sondern ein venezianisches Kreuz [siehe S. 82]. Auch am Campo San Polo an der Ecke der Calle Bernardo und am Ende der Calle del Perdon wenige Meter nach dem Sottoportego kann man dasselbe Kreuz sehen.

.CHI.BACIA.QUESTA.CROCE.
.AQUISTA 5 GIORNI.
.D'INDULGENZA.

.RICORDO.
.DEL.S.GIUBILEO.
.1886.

DER ABLASS: „WENN DAS GELD IM KASTEN KLINGT, DIE SEELE AUS DEM FEGEFEUER SPRINGT"

In der katholischen Doktrin wird die Sünde durch das Sakrament der Buße gereinigt. Doch das Sakrament rettet nicht vor dem Fegefeuer. Allerdings kann der Nachlass die Zeit im Fegefeuer verkürzen oder sogar verhindern. Er kann zeitlich begrenzt oder vollkommen sein und befreit einen partiell bzw. ganz von der verdienten Strafe im Fegefeuer. Gewährt wird der Nachlass als Gegenleistung zu einem Bußakt (Wallfahrt, Gebet, Kasteiung), der ausdrücklich und mit aufrichtig reuiger Seele vollzogen werden muss. Der partielle Nachlass wird in Tagen, Monaten oder Jahren gerechnet. Im Gegensatz zur Volksmeinung entspricht er nicht einem direkten Fegefeuereerlass, sondern einem Straferlass, der eine Sühne miteinschließt. Die Praxis hat ihren Ursprung im römischen Recht und geht auf das 3. Jahrhundert zurück, als die Christen, die während der Verfolgung ihre Religion verleugnet hatten, wieder in den sicheren Hafen der Kirche zurückgeführt werden mussten. Eine abgeänderte Form des Nachlasses ist die Simonie. Hier handeln die Gläubigen mit dem Priester einen Gnadenakt aus, bei dem es sich normalerweise um ein Geldbetrag handelt. Ein berühmtes Beispiel geht auf das Jahr 1515 zurück, als dem Dominikaner Johann Tetzel aufgetragen wurde, im Namen von Albrecht von Brandenburg, dem Erzbischof von Magdeburg, Nachlässe zu verkaufen. Der Bischof behielt 50% der Einnahmen für sich. Das Höchstmaß an Zynismus war das Motto des Mönchs, der die Leute mit Trommelschlägen anlockte und verkündete: „Wenn das Geld im Kasten klingt, die Seele aus dem Fegefeuer springt." Diesem skandalösen Treiben machte Marin Luther am 31. Oktober 1517 ein Ende, als er seine 95 Thesen am Portal der Schlosskirche in Wittenberg anschlug. Der Disput um den Ablass sollte zu einer der Hauptursachen der Glaubensspaltung zwischen Protestanten und Katholiken werden. 1967 hob Papst Paul VI. jeglichen Bezug der Nachlässe auf eine Tages- oder Jahreszahl auf, auch wenn der Nachlass an sich, wenngleich weniger häufig, weiterhin vergeben wurde und wird. Im Jahr 2000 gewährte Papst Johannes Paul II. zum Heiligen Jahr einen Nachlass. Die Protestanten wehrten sich erfolglos dagegen: 500 Jahre nach Luther wiederholt sich die Geschichte.

In der christilichen Tradition ist die **Simonie** der Kauf spiritueller Fähigkeiten. Der Name geht auf den Zauberer Simon zurück, der Petrus seine Wunderkräfte abkaufen wollte (Apg. 8, 9-21), woraufhin ihn dieser mit den Worten straft: „Dein Silber fahre mit dir ins Verderben, wenn du meinst, die Gabe Gottes lasse sich für Geld kaufen."

DIE SEELEN IM FEGEFEUER

Wenn man den eigenen Aufenthalt im Fegefeuer verkürzen kann (siehe oben), dann muss das auch mit den Seelen gehen, die sich schon im Fegefeuer befinden. Wenn ein Christ für eine arme Seele im Fegefeuer betet, wird deren Zeit im Fegefeuer verkürzt und die Seele tritt ihrerseits als Fürsprecher des Betenden ein.

DIE PROSTITUTION IN VENEDIG: IM 16. JAHRHUNDERT GAB ES ÜBER 11.000 PROSTITUIERTE IN DER LAGUNENSTADT!

In der Blütezeit der Serenissima galt das Viertel hinter der Rialtobrücke der Prostitution – dem florierenden Gewerbe, das beachtliche Einnahmen verzeichnete. Heute finden sich noch einige Spuren, wie z. B. das Restaurant *Antiche Carampane*, was soviel bedeutet wie „alte Dirnen". Daneben steht die Brücke *Ponte delle Tette* („Tittenbrücke"), deren Name auf ihre Vergangenheit schließen lässt: Hier stellten sich die Kurtisanen barbusig zur Schau und lockten Kunden an. Laut Tradition war diese Sitte von der venezianischen Regierung vorgeschrieben. Denn diese sah es lieber, wenn die Bürger ihren „kleineren" Lastern nachgingen, als wenn sie sich der weit verbreiteten und „unnatürlich" geltenden Homosexualität hingaben. Die Homosexualität war im Venedig des 16. Jh. so verbreitet, dass die Prostituierten 1511 den Patriarchen Contarini baten, Maßnahmen dagegen zu ergreifen. Denn durch die Sodomie hatten die Männer weit weniger das Bedürfnis, ihre sexuelle Befriedigung bei den Dirnen zu suchen.

Allerdings muss man sich die finanziellen Sorgen der leichten Mädchen auch dadurch erklären, dass es zu viele Prostituierte in der Stadt gab (siehe unten).

Laut Zählung hatte Venedig im Jahr 1509 mindestens 11.164 Prostituierte. Ein Fünftel der Einwohner (andere Quellen sprechen von einem Zehntel) ging in den Straßen der Stadt somit dem ältesten Gewerbe der Welt nach.

Unweit der Brücke *Ponte delle Tette* liegt das Restaurant *Antiche Carampane*, das zu den besten von Venedig gehört.

WARUM WURDEN DIE PROSTITUIERTEN IN VENEDIG „CARAMPANE" GENANNT?

Bis zum Jahr 1358 waren die Prostituierten nur im sog. Castelletto zu finden, einer Häusergruppe in der Nähe Kirche San Matteo beim Rialto, Eigentum der Familien Venier und Morosini. Abends nach dem dritten Glockenschlag von San Marco mussten die Prostituierten ins Haus. Zu Kirchenfesten durften sie sich überhaupt nicht zur Schau stellen.

Doch im Laufe der Zeit nahmen die Prostituierten immer mehr Raum in der Stadt ein und trieben ihr Gewerbe, wo es ihnen gerade gefiel, vor allem in der Nähe der Kirchen.

Genervt von dieser wenig rücksichtsvollen Art beschloss die Stadt 1421, die Prostituierten wieder in ihre Häuser zurückzuverbannen, die sie von einer reichen und antiken venezianischen Familie, den Rampani, geerbt hatten. Da der ursprüngliche Palazzo Ca' Rampani hieß, wurden die venezianischen Prostituierten seither auch „Carampane" genannt.

Die Männer kamen von weit her, um sich hier der käuflichen Liebe hinzugeben, auch wenn das Gewerbe strengsten kontrolliert und reglementiert war. So waren die Kurtisanen dazu verpflichtet, gegen Geldstrafe und 10 Peitschenhiebe am Abend in ihren Häusern zu bleiben. Außerdem durften sie die Männer zu Weihnachten, Ostern oder zu anderen kirchlichen Festen nicht verführen. Wer gegen diese Regeln verstieß, wurde mit 15 Peitschenhieben bestraft. Die Prostituierten durften auch nicht in Cafés, Bars und Restaurants verkehren und nur samstags mit einem gelben Tuch um den Hals spazierengehen.

Im 17. Jahrhundert durften die Prostituierten dann wieder die verschiedenen Viertel durchkämmen, während im alten Carampane-Viertel nur noch die alten Dirnen anzutreffen waren. Da diese nicht mehr sehr ansehlich waren, war ihnen übrigens in der Zwischenzeit verboten worden, aus dem Haus zu gehen. Auch für die jüngeren waren die Regeln weiterhin eisern, wie z. B. das Gesetz vom 13. August 1644 beweist: Sie durften nicht am Canal Grande wohnen, die Miete durfte nicht über 100 Dukaten betragen, sie durften nicht mit Booten mit zwei Rudern fahren, während des Gottesdienstes und der religiösen Feste nicht in die Kirche gehen, nicht den weißen Umhang der Mädchen und auch sonst keinen Schmuck, keine Halsketten oder Perlen tragen... Bei Strafprozessen durften sie weder Zeugenaussagen machen, noch Kunden anklagen, die sich weigerten zu bezahlen.

Das „**Traghetto del Buso**" („Fähre des Lochs") erinnert an die Stelle, von der die Gondolieri die Kunden zu den Prostituierten an den Fuß der Rialtobrücke auf der Seite des Fondaco die Tedeschi transportierten. Das venezianische Wort *buso* bedeutet Loch und spielt vulgär auf das weibliche Geschlecht an. Padre Coronelli zitiert in seinem Werk *Viaggio d'Italia in Inghilterra* (1697) das „Traghetto dei Ruffiani" („Fähre der Kuppler"), das später zum „Traghetto del Buso" wurde. Nach einer anderen Quelle hat die Fähre ihren Namen daher, dass, die Dirnen, nachdem sie eines Tages von der Republik wegen „Säuberungsmaßnahmen" verbannt worden waren, genau hier vorbeikamen. Andere wiederum behaupten, das „Loch" beziehe sich auf die Münze, mit die man die Überfahrt bezahlte und die in der Mitte ein Loch hatte.

GEDENKTAFEL DER DRUCKEREI VON ALDO MANUZIO ❶❸

San Polo 2311
Rio Terrà Secondo

Aldo Manuzio – der Erfinder der Kursivschrift

Die Inschrift 'MANUCIA GENS ERUDITOR NEM IGNOTA HOC LOCI ARTE TIPOGRAPHICA EXCELLUIT' der Gedenktafel am Haus mit der Nummer 2311 erinnert an die Stelle, wo sich vermutlich die Druckerei befand, die im 15. Jahrhundert von Aldo Manuzio (1449-1515) gegründet wurde.

Die Tafel erinnert an die glorreiche Vergangenheit Venedigs und ihre Druckereien. Kurz nachdem Johann Gutenberg um das Jahr 1440 den Buchdruck mit beweglichen Lettern erfunden hatte, verstand die Stadt, dass eine Revolution stattfand. Giovanni da Spina bekam 1468 die erste Genehmigung, eine Druckerei zu eröffnen, und druckte das erste Buch in Venedig, die *Epistolae Ciceros*. Einer der berühmtesten Buchdrucker war Aldo Manuzio, der seine Druckerei 1494 in Venedig eröffnete.

Manuzio wurde von Pico della Mirandola beeinflusst und er nahm sich vor, die besten Texte vor der Inquisition zu bewahren. Auf diese Weise half er den Humanisten der Renaissance, ihre kulturelle Revolution voranzutreiben, die antiken Kulturen wiederzuentdecken und den Grundstock einer neuen Gesellschaft zu legen.

Um seine Werke besser vertreiben zu können, druckte Manuzio einige Ausgaben, die preisgünstig waren und ein kleines Format hatten. 1501 hatte er die geniale Idee, die Buchstaben leicht schräg zu setzen, um so die Wortanzahl zu erhöhen. Auf diese Weise wurde die Kursivschrift geboren.

Eines seiner berühmtesten Werke ist *Hypnerotomachia Poliphili* (*Der Traum des Poliphilo*). Das Francesco Colonna zugeschriebene Werk wurde 1499 veröffentlicht und stellt wegen seiner zahlreichen Holzschnitte und seines makellosen Umbruchs eines der schönsten Werke der Renaissance dar (s. S. 329).

Eine weitere Gedenktafel wurde an der Fassade des alten Hauses von Aldo Manuzio angebracht, das sich am heutigen Campo Manin befindet (damals Campo San Paternian, s. S. 33). Das Haus war auch Sitz der Akademie Fillellenica Aldina, einem lebhaften Kreis humanistischer Gelehrter.

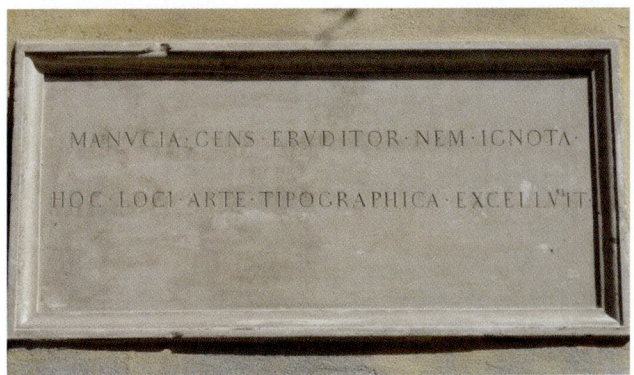

SEHENSWERTES IN NÄCHSTER NÄHE

DIE SCHANDSÄULE ⑭
Campo Sant'Agostin

Am Campo Sant'Agostin 2304B erinnert eine Schiefersteinplatte im Boden an der Ecke der Calle Chiesa mit ihrer rätselhaften Inschrift (LOC. COL. BAI. THE. MCCCX) an die 1301 von Bajamonte Tiepolo angezettelte Verschwörung mit dem Ziel, die Republik zu stürzen. Nachdem die Rialtobrücke angezündet und Tiepolo ins Exil nach Istrien geschickt worden war, wurde sein Haus zerstört und an dessen Stelle die sogenannte Schandsäule errichtet, die heute verschwunden ist. Die Schieferplatte erinnert an die Säule, die sich heute vielleicht in einem Privathaus am Comer See befindet. Der Legende nach wurde der Rat der Zehn infolge der Verschwörung gegründet.

In Venedig gibt es noch weitere Spuren der von Tiepolo angeführten Verschwörung: s. S. 29, 61 und 120.

CA' SAN BOLDO

Rio Terà I
San Polo 2281
• Anmeldung: 0421 66171 oder info@adriabella.com
• Gebühren:
Tennisplatz: 15 € pro Stunde
Grimani-Wohnung: 230 € - 290 € pro Nacht (mindestens 3 Nächte),
1.400 € - 1.750 € pro Woche

> **Ein Tennismatch auf dem einzigen Tennisplatz von Venedig**

Wer nicht in der Nähe wohnt, kann sich schwer vorstellen, dass es direkt im Zentrum einen außergewöhnlichen Hartplatz zum Tennisspielen gibt. Wer in den gegenüberliegenden Wohnungen untergebracht ist, kann den Platz mieten und ein Tennisspiel (für 15 € pro Stunde) wagen. Die Atmosphäre ist einzigartig. Die umliegenden Häuser und Palazzi geben einem das Gefühl, irgendwo auf dem Land zu sein.

Von den drei von der Familie Pasti zur Verfügung gestellten Wohungen empfiehlt sich die Grimani-Wohnung (140 m² für 6 Personen), von der man direkten Zugang zum kleinen Garten zwischen Tennisplatz und Haus hat.

Die Ausstattung der drei sehr funktionellen Wohnungen ist wirklich sehr angenehm (unter anderem mit Balkendecke).

Sowohl vom Tennisplatz als auch von den Wohnungen aus hat man einen herrlichen Blick auf den „verstümmelten" Glockenturm der ehemaligen Kirche San Boldo, die 1826 zerstört wurde. Im aktuellen Turm befinden sich einige Wohnungen.

WOHER KOMMT DER NAME SAN STIN?

Unweit vom Tennisplatz befindet sich der Platz Campo San Stin. San Stin ist die venezianische Verkleinerungsform von San Stefanino und der Name der kleinen Kirche, die kurz nach 1810 zerstört wurde. Die Kriche war dem heiligen Stephan (San Stefano) geweiht und wurde später zu San Stefanino, um sie nicht mit der gleichnamigen und weit größeren Kirche in der Nähe des Markusplatzes zu verwechseln. Interessant ist, dass es sich allerdings nicht um denselben Heiligen handelt: Beim Heiligen Stephan in der Nähe vom Markusplatz handelt es sich um den ersten christlichen Märtyrer, während der Stephan bei Santa Croce ein Glaubensbekenner war.

DIE INSCHRIFT „STATIONI DELLE SETTE CHIESE DI ROMA IN PERPETUO" **16**

Kirche San Polo
Campo San Polo

Zum Gedenken an die Pilgerfahrt des Heiligen Philipp Neri nach Rom?

Über dem Eingangsportal der Kirche San Polo befindet sich die Inschrift „Stationi delle sette chiese di Roma in perpetuo", die auf die sieben Kirchen in Rom anspielt. Wahrscheinlich erinnert sie an eine Pilgerfahrt, die vom Heiligen Philipp Neri (1515-1595) organisiert wurde. Ziel war es, die sieben Hauptkirchen von Rom zu besuchen – also nicht nur die Patriarchalbasiliken Petersdom, Lateranbasilika, Santa Maria Maggiore und Sankt Paul vor den Mauern, sondern auch San Lorenzo, Santa Croce in Gerusalemme und San Sebastiano (siehe *Roma insolita e segreta* im selben Verlag).

Der Tradition zufolge stellte jede Strecke der Pilgerfahrt eine der sieben Stationen der Passion Christi dar. Vom letzten Abendmahl bis zum Ölberg, vom Garten Gethsemane zum Hohepriester Hannas, und weiter zum Hohepriester Kaiphas; dann zum Palast von Pontius Pilatus, weiter zu Herodes, noch mal zum Stadthalter von Rom und am Ende zur Kreuzigung.

In Venedig wurde während der Renaissance ein ähnlicher Weg geschaffen, der über sieben Kirchen der Stadt Venedig führte und für diejenigen gedacht war, die nicht nach Rom fahren konnten. Obwohl es heutzutage schwierig ist, die Spuren dieses Pilgerwegs zu finden, gehörten wahrscheinlich San Polo (in Anlehnung an Sankt Paul vor den Mauern, deren Säulen im Kirchenschiff 1805 nachgebildet wurden), die Fava-Kirche (Sitz der Kongregation des Heiligen Philipp Neri in der Lagunenstadt), San Martino (sehenswert sind die Gemälde in der Sakristei, die den Heiligen aus Florenz zeigen), die ehemalige Kirche dell'Umiltà bei den Zattere (mit seinem Oratorium, das dem „Freudeapostel" gewidmet war) und die Maddalena-Kirche dazu.

Im 15. und 16. Jahrhundert war eine Pilgerfahrt nach Jerusalem mit Risiken und Gefahren verbunden, weshalb die Franziskaner in Venedig einige Pilgerziele geschaffen haben, wo Bilder der Passion dargestellt wurden. Auch im westlichen Europa wurden drei Orte ausgewählt: Montaione in der Toskana (siehe *Toscana insolita e segreta* im selben Verlag), Varallo in der Lombardei und Braga in Portugal.

PHILIPP NERI – DER HEILIGE MIT DEM DOPPELT SO GROSSEN HERZ

Philipp Neri (1515-1594) hat die Kongregation des Oratoriums – ihm zu Ehren auch Kongregation der Philippiner genannt – gegründet und wurde wegen seiner jovialen Art auch Apostel der Freude genannt. Er lehnte sich an die ersten christlichen Glaubensgemeinschaften an und wollte dem Alltagsleben eine intensive Spiritualität geben, die auf dem Gebet (er war einer der ersten, der zusammen mit Laien betete), der Lektüre, der Meditation der Heiligen Schrift und das Lob Gottes (vor allem durch den Gesang und die Musik) beruhte. Für ihn war die Musik das beste Mittel, um die Herzen der Menschen zu erreichen und sie zu Gott zu führen. Er war einer der Verfechter der Renaissance der Kirchenmusik.

1544 wurde er während eines Gebets auf dem Grabmal der ersten Märtyrer in den Katakomben von San Sebastiano von einem Licht erleuchtet, und sein Herz wurde von Freude erfasst. Er hob den Kopf und sah einen Feuerball, der sich seinem Mund näherte und in seine Brust drang. Als er mit der Flamme in Berührung kam, vergrößerte sich sein Herz, wodurch zwei Rippen brachen. Der Heilige Geist war über ihn gekommen, wie an Pfingsten über die Jünger.

Im 17. Jahrhundert bestätigte die Autopsie, dass das Herz von Philipp Neri doppelt so groß war wie ein normales Herz.

Von diesem Tag an war nichts mehr so wie vorher. Sein Herzschlag war so stark, dass man ihn auch in einigen Metern Entfernung noch hören

konnte, und sein Körper strahlte soviel Wärme aus, dass er der Winterkälte mit einem einfachen Hemd trotzen konnte. Auch das Symbol der Kongregation geht auf das Ereignis zurück. Es ist das flammende Herz.

Philipp Neri kümmerte sich um die Armen und Kranken, aber auch um die Jungen, die er von der Traurigkeit und Langweile der Welt fernhalten wollte. Er versammelte sie um sich und erinnerte sie daran, in der Freude zu leben. Eines Tages, als der Lärm überhand nahm, soll er zu den jungen Leuten gesagt haben: „Seid brav, meine Freunde, wenn ihr könnt!"

Durch seine zahlreichen spirituellen Kräfte konnte er einen verstorbenen Jungen einige Augenblicke lang ins Leben zurückrufen.

SEHENSWERTES IN NÄCHSTER NÄHE

„ZU DEN EINEINHALB SÄULEN"

Die Apotheke am Campo San Polo mit ihrer hübschen Dekoration, die auf Ende des 19. Jahrhunderts zurückgeht, hat einen merkwüdigen Namen: „Alla colonna e mezza" („Zu den eineinhalb Säulen"). Der ursprüngliche Name war „Alle due colonne" („Zu den zwei Säulen"), aber 1586 musste der Name und das Schild wegen eines neuen Gesetzes verändert werden, denn die Apotheke in San Canciano hieß genauso (siehe S. 189). Man beschloss also, einen Teil der zweiten Säule abzuschneiden. Auf der rechten Seite der Apothekenfassade sieht man das in Stein gemeißelte Schild. Das Emblem ist auch in Inneren an der Decke hinter dem Ladentisch zu sehen.

DIE LÖWEN DES GLOCKENTURMS VON SAN POLO

Am Fuße des Glockenturms der Kirche San Polo, genau gegenüber dem heutigen Eingang, befinden sich zwei interessante Löwen aus Stein. Einer der Löwen kämpft gegen eine Schlange (oder einen Drachen mit dem Kopf eines Aales) und der andere hält einen Menschenkopf zwischen seinen Tatzen. Der Legende nach erinnern die Skulpturen an Francesco Bussone, auch Carmagnola genannt, der 1432 wegen angeblichen Verrats an den Venezianern eingesperrt und dann enthauptet wurde. Francesco Bussone war zunächst im Dienste des Herzogs von Mailand und wurde im 15. Jahrhundert zum Befreier von Mailand. Weil der Herzog von Mailand Visconti seine Macht fürchtete, wurde Carmagnola 1424 gezwungen, nach Venedig zu fliehen. An der Spitze der venezianischen Truppen gewann er 1427 die Schlacht von Maclodio, doch sein Großmut gegenüber den Gefangenen erregte das Misstrauen der Lagunenstadt. Nach einigen Misserfolgen wurde er 1432 nach Venedig zurückgerufen. Am Tag nach seiner triumphalen Ankunft in der Stadt wurde er eingesperrt und hingerichtet. Laut einigen Quellen handelt es sich bei der Figur nicht um Carmagnola, sondern um den Dogen Marino Falier, der die Serenissima im 14. Jahrhundert verriet.

DER HERKULES-MASKARON
Palazzo Maffetti-Tiepolo - Cannaregio 1957

Über der Eingangsstür des Palazzo Maffetti-Tiepolo wird leicht der prächtige Maskaron übersehen, der Herkules mit dem traditionellem Löwenkopf darstellt. Er erinnert an die erste der zwölf Herkulesarbeiten, bei der er den Neméischen Löwen tötete. Herkules, Sohn des Zeus, erwürgte den für unbesiegbar gehaltenen Löwen, trug sein Fell als Schutz und seinen Kopf als Helm und wurde auf diese Weise unverwundbar. Der Maskaron spielte auf die Macht der Besitzer des Palazzo an, der im 18. Jahrhundert vermutlich von G. Masari erneuert wurde. Herkules und der Neméische Löwe sind auch in einem Hochrelief am Palazzo Soranzo dargestellt, wenige Meter enfernt auf der linken Seite (Nr. 2170).

DAS FLACHRELIEF DER SCUOLA DEI CALEGHERI

Campo San Tomà

Der alte Sitz der Scuola dei Calegheri (Schuster im venezianischen Dialekt) aus dem Jahr 1466 zeigt über der Eingangstür ein Flachrelief, das häufig übersehen wird. Es wurde von Pietro Lombardo geschaffen und stellt den heiligen Markus dar, der in Alexandrien

Der heilige Markus – Schutzpatron der Schuster und der Stadt Venedig

den Schumacher Anianus heilt. Dieses Ereignis im Leben des Stadtpatrons von Venedig (siehe unten) erklärt, warum der heilige Markus auch der Schutzpatron der Schuhmacher ist.

Auch in der Fassade des Schuhmuseums in Barcelona befindet sich ein Relief mit dem Markuslöwen (siehe *Barcellona insolita e segreta* im selben Verlag).

WARUM IST DER HEILIGE MARKUS DER SCHUTZPATRON DER SCHUHMACHER?

Nachdem Markus Italien evangelisiert hatte, kam er nach Ägypten, wo er der erste Bischof von Alexandrien wurde. Hier gründete er die christlich-orthodoxe Kirche, deren erster Papst er wurde. Da viele wegen seiner Taten zum Christentum übertraten, wurde er gefangen genommen und starb im Jahr 67 als Märtyrer. Bevor der Leichnam geraubt und nach Venedig gebracht wurde, wurde er in einer Kapelle des kleinen Fischereihafens Bucoli in der Nähe von Alexandrien aufbewahrt, wo der Heilige den Märtyrertod erlitten hatte. Im Jahre 42 verletzte sich der Schuster Anianus beim Reparieren der Schuhe des Heiligen schwer. Der Heilige wirkte ein Wunder und heilte ihn sofort. Der heilige Crispinus, der im 3. Jahrhundert einen Märtyrertod erlitt, ist ein zweiter Schutzpatron der Schuster. Die Brüder Crispinus und Crispinianus aus Rom kamen nach Soissons, wo sie im Jahr 285 oder im Laufe des folgenden Jahres wegen ihres christlichen Glaubens enthauptet wurden.

Der Sitz der Scuola der deutschen Schuster war am Campo Santo Stefano (siehe S. 38). Hier ist ein interessantes Hochrelief aus dem 14. Jahrhundert zu sehen, das ein Schuhwerk darstellt.

Im ersten Stock befinden sich einige Fresken, die allerdings schwierig zu deuten sind und nur für Fachleute von Interesse sind.

DIE SYMBOLE DES KENOTAPHS VON ANTONIO CANOVA

Frarikirche
• Öffnungszeiten: Montag bis Samstag von 9.00 bis 18.00 Uhr, sonntags von 13.00 bis 18.00 Uhr

Canova – ein großer Eingeweihter

Das Kenotaph des weltberühmten Bildhauers Antonio Canova (*1. November 1757 in Possagno + 13. Oktober 1822 in Venedig) befindet sich in der Frarikirche und stellt einige relativ unbekannte Symbole dar. Das Kenotaph erinnert an die mittelalterliche Kunst und Symbolik. Ursprünglich war es für den Maler Tiziano gedacht; aber nach einigen kleinen Veränderungen wurde es schließlich in Wien als Grabmal für die Erzherzogin Marie Christine von Österreich errichtet. Nach dem Tod des Bildhauers nahmen seine Lehrlinge die ursprünglichen Pläne wieder auf und verwirklichten das Kenotaph zu Ehren ihres Meisters. Das pyramidenförmige Monument ist mit mythologischen Figuren geschmückt. Diese wurden von Canovas Schülern gemeißelt (wie die Unterschriften neben jeder Figur zeigen) und zeigen unter anderem Amor und Psyche (Symbole der Liebe, des Verlangens und der Seele), Perseus und Medusa (spirituelle Darstellung des siegreichen Helden, der über die weltlichen Schwierigkeiten gesiegt hat), Die drei Grazien (die einerseits für die Theologische Tugenden des Christentums – also Glaube, Hoffnung und Liebe – stehen, aber auch die Kardinaltugenden oder die „Drei Lichter der Freimaurerei" – das Buch des Gesetzes, das Winkelmaß und den Zirkel – darstellen). Am Ende des 19. Jahrhunderts wurde Canova in die schottische Freimaurerei eingeweiht. Später gaben einige berühmte Freimaurer bei ihm diverse Werke in Auftrag: 1816 vollendete der Künstler das Gesicht George Washingtons. Das Werk ging leider bei einem Brand verloren. Tief religiös und ehrlich lehnte Canova jegliche Extravaganz und Mondänität ab. Obwohl er sehr begehrt war, galt der Künstler bei seinen Zeitgenossen als Vorbild sowohl für die Vollkommenheit seiner Kunst als auch für sein persönliches Verhalten. Er unterstützte nämlich junge Künstler und war als Wohltäter bekannt. Freimaurer, Künstler und gewöhnliche Personen trauerten um seinen Tod. Das dreieckige Kenotaph stellt die Allerheiligste Dreieinigkeit sowie das Delta des großen Architekten des Universums dar. Ein von zwei Engeln getragenes Medaillon mit Canovas Büste bildet die Sonne (oder zentrales Auge) des Werkes. Für die Eingeweihten der Urtradition bedeutet es, dass der Meister und Künstler ein wichtiger Eingeweihter war und deshalb in der Lage ist, sich dem Ewigen Osten oder dem Himmlischen Jerusalem zuzuwenden. Ein Trauerzug geht Richtung Tür, die sich unter dem Medaillon öffnet. Eine verschleierte Gestalt (der Tod) trägt eine Kanopenvase, gefolgt von einem halbnackten Jungen mit einer brennenden Fackel. Er steht für die Unsterblichkeit, die symbolisch mit dem Tod kommt.

Zwei Frauen halten einen Blumenkranz und verkörpern die Hoffnung. Zwei Jungen mit Fackeln schließen den Trauerzug. Die Fackeln weisen auf den Glauben hin. Auf der ersten Stufe links, die zur Tür führt, erkennt man einen schlafenden geflügelten Löwen mit gekreuzten Beinen auf einem geschlossenen Buch. Er verkörpert die Macht, die Weisheit und die Gerechtigkeit und ebenso den Vater, den Meister und den Herrscher. In der Apokalypse ist es der geflügelte Löwe, der das Buch des Lebens öffnet, nachdem er dessen sieben Siegel zerbrochen hat. So wurde er zum Christus-Emblem, wie der Evangelist Markus schreibt. Die Anwesenheit des Löwen und des geschlossenen Buches auf dem Kenotaph bedeutet auch, dass Antonio Canova seine Augen für immer geschlossen hat. Dabei bringt er die Weisheit und den Glauben vor den Thron Gottes. Auf der zweiten Stufe ist ein Engel mit geöffneten Flügeln zu sehen. Sein Kopf ist Richtung Tür geneigt, und in seinem Ausdruck vereinigt sich Schmerz und Melancholie. Er stützt sich mit der linken Hand ab und verkörpert den Schutzengel der durch das Tor des Todes entflohenen Seelen dar. Er ist der himmlische Zeuge der Inexistenz des Todes ohne Unsterblichkeit. Ein Teil der Tunika gleitet auf die dritte Stufe hinab, auf der auch ein Lorbeerkranz zu sehen ist – der Kranz des aufgegebenen Sieges von Seiten desjenigen, der im Leben glänzte, sich aber dabei von jeglicher Eitelkeit und Ruhmsucht fernhielt. Ohne seine Tunika ist der Engel nackt – wie die nackte Wahrheit oder die sogenannte „entschleierte Isis".

DIE MÜHLE DER SCUOLA GRANDE DI SAN ROCCO

Ein einfaches Spiel oder ein esoterisches Symbol?

Links vom Haupteingang der wunderschönen Scuola Grande di San Rocco befindet sich ein Stein, auf den sich viele Besucher setzen, ohne dabei das darin eingemeißelte Zeichen zu bemerken.

Einige sagen, es handle sich um ein Mühlespielbrett; andere wie René Guénon und Paul Le Cour hingegen betonen, dass dieses Zeichen auch an einer senkrechten Mauer zu finden ist und so kleine Ausmaße hat, dass es nicht als Spielbrett benutzt werden kann.

Dasselbe Zeichen ist auch im ersten Obergeschoss des Fondaco dei Tedeschi (s S. 17) zu sehen. Weisen diese Symbole vielleicht darauf hin, dass Venedig ein heiliger Ort ist?

Schon in der Antike in Rom, Griechenland und Ägypten wurde Mühle gespielt. Als Spielsteine benutzte man einfach Steine mit verschiedenen Farben. Jeder der zwei Spieler verfügt über neun Spielsteine, die auf dem Spielbrett mit vierundzwanzig Positionen bewegt werden können. Ziel des Spiels ist es, drei Steine in eine Reihe zu bringen.

HANDELT ES SICH UM EINE ESOTERISCHE MÜHLE?

Sowohl in Europa als auch in China, sogar in Sri Lanka, kann man dieses Zeichen aus drei konzentrischen Quadraten mit vier zentralen Linien im inneren Quadrat finden.

Die Mühle steht manchmal für das esoterische Symbol, das die drei Phasen des spirituellen Wegs der Eingeweihten darstellt. Vor dem Erreichen des Endzieles müssen drei Etappen durchlaufen werden: die körperliche, die geistige und die spirituelle oder göttliche.

Bei den Druiden verkörpert dieses Symbol die drei Klassen der priesterlichen Hierarchie, und zwar *druides* (Priester), *vātes* (Seher) und *bardi* (Dichter). Außerdem wurden in Europa im Mittelalter da Schlösser mit drei Ringmauern erbaut, wo die tellurischen Kräfte einen besonders günstigen Ort zur spirituellen Besinnung anzeigten.

Nachdem das Zeichen die drei Ringmauern des salomonischen Tempels in Jerusalem dargestellt hatte (vgl. 1 Kön, 7-12), verkörperte es auch das himmlische Jerusalem mit seinen zwölf Stadttoren (drei Tore an jeder Seite; vgl. Offb 21, 11-22). Die vier kreuzförmigen Linien, die die drei Ringmauern verbinden, verkörpern die Wege, auf denen die Lehre verbreitet wird. Aus der Mitte, der „Quelle der Tradition", entspringen die vier symbolischen Flüsse des „Pardes", des Paradieses.

Die drei „Mauern" können auch kreisförmig sein. Der Kreis entspricht dem Anfang des Wegs, während das Quadrat das Ende verkörpert. Daher kommt auch der Ausdruck „die Quadratur des Kreises".

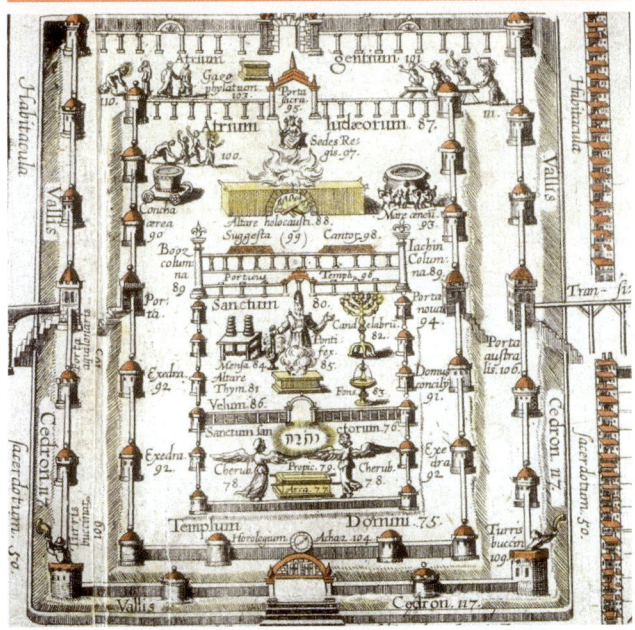

DIE GEHEIMNISSE DER SCUOLA GRANDE DI SAN ROCCO

Scuola Grande di San Rocco
Campo San Rocco
• Öffnungszeiten: täglich von 9.30 bis 17.30 Uhr
• Tel. +39 041.52.34.864
• www.scuolagrandesanrocco.it • snrocco@libero.it

Die Geheimbotschaft der Hauptgemälde von Tintoretto

Ab 1564 wurden beim Maler Tintoretto (1518-1594) viele großartige Gemälde in Auftrag gegeben, die die Scuola di San Rocco heute zum Ort mit den bedeutendsten Exemplaren venezianischer Malerei aus der Renaissance macht. Die Räume der Scuola wurden stufenweise mit drei Zyklen von Leinwandgemälden ausgeschmückt: in der Sala dell'Albergo (1564-67) zeigen die Bilder die Passion Christi, in der Sala del Capitolo (1576-1581) erzählen die Gemälde an der Decke die Geschichte des Alten Testaments und die an den Wänden die Ereignisse aus dem Leben Jesu. In der Sala Terrena (1582-84) werden die Geschichten des Lebens der Heiligen Jungfrau Maria und der Kindheit Jesu geschildert.

Auch wenn diese Werke bis heute als eine Reihe von Bildern der Heiligen Schriften gelten, beweisen neueste Untersuchungen, dass sich sowohl die unveröffentlichten Darstellungen als auch einige nur unerklärliche Einzelheiten an die theologische Lehre von Guillaume Postel anlehnen könnten. 1555 wurde der französische Sprachforscher und Prophet Postel vor dem Inquisitionsgericht in Venedig wegen Häresie angeklagt (s. folgende Seite).

Auf dem Gemälde „Die Anbetung der Heiligen Drei Könige" im Erdgeschoss ist das Porträt eines knienden Mannes im Pilgergewand zu sehen, der Guillaume Poster überraschenderweise sehr ähnlich sieht (s. folgende Doppelseite).

Das Leben der Heiligen Jungfrau und der Kindheit Jesu wurden somit neu interpretiert und haben eine völlig neue Bedeutung gewonnen. In der Anbetung der Heiligen Drei Könige soll Venedig demnach als neues Jerusalem zu verstehen sein, während die Heiligen, die hinten im Saal auf einer stimmungsvollen Landschaft dargestellt sind, einen zweiten Messias heraufbeschwören sollen. Nach Postel soll dieser Messias eine Frau sein, die die schon von Jesus begonnene Mission vollbringen und vom Sündenfall seitens Eva (s. S. 166) befreien wird.

Auch wenn die Entscheidung, die Lehre Postels als Inspirationsquelle zu nehmen, ganz klar auf die Auftraggeber zurückgeht, schließt das nicht aus, dass sich Tintoretto und der französische Theologe zwischen 1547 und 1548, als letzterer in Venedig weilte, kennenlernten und mehrmals trafen. Man darf nicht vergessen, dass Tintoretto in dieser Zeit sein erstes Meisterwerk *Das Wunder des Hl. Markus* fast vervollständigt hatte. Es wurde für die Scuola Grande di San Marco geschaffen, die sich nur wenige Schritte vom Krankenhaus Ospedaletto befindet, in dem Postel als Geistlicher arbeitete.

GUILLAUME POSTEL UND DIE WEISSAGUNG DES NEUEN WEIBLICHEN MESSIAS

Guillaume Postel wurde um 1510 in Barenton in der Diözese von Avranches in der Normandie geboren und studierte am Collège Sainte-Barbe in Paris asiatische Sprachen. Seine Sprachbegabung ermöglichte ihm den Zugang zum französischen Hof, wo ihm Franz I. den Titel Lecteur royal (königlicher Lektor) verlieh. Im Jahr 1537 bereiste er zum ersten Mal den Orient. Obwohl man die Etappen seiner Route nicht genau kennt, ist bekannt, dass er sich in Ägypten und in Konstantinopel aufhielt, um seine Sprachkenntnisse zu verbessern. Während seiner Rückreise entdeckte er Venedig. Sein Wunsch aber war, sich den Jesuiten anzuschließen, weswegen er sich nach Rom begab. Hier wurde er sofort wegen seiner unorthodoxen Ansichten verstoßen. Er flüchtete nach Venedig, wo er zwei Jahre lang (1547-48) wohnte und im Krankenhaus San Giovanni e Paolo – auf Venezianisch Ospedaletto – als Geistlicher arbeitete. Dort traf er Mutter Giovanna, eine fromme Frau, die seiner Meinung nach den neuen Messias verkörperte. Ihre barmherzige Gesinnung und vor allem ihr außergewöhnliches Verständnis der alten kabbalistischen Texte faszinierten ihn. Obwohl Giovanna kaum lesen und schreiben konnte, soll sie ihm die Geheimnisse des Zohar verraten haben, die er während seines Aufenthalts in Venedig ins Lateinische übersetzen wollte. Dank ihrer übersinnlichen Kräfte soll Giovanna durch die Gegenstände hindurchgesehen und fast ohne Essen und Trinken überlebt haben.

Laut Postel sollte Giovanna die Mission Christus zum Abschluss bringen. Während der Sohn Gottes sein Leben opferte, um die Männer vor dem Sündenfall zu retten, sollte ein neuer weiblicher Messias dieselbe Mission auch für die Frauen vollenden. Die Menschheit sollte so wieder zur ursprünglichen Reinheit zurückfinden und die Welt sollte dem Ende aller religiösen Kriege beiwohnen, die in jener Zeit ausgebrochen waren. Es würden endlich Frieden und Wohlstand herrschen, womit das Zeitalter der universellen Eintracht beginnen könnte.

1555 veröffentlichte Postel zwei kleine Werke auf Italienisch (Libro de la Divina Ordinatione und Prime nove del altro mondo), in denen er seine

Ansichten zusammenfasst. Da beide Schriften sofort auf den Index gesetzt wurden, bat Postel die Richter des Heiligen Offiziums um Erklärungen. Er wurde aber sofort inhaftiert. Die venezianische Inquisition beschloss, ihn vom Gericht in Rom verurteilen zu lassen. Er wurde als amens (Schwachsinniger) bezeichnet, weswegen er nicht zum Tode sondern zu lebenslänglicher Haft verurteilt wurde.

Durch einen Aufstand nach dem Tod von Papst Paul IV. (1559) gelang es ihm, aus Rom zu fliehen. Der Theologe kehrte nach Frankreich zurück, wo der König 1562 ihn wegen der religiösen Kämpfe, die zuerst in Paris und später im ganzen Land stattfanden, ins Kloster Saint Martin des Champs verbannte, wo er im Jahre 1581 starb.

Der sehr komplexe Leitgedanke von Guillaume Postel basiert auf der Kabbala, und seine metaphernreichen Schriften sind schwer verständlich. Die Begabung von Giovanna, nur von Wasser und Wein zu leben, wird von Postel mit genauer und symbolischer Sprache beschrieben: Das Wasser, das Korn und das Weiß sind männliche Symbole, während der Wein, das Blut und das Rot weibliche Symbole sind. Laut Postel kann Giovanna mit ihrer Ernährung, vor allem geistlich gemeint, deshalb überleben, weil diese Ernährung die Vollkommenheit darstellt.

DIE GEMÄLDE MIT DEN ZWEI MARIEN ㉔

Unterer Saal der Scuola Grande di San Rocco
Campo San Rocco
• Öffnungszeiten: täglich von 9.30 bis 17.30 Uhr
• Tel. +39 041.52.34.864
• www.scuolagrandesanrocco.it • snrocco@libero.it

> *Die zwei Marien und die Weissagung des zweiten Erlösers*

Man glaubte, dass die zwei Gemälde hinten in der Sala Terrena neben dem Altar die Heilige Maria Magdalena und die Heilige Maria von Ägypten darstellten. Nach der Studie der Lehre von Guillaume Postel sind sie aber ganz anders auszulegen. Die Hauptfigur beider Gemälde ist dieselbe, und zwar eine einmal von vorne und einmal von hinten dargestellte Frau, die immer gleich angezogen ist und dieselbe Frisur hat. Ihr Aussehen erinnert an die Jungfrau, die auf den im selben Saal hängenden Gemälden Die Anbetung der Heiligen Drei Könige oder Die Verkündigung sichtbar ist.

Auf den zwei Bildern sind zwei große Bäumen dargestellt: Welche Art von Baum der links ist, ist schwer zu sagen, aber der rechte Baum ist eine Palme.

Im Buch Prime nove del altro mondo erzählt Postel, dass es im irdischen Paradies zwei Arten von Bäumen gibt: Die Zweige des ersten richten sich gen Himmel und seine Wurzeln in die Erde, während die Zweige des zweiten sich gen Erde und seine Wurzeln gen Himmel richten. Laut Postel verkörpern die zwei Bäume den weiblichen bzw. den männlichen Teil der Gottheit. Der Stamm des ersten Baums, die den weiblichen Teil Gottes verkörpert, breitet sich in der Mitte aus und schließt sich dann wieder. Genau in diesem Punkt handelt der Heilige Geist.

Der Baum des ersten Gemäldes entspricht dieser Beschreibung genau: Seine Wurzeln sind klar zu sehen und die Krone möchte aus dem Bild ragen. Sie lässt erahnen, dass es einen anderen umgestürzten Baum gibt. In der Mitte des Bildes ist ein weißer Fleck zu bemerken, der auf die Taube, Symbol des Heiligen Geistes, anspielt.

Postel betont, dass die Mutter der Welt, der weibliche Messias, „ihren Stuhl auf den Wurzeln des unteren Baums gebaut hat": Die heilige Frau, die am Fuß des Baums sitzt, weist auf das Kommen des zweiten Messias hin.

Im selben Werk berichtet Postel auch über die Weissagung der Hochzeit von Thamar. Dieser Name bedeutet auf Hebräisch „Palme". Die Besonderheit dieses Baums ist, dass der weibliche Baum ohne dem männlichen Baum derselben Art nicht blühen kann. Es handelt sich um eine Metapher: Einerseits beschwört er die zweifache Natur der Gottheit – die weibliche und die männliche – und andererseits das baldige Kommen des weiblichen Messias. Die Darstellung der kleinen Holzbrücke, die die heilige Frau im wahrsten Sinne mit der Palme verbindet, könnte genau auf die Hochzeit von Thamar hinweisen, die für das Kommen des Zeitalters der universellen Eintracht von fundamentaler Bedeutung ist.

DIE DECKE DES KAPITELSAALS

Scuola Grande di San Rocco
Campo San Rocco
• Öffnungszeiten: täglich von 9.30 bis 17.30 Uhr
• Tel. +39 041.52.34.864
• www.scuolagrandesanrocco.it • snrocco@libero.it

Handelt es sich etwa um den Initiationsweg der christlichen Kabbala?

Die Decke im großen Saal im Obergeschoß, auch Kapitelsaal genannt, weil sich hier einst die mit der Leitung der Scuola beauftragten Mitbrüder trafen, ist mit 33 Gemälden ausgeschmückt. Die von Tintoretto zwischen 1576 und 1581 geschaffenen Bilder schildern die Geschichte des Alten Testaments. Einige Forscher hatten in der Vergangenheit schon auf die Verbindung zwischen den Wandbildern vom Leben Christi und den Deckengemälden vom Alten Testament hingewiesen. Doch aufgrund der Theorien von Postel kann man die Darstellungen an der Decke noch anders auslegn.

Die Ähnlichkeit zwischen der Anordnung der Bilder an der Decke und der Form des Sephirothbaums nach der christlichen Kabbala, in der Postel Experte war (s. folgende Seite), ist erstaunlich.

Wenn man der Anordnung der Sephiroth folgt, befindet sich die Darstellung des hebräischen Osterfestes an der Stelle der Sphäre Kether, die im Buch Zohar als „das Oster- und Beschneidungsblut" oder als „dunkler Punkt, der Licht ausstrahlt" beschrieben wird. Diese Beschreibung ist schon sehr beunruhigend, aber das Gemälde von Tintoretto noch mehr: Auf dem Bild hebt sich ein seltsamer schwarzer Gegenstand ab, der auf dem Tisch liegt und ein starkes die Hauptfiguren beleuchtendes Licht ausstrahlt.

Das Gemälde Raccolta della manna (Die Ernte des Mannabrotes), auch „Himmelsbrot" (Ps. 78, 24), bezieht sich natürlich auf die Eucharistie. Die genaue Bedeutung des Mannabrotes ist im Buch Zohar zu finden: Das Manna ist der Tau, der von Kether kommt und dessen Licht das ganze Universum beleuchtet.

Weiter unten befindet sich das Sacrificio di Isacco (Isaaksopfer) genau in derselben Lage der Spähre Tiphareth, die im Buch Zohar mit dem Ereignis des Alten Testaments verbunden ist. Außerdem entspricht die Schlange aus Bronze auf dem prächtigen Gemälde der traditionellen Gestalt des hebräischen Buchstabens „Teth", der „Schlange" bedeutet.

Am anderen Ende der Decke befindet sich das Gemälde Tentazione di Adamo ed Eva (Versuchung von Adam und Eva), die letzte Darstellung der Sphären, in derselben Lage der Sphäre Malkuth, die im Buch Zohar als „Apfelland" beschrieben wird. Für Blaise de Vigenère, einenFreund von Postel, ist es der Ort, wo Adam „aus Neugier von der Frucht der Erkenntnis des Guten und Bösen essen wollte".

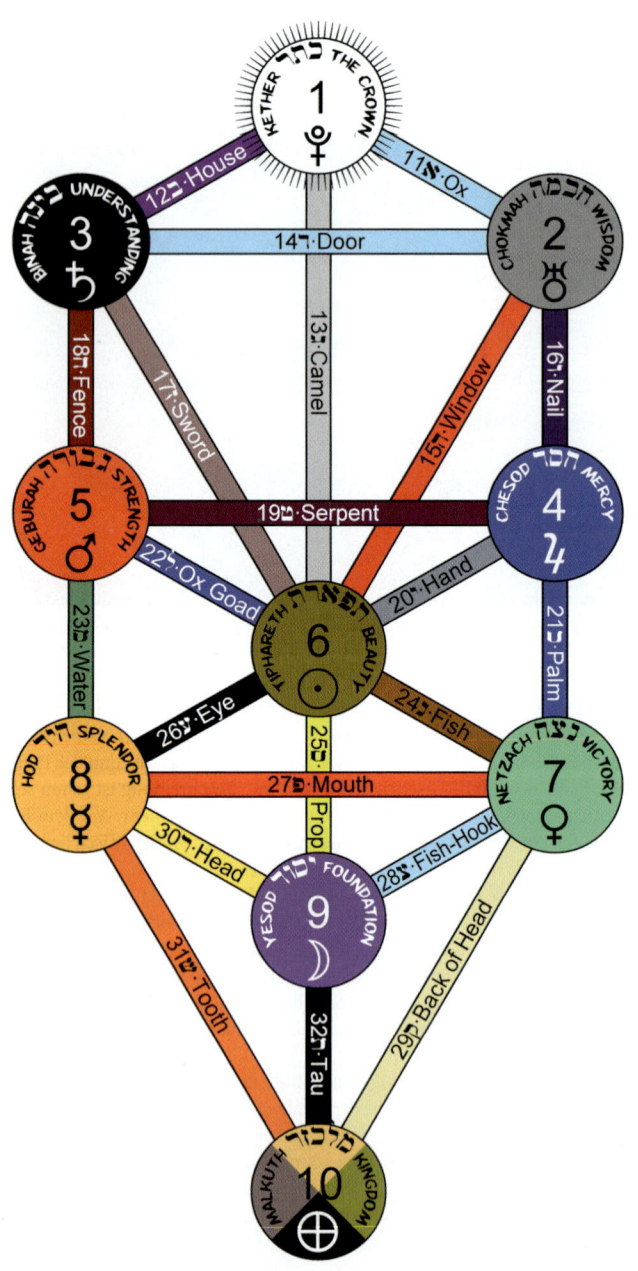

WAS IST DIE KABBALAH?

Der Ursprung der Kabbalah (aus dem Hebräischen: „Überlieferung") liegt weit zurück. Kurz nach dem Auszug aus Ägypten sollen die Juden mit ihrem Anführer Mose das geheime esoterische Wissen der ägyptischen Weisen geerbt und dieses dann ihrem Monotheismus angepasst haben. Nachdem sich die Pharisäer und die Sadduzäer von dem korrekten Verständnis des Pentateuchs abgewandt hatten, entstand die neue Linie der Reinen oder Essener, die als Gläubige die Garanten der Weisheit der Kabbalah bis zur Zeit von Jesus Christus waren, der sie sofort in seiner Lehre assimilierte. Nach dem Tode Jesu assimilierten die Gnostiker von Alexandrien die jüdische Kabbalah und passten sie dem Konzept des Universums und des Menschen an. So entand die jüdisch-christliche Kabbalah. Im 12. Jahrhundert wurde die Idee der Kabbalah im dem großen Werk Sepher-Ha-Zohar (Buch des Glanzes) des Rabbiners Mose von Leon ein weiteres Mal umgeschrieben. Dieses in Leon verfasste, aber in Lissabon konzipierte Werk erneuert das kabbalistische System auf der Grundlage des Sepher-Ha-Jetzirah (Buch der Schöpfung) aus dem 3. Jahrhundert nach Christus. Die Ursprünge gehen auf das erste mystische judäische System Maasseh Merkabah zurück, das die heiligen Schriften der Tora im 2. Jahrhundert n. Chr. auslegte und eine neue Doktrin schuf, die anfänglich mündlich (shebeal pe) durch die Anhänger (iordei merkabah) überliefert wurde.

Im Buch Sepher-Ha-Jetzirah, in dem es um das Universum und seine Gesetze geht, beschreibt Abraham die Natur und ihrer Erscheinungsformen als Ausdruck Gottes. Die Schöpfung bildet zehn untereinander verbundene Sphären/Elemente (sephirots), die die Wege der spirituellen Entwicklung des Kabbalisten aufzeigen und den Lebensbaum (Otz Chaim) bilden. Der zum Wort werdende Geist ist die erste Sphäre, und der aus ihm

kommende Hauch (die zweite Sphäre) erschafft die anderen Sphären durch die Kombination der verschiedenen hebräischen Buchstaben. Die dritte Sphäre ist das Wasser, das die Erde und die Materie hervorbringt. Die vierte ist das Feuer, das das Leben nährt. Die letzten sechs Sphären entsprechen den vier Himmelsrichtungen und den zwei Himmelspolen.

HERMES TRISMEGISTOS UND DER HERMETISMUS: HIMMLISCHE ENERGIE AUF DER ERDE, INDEM MAN DIE KOSMISCHE ORDNUNG IM LEBEN REPRODUZIERT

Hermes Trismegistos, dessen Name aus dem Lateinischen stammt und «dreimal größter Hermes» bedeutet, ist die neuplatonische, alchimistische und hermetische Bezeichnung für die ägyptische Gottheit *Thot*, die bei den Griechen Ἑρμῆς (*Hermes*) wurde. Im Alten Testament wird er zum Patriarchen *Enoch*. Alle drei galten in ihren entsprechenden Kulturen als Schöpfer der fonetischen Schrift, der theurgischen Magie und des messianischen Profetismus. Die Gottheit *Thot* war mit den Mondzyklen verbunden, deren Phasen die Harmonie des Universums ausdrückten. Die ägyptischen Schriften berichten vom Gott *Thot* als «zweimal große» Gottheit: des Wortes und der Weisheit. Zur Zeit des römischen Synkretismus wurde dem griechischen Gott *Hermes* das ägyptische Beiwort *Thot* gegeben und galt dabei als «dreimal große» Gottheit (*Trismegistos*): Gott des Wortes, der Weisheit aber auch Götterbote des Elysiums und Olymps. Die Römer assoziierten ihn mit *Merkur*, dem Vermittlungsplaneten zwischen Sonne und Erde. Diese Vermittlungfunktion hieß in der jüdischen Kabbala *Metraton*, «senkrechtes Maß zwischen Erde und Sonne» (s. Seite 173).

Im hellenistischen Ägypten galt *Hermes* als «Schreiber und Bote der Götter» und wurde als Verfasser einer Reihe heiliger Schriften (*Corpus Hermeticum*) betrachtet, die Lehren über Kunst, Wissenschaft, Religion und Philosophie enthielten und deren Ziel die Vergöttlichung der Menschheit durch die Kenntniss von Gott war. Die Schriften, die wahrscheinlich von Vertretern der altägyptischen *Hermetischen Schule* verfasst wurden, enthalten ein jahrhundertealtes Wissen, das dem Gott der Weisheit zugeschrieben wurde, der dem Hindugott *Ganesh* sehr ähnelt. Der *Corpus Hermeticum* stammt vermutlich aus einer Zeit zwischen dem 1. und 3. Jahrhundert n. Chr. und galt als Inspirationsquelle für das hermetische und neuplatonische Denken der Renaissance. Obwohl der schweizerische Gelehrte Isaac Casaubon im 17. Jahrhundert das Gegenteil behauptete, wurden die Schriften weiterhin dem ägyptischen Altertum zugeschrieben. Sie sollen noch vor der Zeit von Mose stammen und

somit sogar älter sein als das Christentum. Laut Clemens von Alexandrien bestand der *Corpus* aus 42 Büchern, die jeweils in sechs Kapitel unterteilt waren. Im ersten Buch ging es um die Priesterausbildung; im zweiten um Tempelriten; im dritten um Geographie, Geologie, Botanik und Landwirtschaft; im vierten um Astrologie, Astronomie,

Mathematik und Baukunst; das fünfte enthielt die Hymnen zum Ruhme der Götter und einen politischen Führer für Herrscher; das sechste stellte schließlich eine medizinische Abhandlung dar.

Hermes Trismegistos soll der Erfinder des Kartenspiels mit esoterischen Symbolen gewesen sein, dessen ersten 22 Karten auf einen Goldgrund und restlichen 56 auf einen Silbergrund eingraviert waren; es handelt sich um das Tarockspiel oder «Buch Thot». Dem Gott Hermes werden auch das *Totenbuch* oder der Text «Heraustreten in das Tageslicht», sowie der berühmte alchimistische Text *Tabula Smaragdina* zugeschrieben, die einen erheblichen Einfluss auf die Praktiken der Alchemie und Magie im mittelalterlichen Europa ausübten.

Zwischen dem 5. und 14. Jahrhundert war der Hermetismus auch eine Schule der Hermeneutik, die einige Dichtungen des Altertums, Mythen, rätselhafte Kunstwerke und allegorische Abhandlungen der Alchemie oder der hermetischen Wissenschaft auslegte. Deshalb bezeichnet der Begriff Hermetismus heute noch die esoterische Prägung eines Textes, eines Werkes, eines Begriffes oder einer Handlung. Man braucht also eine gewisse hermeneutische Fähigkeit bzw. philosophisches Wissen, um den verborgenen Sinn dieser Werke zu verstehen.

Die Prinzipien des Hermetismus wurden von den römischen *Colegium Fabrorum* (Architektenzunft für zivile, militärische und religiöse Bauwerke) übernommen und dementsprechend angewandt. Ihre Kenntnisse wurden dann im 12. Jahrhundert den sog. christlichen „*Bau-Mönchen*" übermittelt, die die großen römischen und gotischen Gebäude Europas erbauten und ihre Werke nach der heiligen Architektur im Einklang mit der heiligen Geometrie anfertigten. So wurde die Idee der Kapitel drei und vier des *Corpus Hermeticum* verwirklicht, nach der Städte und Gebäude in gegenseitigem Zusammenhang mit Planeten und Konstellationen erbaut werden sollen, um so die Himmelsordnung auch auf der Erde zu reproduzieren und so kosmische oder siderische Energien freizusetzen. Das Ziel dabei war die Umsetzung des hermetischen Prinzips: «Alles, was oben ist, spiegelt wider, was unten ist».

In der Zeit der europäischen Renaissance (16. und 17. Jahrhundert) folgte der Humanismus dem Hermetismus. Die Gestalten wurden rationalisiert und transzendentale Dimensionen immer unwichtiger; dies war das Ende der traditionellen Gesellschaft und der Anfang einer weltlichen, barocken und neuzeitlichen Ära, die dem Materialismus und Atheismus unserer Zeit den Weg ebnete. Allerdings gab es einige Ausnahmen von den europaweit herrschenden Regeln: Im Portugal des 16. Jahrhunderts z. B. erfanden die „*Bau-Meister*" (Nachfolger der *Bau-Mönche*) den *Manuelinischen Stil* (s. Seite 174) nach den hermetischen Regeln der Heiligen Architektur. Der Einfluss dieser *freien Bauherren* zog sich bis ins 18. Jahrhundert hinein. Ihr größtes Meisterwerk war der Wiederaufbau ihrer Hauptstadt nach dem starken Erdbeben im Jahr 1755. Das ist der Grund, weshalb Lissabon unter dem Marquis von Pombal nach geometrischen und architektonischen Prinzipien der Tradition des *Hermes Trismegistos* entworfen und erbaut wurde. (siehe *Lisbona insolita e segreta* im selben Verlag).

DAS HOCHRELIEF DER „ANSTÄNDIGEN FRAU" ㉖

San Polo 2935

> **Die Legende der „anständigen" Frau**

Es gibt viele Gerüchte rund um den Kopf, der heute noch am Haus mit der 2935 zu sehen ist. Die erste und interessanteste Legende erzählt, dass hier Santina lebte, die Lebensgefährtin eines Schwertfabrikanten. Ein junger Aristokrat namens Marchetto Rizzo hatte sich damals in die Frau verliebt und suchte nach einem Vorwand, um sie wiederzusehen. So beauftragte er bei ihrem Mann einen Dolch. Eines Tage beschloss er, die Frau zu besuchen, da ihr Mann nicht zu Hause war, und vergewaltigte sie. Um ihre Ehre zu retten, nahm die Frau das vom ihm in Auftrag gegebene Schwert und fügte sich eine tödliche Verletzung zu.

Eine zweite Legende erzählt, dass ein gewisser Zuane, ein Freund von Santinas Ehemann, die Pläne des jungen Aristokraten vereitelte und so die Frau rettete. Obwohl er den Aristokraten nicht umgebracht hatte, wurde er am 14. Oktober 1490 für 6 Monate der Stadt verwiesen.

Laut einer anderen Version leitet sich der Name des Hochreliefs einfach vom Taufnamen eines Bewohners des Stadtviertels ab, oder sogar von der Tatsache, dass in der Gegend eine Prostituierte lebte, die sehr günstige (und damit „anständige") Preise hatte.

SEHENSWERTES IN NÄCHSTER NÄHE ㉗

DIE INDISKRETE ÖFFNUNG VON *CASA GOLDONI*
Das berühmte *Goldoni-Haus* bewahrt heute noch die Erinnerung an die venezianische Manie, die Leute ohne deren Wissen zu beobachten. Im Boden des *Portego* (Hauptsaal) im ersten Stock befindet sich eine 20 cm² große viereckige Öffnung, durch die der Hausbesitzer die Besucher beobachten konnte, die sich mit dem Boot dem Haus näherten.

Im Spielkasino Vernier befindet sich ein ähliches Guckloch, das auch von der Straße aus sichtbar ist (aber in diesem Fall muss man zuerst eine Fliese vom Boden wegnehmen) (siehe Seite 25).
Im ehemaligen *Casino dei Nobili*, nicht weit von *Campo San Barnaba*, gibt es zwar solch eine Öffnung, aber sie ist nicht mehr brauchbar.
Heutzutage kann man hingegen einige kleine indiskrete Spiegel an den Fenstern erkennen, durch die die Bewohner unauffällig die Straßen beobachten können.

DIE CAPPELLA DEL SANTO CHIODO

Chiesa di San Pantalon
Campo San Pantalon
• Öffnungszeiten: jeden Tag von 16.00 bis 18.00 Uhr, sonntags und an
Festtagen geschlossen • Heilige Messe um 18:30 Uhr

*Der Nagel
der Kreuzigung
Christi*

Anders als Sie vielleicht denken, ist die Cappella del Santo Chiodo in der Kirche San Pantalon für die Öffentlichkeit zugänglich. Für Besichtigungen reicht es aus, wenn Sie das Personal fragen.

Der im herrlichen Altar aus dem 15. Jh. aufbewahrte Nagel (erwähnenswert ist auch das Relief der Grablegung Christi) ist wahrscheinlich eine der wertvollsten Reliquien in ganz Venedig.

Der heilige Ludwig, auch Ludwig IX. von Frankreich genannt, soll der Stadt den Nagel geschenkt haben, als er im Frühling 1270 nach Venedig kam, um Zustimmung für den kommenden Kreuzzug zu sammeln.

Vor der Abfahrt ging er zu den Klarissen nach Santa Chiara und gab der Oberin einen Ring und ein Kästchen, dessen Inhalt nur demjenigen gegeben werden durfte, der ebenso einen solchen Ring trug. Ludwig kam nie aus dem Kreuzzug zurück. Er starb nämlich am 28. August des gleichen Jahres bei einer Epidemie in Tunis.

Viel später, nachdem die Klosterschwestern keine Nachrichten mehr bekommen hatten und ihr Kloster wunderbarerweise ein schweres Hochwasser (*acqua alta*) überstanden hatte, beschlossen sie, das Kästchen zu öffnen. Neben dem Nagel fanden sie auch andere Reliquien, einige französische Goldmünzen sowie einen Text, in dem der König erklärte, wie die heilige Reliquie in seinen Besitz gelangt war: Laut Tradition wurde der Nagel der Passion Christi von der Heiligen Helena (Mutter von Konstantin, dem erstem römischem Kaiser, der sich im 4. Jh. zum Christentum bekehrte) gefunden. Die Reliquien wurden von ihrem Sohn zuerst nach Rom gebracht und von dort gelangten sie nach Byzanz, wo Konstantin die neue Stadt Konstantinopel gründete. Nach dem Fall Konstantinopels durch die Kreuzzüge im Jahre 1203 teilten sich die französischen und venezianischen Sieger die Reliquien der Passion.

Der Legende nach hatte der Nagel sogar ein Wunder vollbracht: Die Heilige Helena tauchte ihn nämlich bei einem Sturm in die Adria und besänftigte so das Meer.

Als das Klarissenkloster 1810 durch Napoleon geschlossen wurde, ließ sich die Oberin, Schwester Maria Lucarelli, in der Kirche San Pantalon nieder, der sie am 30. Mai 1830 mit der Zustimmung ihrer Mitschwestern die Heilige Reliquie überließ. Am Karfreitag des Jahres 1836 wurde der Heilige Nagel an seine heutige Stelle gebracht.

Seitdem sollte die Reliquie theoretisch einmal im Jahr den Gläubigen gezeigt werden, allerdings wurde diese Tradition vor Jahren unverständlicherweise aufgehoben.

SEHENSWERTES IN NÄCHSTER NÄHE

DAS *PARADISO* VON GIOVANNI DI ALEMAGNA

Die Cappella del Santo Chiodo in der Kirche San Pantalon (s. vorige Seite) bewahrt neben der Heiligen Reliquie auch andere Schätze auf.

Rechts vom Eingang ist ein prachtvolles aber relativ unbekanntes Gemälde zu sehen, das *Paradiso*, das (wahrscheinlich 1444) von Giovanni di Alemagna,

Mitarbeiter von Vivarini, angefertigt wurde. Obwohl das Gemälde eigentlich die Krönung Marias zeigt, bezieht sich der Name auf die Darstellung der Engelshierarchie. Die Maltechnik und die Farben machen das Gemälde zu einem Meisterwerk der venezianischen Malerei des 15. Jahrhunderts. Gegenüber der Leinwand sind noch zwei wunderbare Gemälde im Stil von Paolo Veneziano zu sehen. Erwähnenswert sind auch der prächtige Altar aus dem 15. Jahrhundert und besonders das von Marino Cedrini angefertigte Relief der Grablegung Christi.

In der Kapelle San Pantalon sind auch vier Dodekaeder an der Bodendekoration zu erkennen. Weitere Informationen siehe Seite 69.

EINE RELATIV MODERNE FASSADE

Anders als viele Besucher denken, ist die Fassade von San Pantalon nicht besonders alt. In Wirklichkeit wurde sie aus Mangel an Finanzmitteln nicht beendet – genauso wie San Marcuola und San Lorenzo. Besonderes Interesse wecken die vorspringenden Ziegel in der Fassade. Diese sollten eigentlich den Marmorboden halten, der allerdings nie verlegt wurde. Wenn die Fassade fertig gebaut worden wäre, würde sie etwa so wie die von San Moisè, Santa Maria del Giglio, Santa Maria degli Scalzi, oder Chiesa dei Gesuiti aussehen, die aus der gleichen Zeit stammen. Die Kirche wurde im 11. Jahrhundert erbaut und 1686 vollkommen umgestaltet.

DAS GRÖSSTE GEMÄLDE DER WELT

Die Kirche San Pantalon besitzt das wahrscheinlich größte Gemälde der Welt. Es wurde von Giovanni Antonio Fumiani zwischen 1684 und 1705 angefertigt und stellt *Il Martirio e la Gloria di San Pantaleone* (Das Märtyrium und Seligkeit des heiligen Pantaleon) dar. Im Gegensatz zur Tradition ist die Kirchendecke nicht mit einem Fresko, sondern mit einem Gemälde geschmückt. Betrachtet man das Gemälde vom Chor aus, kann man einen Engel sehen, dessen Füße vorspringen. Die gleiche Szene ist an der rechten Seite des Schiffes zu erkennen. Das Werk wurde in 40 Paneelen ausgeführt, die später zusammengesetzt wurden.

DAS MEDAILLON EINES BYZANTINISCHEN KAISERS

Campiello Angaran
San Polo 3717

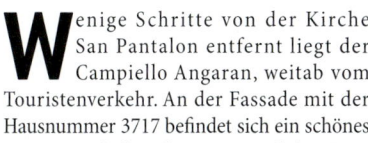

Ein sehr diskretes Medaillon

Wenige Schritte von der Kirche San Pantalon entfernt liegt der Campiello Angaran, weitab vom Touristenverkehr. An der Fassade mit der Hausnummer 3717 befindet sich ein schönes Marmormedaillon, das einen westlichen Kaiser darstellt.

Laut Legende des Ursprungs des Medaillons wurde der General Lorenzo Tiepolo 1256 zum Kampf gegen die Genuesen nach San Giovanni d'Acri geschickt. Einige seiner Verwandten und Freunde, die nicht an seine Fähigkeiten glaubten, beschlossen ihn herauszufordern: Wenn er die Feinde besiegen sollte, müsse er einen Beweis mitbringen. Tiepolo siegte in dem Kampf und schickte deshalb ein Medaillon nach Venedig, das er der Burg Montjoie entnommen hatte.

Einige zweifeln an der Echtheit dieser Geschichte, andere behaupten, der Stein sei im Boden zwischen der Kirche *San Pantalon* und dem Haus verlegt worden, in dem einer derjenigen lebte, die Tiepolo nicht trauten. So werde er jedes Mal auf dem Weg zur Kirche an die Tapferkeit des Generals erinnert.

Anderen Meinungen nach soll das Medaillon aus dem 9. Jahrhundert sein und Leo VII. darstellen, der auch Philosoph genannt wurde und von 886 bis 991 regierte.

Andere behaupten wiederum, all das sei nur eine Legende und das Medaillon stamme aus dem ausgehenden 12. oder den ersten Jahren des 13. Jahrhunderts. Ein ähnliches Medaillon befindet sich in der Dumbarton-Sammlung in Washington.

ALS SICH EINER DER BESITZER WEIGERTE, DAS MEDAILLON INS MUSEUM CORRER BRINGEN ZU LASSEN...
Das Medaillon wurde 1974 im Museum Correr ausgestellt. Später sollte das Werk dann dem Museum überlassen werden. Dem Besitzer ist es zu verdanken, dass das Medaillon wieder an seinem Platz ist und als öffentlich sichtbares Kunstwerk die Stadt noch schöner macht. Umso mehr, wenn es – wie hier – auch noch etwas versteckt ist.

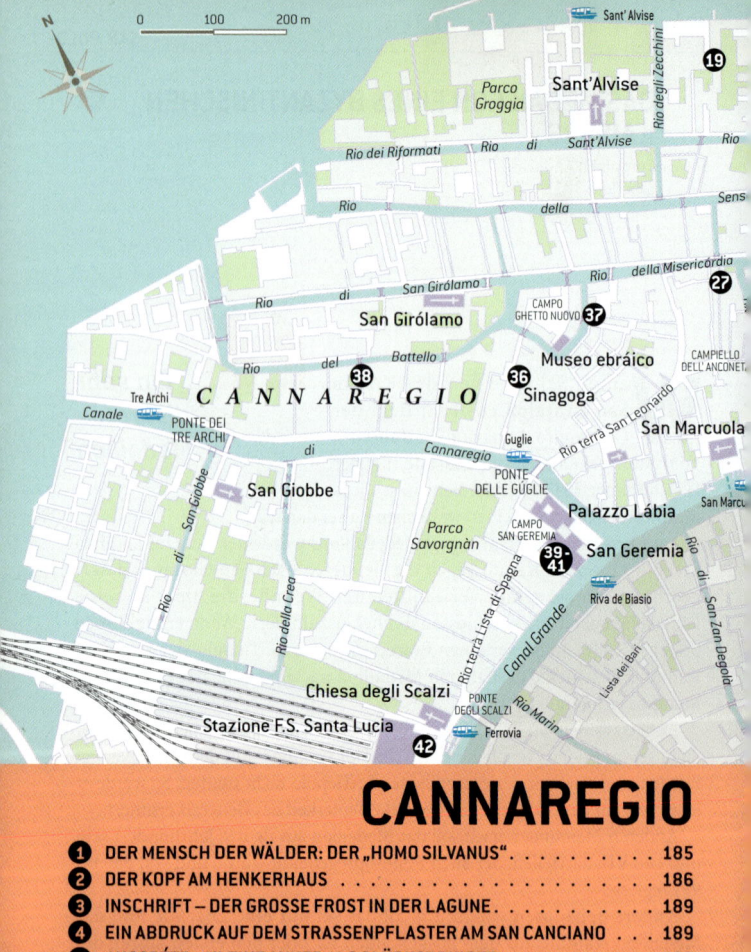

CANNAREGIO

Ein anderer *Homo Silvanus* ist in der Fassade der Casa Brass (Dorsoduro 1083) neben der Kirche San Trovaso zu sehen.

Später nimmt das Christentum die heidnische Figur auf und macht daraus die Figuren des Heiligen Silvanus und des Heiligen Silvester, die wie viele andere Heilige (Hl. Georg, Hl. Christoph und Hl. Philomena) nie wirklich existiert haben und jüngst aus dem offiziellen katholischen Kalender gestrichen wurden.

DER MENSCH DER WÄLDER: DER „HOMO SILVANUS"

Palazzo Bembo-Boldù
Cannaregio 5999

Zur Erinnerung an die Gottheiten der Antike

An der Vorderfront des Palazzo Bembo-Boldù, der nur einige Schritte von der Kirche dei Miracoli entfernt ist, fällt eine besondere Figur auf: die Darstellung eines Mannes in Lebensgröße, der einen runden Schild mit einer Sonne in Händen hält und dessen Körper ganz mit Haaren bedeckt ist. Es handelt sich um die seltene Darstellung des *Homo Silvanus*, des „Waldmenschen".

Der *Homo Silvanus* verkörpert den Urmenschen. Als Vorfahre Adams kennt er die Sünde nicht und lebt am Anfang der Welt wahrscheinlich in Wäldern. Er ist Sinnbild der Naivität, der guten Gesinnung und steht damit im Gegensatz zu einer Welt voller Unaufrichtigkeit, Lügerei und Grausamkeit, denen er zum Opfer fallen kann. Der *Homo Silvanus* stellt aber auch die dunklen und finsteren Seiten unserer Persönlichkeit dar, sogar jene psychische und sexuelle Perversion, die in der christlichen Welt durch die Figur des Satyrs verkörpert wird.

Die Figur symbolisiert die „wilde" Reinheit des Urmenschen an sich im Garten Eden, im irdischen Paradies, und die Sonne als Nahrungs- und Lebensquelle, als Stern und König.

Im römischen Altertum war *Silvanus* der Beschützer der Wälder (wie der Name schon sagt: *silva* – lateinisch für Wald). *Silvanus* wird oft als Sohn des Saturns oder des Fauns (Enkel des Saturns) bezeichnet. *Silvanus* war wie der *Faun* eine römische Gottheit. Wenn der Faun der Beschützer der Viehzucht und der Hirten war, so war *Silvanus* der Wächter der Wälder und wahrscheinlich der erste, der die Einteilung der Ländereien erlaubte. Auf ihn gehen somit die ältesten ländlichen Gemeinschaften zurück, deren religiöse Tradition, die dem Wechsel der Jahreszeiten folgt, in der urheidnischen „Volksreligion" bis heute überlebt.

Eine Darstellung befand sich auch im Tempel des Saturns in Rom; in der Hauptstadt des römischen Reichs gab es auch zwei Tempel, die dem Gott *Silvanus* geweiht waren. In den Abbildungen ist *Silvanus* entweder nackt oder mit einem groben, bis zu den Knien reichenden Gewand dargestellt. Laut Studien von Murray wurde der Gott wie ein junger Mensch und Musiker dargestellt, der (wie alle Hirtengottheiten) Flöte spielte und einen Zweig in seiner Hand trug. Der Zweig war Symbol der Gottheit der Wälder als auch Symbol seiner verzweifelten Liebe zum schönen *Kyparisson*, der in eine *Zypresse* (Zeichen der Macht des Todes) verwandelt wurde.

Laut Studien von Dillaway hingegen war *Silvanus* – wie schon in Vergil beschrieben – wie ein Mann von kleiner Statur dargestellt, mit menschlichem Gesicht und Ziegenfüße und mit einem Zypressenzweig in der Hand.

SEHENSWERTES IN NÄCHSTER NÄHE

DER KOPF AM HENKERHAUS
Calle della Testa
Cannaregio 6216

2

Von der Häuserwand des relativ modernen Gebäudes mit der Adresse Cannaregio 6216 starren die Augen eines eigenartigen Kopfes auf die Passanten. Laut Tradition handelt es sich um das Haus eines Henkers, der im 15. Jahrhundert in Venedig tätig war. Die Behörden der Republik Venedig informierten den Henker über die vorgesehenen Hinrichtungen, indem sie die Nachrichten in den Mund der Statue steckten.

ANDERE HENKERHÄUSER IN VENEDIG

Das einzelne Gebäude in der Mitte des Campo Santa Margherita, das in der Vergangenheit auch Sitz der „Scuola dei Varotari" (Bruderschaft der Kürschner) war. Das niedrige Haus zwischen dem Fondaco dei Turchi und der Riva de Biasio am Canal Grande.

„QUARTIERE" UND „SESTIERE" – STADTVIERTEL UND... STADTSECHSTEL: VENEDIG HÄLT SICH NOCH AN DIE ETYMOLOGIE DES WORTES „VIERTEL"

In Venedig gibt es keine Stadtviertel (italienisch „quartiere") sondern „Stadtsechstel": die Stadt ist nämlich in sechs Stadtteile (italienisch „sestieri") unterteilt. Das italienische Wort „quartiere" kommt von „quarto" (Viertel), das auf die historische Aufteilung vieler Städte in vier Stadtteile zurückgeht. Die römischen Städte wurden ursprünglich von den zwei Hauptstraßen, der Cardo und der Decumanus, geteilt. Diese galten als Achsen, die die Stadt senkrecht (von Norden nach Süden) und waagerecht (von Osten nach Westen) in vier Teile gliederten.

Die Obelisken auf dem Dach einiger Palazzi waren ursprünglich ein Zeichen dafür, dass ihre Eigentümer Admiräle der venezianischen Flotte waren. Ausnahmen sind die Obelisken des Palazzo Papadopoli auf dem Canal Grande in der Nähe von San Silvestro – hier handelt es sich einfach nur um alte Schornsteine.

ETERNA
MEMORIA
DELL ANNO
1864 DEL
GIACCIO
VEDUTO IN
VENEZIA
CHE STA
TILE PONDA
MENTE NOV
ANO CIO
GANFAV
INTER VLI
DI CHE
MAV

SEHENSWERTES IN NÄCHSTER NÄHE

INSCHRIFT – DER GROSSE FROST IN DER LAGUNE
Sotoportego del Traghetto

Der ruhige, in der Nähe der Kirche San Canciano gelegene Kanal Rio dei Santi Apostoli war früher eine wichtige Wasserverkehrsader für Boote aus Istrien und von den Inseln der Umgebung, wie z. B. Torcello und Mazzorbo. Von dort fuhren auch die Fähren (it.: *traghetto*) nach Murano ab, weshalb der Säulengang auch „Sotoportego del Traghetto" heißt.

Heute ist der Säulengang durch Gitter in mehrere private Bereiche unterteilt. Früher stand er allerdings den Fahrgästen zur Verfügung, die auf die Boote warteten. Unter den erhaltenen Zeugnissen befindet sich eine besonders interessante Inschrift, die noch an der Säule erkennbar ist. Sie trägt die Unterschrift eines gewissen „Vincenzo Bianchi" und erinnert an einen außergewöhnlichen Frosteinbruch mit spektakulären Auswirkungen:

„Zur ewigen Erinnerung an das Jahr 1864 / als Venedig im Frost erstarrte / und die Menschen von den Fondamenta Nove / bis zur Insel San Cristoforo gingen / und dabei eine lange Schlange bildeten." Vincenzo Bianchi

Die Leute gingen also über das Eis bis zur Insel San Cristoforo, die heute mit der Insel San Michele (der Friedhofsinsel) verbunden ist.

WAS BEDEUTET *LISTON*?

In der oben genannten italienischen Inschrift wird das Wort *liston* gebraucht. Unter diesem alten venezianischen Begriff versteht man eine Art „gepflasterten Weg zum Spazierengehen", wie z. B. am Markusplatz oder am Campo Santo Stefano.

Fare il liston bedeutete also einfach „spazieren gehen". Natürlich war es praktischer, auf gepflasterten Wegen zu spazieren, als auf den damals üblichen unbefestigten Wegen und Grasflächen.

DIE GEFRORENE LAGUNE

In den letzten zwei Jahrhunderten sind drei Winter wegen ihrer Kälte besonders in Erinnerung geblieben. In den Jahren 1789, 1864 und 1929 war die Lagune völlig zugefroren und das Eis war so dick, das man darauf gehen und Schlitten fahren konnte.

EIN ABDRUCK AUF DEM STRASSENPFLASTER AM SAN CANCIANO
Vor der Apotheke Alle due colonne ist noch heute ein Abdruck auf dem Straßenpflaster sichtbar. Dort stand nämlich der Mörser, der bei der Zubereitung der *Theriaca Fina* (s. S. 44) für die Zerkleinerung der Zutaten verwendet wurde.

ANCORÉTE – KLEINE ANKER ALS GLÜCKSBRINGER
Am Gebäude an der Ecke des Sotoportego del Traghetto sieht man zwei kleine eiserne Anker hängen (venezianisch: *ancoréte*). Heute schlagen die Passanten die Anker häufig gegen die Wand, denn das soll Glück bringen.

Auch im Hinterteil des Gebäudes zwischen der Calle de la Malvasia und dem Campiello de la Cason hängen zwei eiserne Ringe an der Wand – die sogenannten *sciavonéle*. Man vermutet, dass daran die Ketten des Prangers befestigt waren, wo der Gefangene dem Spott der Leute ausgesetzt war.

DER GEHEIME GARTEN VON CA' MOROSINI DEL GIARDIN ❻

Calle Valmarana 4629/B
• Für Besichtigungen entweder an der Pforte klingeln und die Schwestern um Einlass bitten, oder sich mit Frau Mariagrazia Dammicco vom Verein "Wigwam Club Giardini Storici Venezia" in Verbindung setzen.
• Tel./Fax 0039041 610791
• giardinistorici.ve@wigwam.it • www.giardini-venezia.it

Wo sich Blumen- und Gemüsegarten vereinen

Innerhalb der Mauern zwischen der Calle Valmarana und dem Rio dei Santi Apostoli verbirgt sich ein Garten, der den Augen der Außenstehenden weitgehend verschlossen bleibt. Nur einige vom Kanal aus sichtbare Zweige verraten, dass sich hinter den Mauern eine Grünfläche befindet. Sie besteht aus einem Gemüsegarten mit Obstbäumen (Granatäpfel, Mispeln, Feigen, Aprikosen und Kaki) und einem bezaubernden Blumengarten. Der Garten sollte im Frühling besichtigt werden, wenn die zwei Lauben blühen: eine mit weißen Glyzinien und die andere mit Rosen, Passionsblumen und einer amerikanischen Weinrebe.

Die Fläche besteht aus zwei geometrisch gestalteten Teilen. Im Frühling erblüht der Garten in seiner ganzen Farbenpracht: Petunien, Hibiskussträucher, Hortensien, Dahlien, Malven, Levkojen, Tagetes und Löwenmaul blühen neben den traditionellen marianischen Blumen (Rose und Iris) und den typischen Klostergewächsen (Olivenbaum und Zypresse).

Der Stadtplan von Jacopo de' Barbari beweist, dass die Fläche schon 1500 für den Gemüseanbau verwendet wurde. Die Familie Erizzo ließ damals als Eigentümer ein Landhaus errichten, das auf den dahinter liegenden Kanal ging und rechts und links der großen Bögen zwei Türme aufwies. Diese wurden Palladio zugeschrieben, während die Fresken vermutlich von Paolo Veronese stammten. Im 17. Jahrhundert wurde der Garten zusammen mit anderen Grundstücken von der Familie Morosini erworben. Im Laufe der Zeit wurde er so berühmt, dass der Familie Morosini der Titel „del Giardin" zuerkannt wurde.

Nach mehrmaliger Umgestaltung – möglicherweise durch den Architekten Baldassare Longhena – wurde im 19. Jahrhundert das Terrakottapflaster entfernt und ein Teil der Gebäude zerstört. Diese Veränderungen erklären, warum von der einstigen Struktur nur Bruchstücke übrig sind, z. B. eine weiße Steinplatte von einem Geländer aus dem 16. Jahrhundert auf dem Campiello Valmarana und zwei maskengeschmückte Tore aus dem 17. Jahrhundert in der Calle della Posta.

Nach dem Abriss des Gebäudekomplexes im 19. Jahrhundert wurde ein neuer Garten entworfen. Heute ist der Palazzo Sitz der Dominikanerschwestern, die sich mit ganzer Leidenschaft um die Blumen und das Gemüse kümmern.

Die Jesuiten, die den Christen der Gnostik mit ihren esoterischen Kenntnissen nahe standen, hatten viel Kontakt zu den Juden aus dem angrenzenden Ghetto, wo die Tradition der Kabbala weit verbreitet war.

DIE STATUEN DER ERZENGEL SEALTIEL, URIEL UND BARACHIEL ❼

- Jesuitenkirche (oder Santa Maria Assunta)
- Öffnungszeiten: jeden Tag von 10.00 bis 12.00 Uhr und von 15.30 bis 17.30 Uhr

Die überraschende Darstellung drei unbekannter Erzengel

In den vier Nischen des Querschiffs der Jesuitenkirche steht jeweils ein Erzengel. Die Statuen wurden von Giuseppe Torretti (1661-1743) geschaffen und stellen neben den bekannten Erzengeln Gabriel, Raphael und Michael auch den weniger bekannten Sealtiel dar. Im Chor sind noch zwei weitere Statuen weit unbekannterer Erzengel, nämlich Uriel und Barachiel, zu sehen.

Michael (Fürst der himmlischen Heerscharen, aus dem Hebräischen: „Wer ist wie Gott"), Gabriel (Patron der Reisenden, aus dem Hebräischen: „Gott ist mein Held") und Raphael (himmlischer Bote[1], aus dem Hebräischen:„Gott heilt"), Barachiel, Sealtiel, Uriel und Jehudiel sind die sieben Erzengel in der Tradition der Gnostik und der Kabbala, wobei für die letzten vier die Namen Samael, Zadkiel, Anael und Kassiel verwendet werden.

Nicht alle sieben Erzengel werden in der Bibel genannt (es treten nur die Namen Michael, Gabriel und Raphael auf). Im Buch Tobit wird allerdings auf die Zahl Sieben hingewiesen (Kap. 12, 15): „Ich bin Rafael, einer der sieben Engel, die (...) vor die Majestät des heiligen Gottes treten." Außerdem hat die jüdisch-christliche Tradition diesen Engeln die Herrschaft über 7 Planeten gegeben:

Sonne – Michael   Mars – Samael (Barachiel)
Jupiter – Zadkiel (Sealtiel)   Saturn – Kassiel (Jehudiel)
Mond – Gabriel   Merkur – Raphael
Venus – Anael (Uriel)

Sealtiel oder Selaphiel (hebr: „Gebet oder Gebot Gottes" – er ist der „kontemplative" Erzengel der Göttlichkeit) wird in der Engelikonographie mit dem Füllhorn dargestellt. Sein Auftrag besteht darin, durch seine Fürbitte bei der himmlischen Gerechtigkeit dazu beizutragen, die materiellen Bedürfnisse der Gesellschaft Jesu (der Jesuiten) zu stillen.

Uriel (hebr.: „Licht oder Feuer Gottes") ist der Wächter der Tore zum Paradies (Garten Eden) und trägt ein strahlendes Schwert. Außerdem ist er in der apokalyptischen Tradition das göttliche Wesen, das am Ende der Zeiten den unreinen Seelen das Tor zur Hölle öffnet. Die Darstellung in der Kirche sollte das Gebäude, und in weiterer Sinne Venedig, beschützen und Gut von Böse und Licht von Finsternis trennen.

Barachiel (hebr.: „Segen Gottes") garantiert dem Menschen die Gnade Gottes, hilft ihm, den rechten Weg zu gehen, beschützt ihn vor Glaubensfeinden und sichert ihm nach seinem körperlichen Tod die himmlische Seligkeit zu. Er ist der Erzengel der Güte Gottes.

---

[1] Unter den Namen Gibril enthüllte er Mohammed die Verse des Korans.

DIE ENGELSHIERARCHIE

In der jüdisch-christlichen Tradition sind die Himmelsmächte, die das Universum, die Erde und den Mensch erschaffen haben, in neun Chöre unterteilt. Im sogenannten Himmelsheer stehen Erzengel, Engel, Heilige und Weise unter der Ägide des Erzengels Michael, der Gott am nächsten ist.

Zu diesem Thema existieren mehrere Schriften prominenter Kirchenpersönlichkeiten (Ambrosius, Hieronymus, Papst Gregor I., genannt der Große, jüdische Autoritäten wie Mosche de Leon und Moses Maimonides und die theologischen Werke Sefer HaZohar, Maseket-Atziluth und Berith-Menusha). Die wichtigste allgemein anerkannte Schrift ist die von Pseudo-Dionysius Areopagita. Das Werk geht auf das 6. Jahrhundert zurück und wird der von Dionysius Areopagita gegründeten Schule (1. Jh. n.Chr.) zugeschrieben. Es wird überliefert, dass Dionysius Areopagita, der erste Bischof von Athen, unter dem römischen Kaiser Domitian das Martyrium erlitt. Ihm werden zwei Werke zugeschrieben (die Himmlische Hierarchie und die Kirchliche Hierarchie), die in Wahrheit viel später von einer unbekannten Gruppe Neoplatoniker geschrieben wurden – daher der Name „Pseudo-Dionysius".

Das Werk, dem Thomas von Aquin in seiner Summa theologica zustimmt, beschreibt drei verschiedene Sphären von Himmelskräften, wobei jede aus drei Chören besteht. Insgesamt gibt es also neun Chöre.

Erste Sphäre (der Vater). Die entsprechenden drei Chöre waren bei der Schöpfung anwesend, bewahren die ursprüngliche Harmonie und dienen als himmlische Berater.

Throne

Cherubim

Seraphim

Zweite Sphäre (der Sohn). Die entsprechenden drei Chöre verkörpern die Macht Gottes bei der Schöpfung der von ihnen beherrschten Planeten, besonders der Erde. Sie führen die Aufträge der Himmelskräfte der ersten Sphäre aus und befehligen die dritte Sphäre.

Herrschaften

Mächte

Gewalten

Dritte Sphäre (der Heilige Geist). Die drei Chöre waren bei der Schöpfung des Menschen anwesend und beschützen und leiten diesen somit. Sie tragen die weisen Gedanken und die Liebesgebete des Menschen zum Himmel empor.

Fürstentümer

Erzengel

Engel

Die dritte Sphäre umfasst alle Eigenschaften der anderen Sphären. Sie steht den Menschen am nächsten, weshalb sie auch am öftesten von den Menschen angerufen wird. Sie ist auch die Sphäre, die am häufigsten künstlerisch dargestellt wird. Während die Engel die allgemeinen Boten Gottes sind, verkündigen die Erzengel nur die wichtigsten Ereignisse.

DIE SAKRISTEI DER JESUITENKIRCHE ⑧

Jesuitenkirche (oder Santa Maria Assunta)
• Öffnungszeiten: täglich von 10.00 bis 12.00 Uhr und von 16.00 bis 18.00 Uhr

Machen Sie doch einfach die Tür auf

Leider kennen und besichtigen nur wenige Touristen die unvergleichlich schöne Jesuitenkirche, deren Innenraum fast vollständig aus mehrfarbigem Marmor besteht. Noch seltener sind Touristen in der bezaubernden Sakristei. Auch wenn ein Schild an der Tür darauf hinweist, dass der Zutritt frei ist, betreten nur wenige Besucher die dahinter liegende Sakristei. Allerdings macht die Tatsache, bei der Besichtigung

höchstwahrscheinlich allein zu sein, die Sache noch faszinierender.

Die Sakristei mit ihrer schönen bemalten Holzdecke erinnert hauptsächlich an den Kreuzträgerorden und die oft vergessene Geschichte, als Helena das Kreuz Jesu fand (s.S. 121).

DIE JESUITEN: 1606 AUS VENEDIG AUSGEWIESEN, 1657 WÄHREND DES TEUREN TÜRKENKRIEGES UM CANDIA WIEDER ZUGELASSEN

Die Jesuitenkirche wurde genau an der Stelle errichtet, wo sich früher die Kirche und das Kloster der Kreuzträger befand (s.S. 197). Aufgrund der Lasterhaftigkeit der Brüder des Kreuzträgerordens ließ Papst Alexander VII. sie im Jahre 1656 verbannen und ihre beträchtlichen Güter der Serenissima übereignen. Diese Entscheidung kam wie gerufen, denn die Stadt Venedig war in finanzieller Not. Sie brauchte Geld, um den Krieg um Candia (das heutige Kreta) weiterzuführen.

Mit dieser nicht ganz zufälligen Finanzspritze bekam die Kirche dafür die Erlaubnis, die Jesuiten wieder zuzulassen. Diese waren 1606 verbannten worden, nachdem sie im Streit zwischen Republik und Papst Paul V. die päpstlichen Thesen vertreten hatten.

Dieses Ereignis war für Venedig sehr wichtig, das vor allem ihre Unabhängigkeit von der Kirche bewahren wollte. Auch wenn die Jesuiten die Pflicht hatten, ihre Zulassung alle drei Jahre erneuern zu lassen, kehrten sie 1657 offiziell nach Venedig zurück und erwarben das ehemalige Kloster der Kreuzträger.

DAS GITTER VOM ORATORIO DEI CROCIFERI ❾

Cannaregio 4905
Campo dei Gesuiti
• Öffnungszeiten: von April bis Oktober, jeden Freitag und Samstag von 15.30 bis 18.30 Uhr
• Tel. +39 41 271 90 12

Das Oratorio dei Crociferi ist eines der unbekannten Schmuckstücke von Venedig. Hier werden Werke von Jacopo Palma il Giovane aufbewahrt, die zwischen 1583 und 1592 geschaffen wurden. Besonders nennenswert sind acht Gemälde venezianischer Meister, die

Ein unbekanntes Schmuckstück

die Geschichte des Kreuzträgerordens (auf Italienisch *Crociferi*) erzählen und an zwei Wohltäter erinnern: den Dogen Renier Zen und den Dogen Pasquale Cicogna. Das Oratorium war früher die Kapelle eines Krankenhauses, das

Mitte des 12. Jahrhunderts von den Kreuzträgern gegründet wurde. Ziel war es, die Wallfahrer und die Kreuzritter auf dem Weg ins Heilige Land aufzunehmen. Im 14. Jahrhundert wurde es zu einem Hospiz für Witwen und bedürftige Frauen. Heute ist es ein Altenheim. Von den zwölf Zimmern hat man direkten Zugang zum Oratorium; über der Eingangstür befindet sich ein Gitter, durch das die Infizierten dem Gottesdienst beiwohnen konnten, ohne dabei andere Gläubige anzustecken.

Hinter dem Hauptaltar befindet sich ein Gemälde, das das Werk von Palma il Giovane "Die Anbetung der Könige" ersetzt, das zweimal gestohlen wurde. Das erste Mal kurz nach der Einweihung des Oratoriums; das zweite Mal, nachdem Paris Bordone eine Kopie davon gemalt hatte, die auch gestohlen wurde. Beim dritten Mal weigerte sich der Künstler dann, eine weitere Kopie zu malen, und schuf hingegen das Gemälde, das heute an der Stelle hängt: *"Die glorreiche Jungfrau"* ("Vergine in Gloria adorata da Venezia").

DAS MUSEUM DER PHYSIK „ANTONIO MARIA ❿ TRAVERSI"

Fondamenta S. Caterina 4942
Besichtigung nach Voranmeldung: Tel. 0039 041 5224845
museo.traversi@liceofoscarini.it
http://museo.liceofoscarini.it/virtuale/index.html

Ein Physikraum aus dem 19. Jahrhundert

Das humanistische Gymnasium „Marco Foscarini" beherbergt das Museum der Physik „Antonio Maria Traversi", das ein relativ unbekanntes Juwel der Wissenschaft ist. Die Ausstellung umfasst eine reiche Sammlung von mehr als zweihundert wissenschaftlichen Geräten für die Didaktik und die experimentelle Forschung, die zum Physikraum der Schule aus dem 19. Jahrhundert gehören. Das im Jahre 1807 auf napoleonische Verordnung gegründete Gymnasium befindet sich im ehemaligen Kloster Santa Caterina. Der erste Schulleiter war der berühmte Physiker und begeisterte Forscher Abt Antonio Maria Traversi, der dem Institut seine Sammlung wissenschaftlicher Geräte vermachte. Dadurch entstand der Physikraum, der sich damals in der heutigen Aula befand. Später wurden andere Geräte hinzugekauft und Präzisionsinstrumente für Forschung und Didaktik in Auftrag gegeben. Die österreichische Regierung unterstützte die Schule und verfolgte ihr gegenüber eine aufgeklärte Politik. Deshalb versuchte sie die Ansprüche der Lehrer zu befriedigen und erweiterte das wertvolle Vermögen der Schule.

Die wissenschaftlichen Geräte sind in folgende Sektionen aufgeteilt: Messung, Mechanik, Mechanik der Flüssigkeiten, Wärmelehre, Optik, Akustik und Elektromagnetismus. Zur Sammlung gehören auch zahlreiche Einzelstücke und Originalmodelle von Geräten, die Grundlage für moderne und verbesserte Exemplare waren. Einige hochwertige und fein verzierte Stücke sind außerdem sehr kostbar gearbeitet. Der wunderschöne Navigationskompass von Cannini aus dem 18. Jahrhundert zählt zu den wichtigsten Geräten und ist mit der Windrose und den Allegorien der damals bekannten Kontinente bemalt (es fehlt Ozeanien). Die Sammlung des Museums enthält neben den Geräten auch Texte und Dokumente, die von der Mitte des 17. bis zu den Anfängen des 20. Jahrhunderts reichen.

Kleine Besuchergruppen können sich von einigen Schülern des Gymnasiums durch das Museum führen lassen. Die schulinternen Führer sind geschult und erklären die in den Schaukästen ausgestellten Stücke hervorragend. Während des Museumsbesuchs führen die Schüler außerdem einige Instrumente vor, um einfache aber bedeutungsvolle wissenschaftliche Beweise zu erklären. Im Internet kann auch das virtuelle Museum besichtigt werden. Überdies können die Geräte betrachtet und viele andere Themen vertieft werden.

DIE AUGEN DER HL. LUCIA

La Comunione di Santa Lucia von Giambattista Tiepolo
Cappella Corner
Kirche Santi Apostoli
Cannaregio
• Mit dem Vaporetto von Ca' d'Oro oder von der Rialtobrücke erreichbar

I n der Cappella Corner der Kirche Santi Apostoli kann man das relativ unbekannte Gemälde von Tiepolo *Die Kommunion der Hl. Lucia (La Comunione di Santa Lucia)* bewundern. Die Darstellung erzählt vom Martyrium der Heiligen Lucia (s.u.). Rechts unten in der Ecke sind die Augen der Heiligen zu sehen, die spektakulär auf einem Tablett neben einem Messer liegen. Laut Legende wurden der Heiligen vor ihrer Enthauptung die Augen herausgerissen. Das Gemälde zeigt die Heilige, wie sie vor ihrer Hinrichtung ihre letzte Kommunion empfängt. Einige Quellen behaupten, dass sie sich vor ihrer Enthauptung die Augen wieder eingesetzt hat.

Auf einem Tablett

HEILIGE LUCIA

Lucia wurde ungefähr im Jahre 300 in Syrakus geboren und stammte aus einer adligen Familie. Sie weihte ihr Leben Gott und legte das Gelübde der Keuschheit und der Armut ab. Da sie das Vermögen ihres zurückgewiesenen Bräutigams an Arme verschenkt hatte, klagte dieser sie beim Konsul Paschasius als Christin an, weil sie gegen die Gesetze des Kaisers verstieß.

Der Konsul, der mehrmals vergeblich versucht hatte, sie zu einer Gottesverleugnung zu bewegen, befahl einigen Männern, sie zu vergewaltigen. Außerdem sollte sie in ein Bordell gebracht werden, doch der Heilige Geist stieg auf sie herab und machte sie so schwer, dass nicht einmal ein Dutzend Ochsen und Männer sie von der Stelle bewegen konnten. Um der Hexerei ein Ende zu machen, befahl der Konsul, sie zuerst mit Urin und dann mit kochend heißem, mit Pech und Harz vermischten Öl zu begießen. Später beschloss er, ihr die Kehle durchschneiden zu lassen. Andere Quellen behaupten auch, ihr seien die Augen herausgerissen worden. Trotz durchtrennter Kehle sprach Lucia weiter und rief den Namen Gottes an.

Die Heilige Lucia ist die Patronin der Optiker und wird bei Augenleiden angerufen.

Einige Quellen leugnen die Existenz Lucias.

Das von Bassano gemalte Bild *Das Martyrium der Heiligen Lucia (Il martirio di Santa Lucia)*, das in der Kirche Giorgio Maggiore zu bewundern ist, stellt die Ochsen und die Männer dar, wie sie vergebens versuchen, Lucia zur Hinrichtung zu bringen. Die Reliquien der Heiligen Lucia befinden sich in Venedig und werden in der Kirche Santi Geremia e Lucia aufbewahrt.

DAS EHEMALIGE KASINO SAGREDO

Hotel Ca' Sagredo
Campo Santa Sofia, 4198
• info@casagredo.com
• www.casagredohotel.com
• Tel. + 39 041 241 31 11

Zum Hotel Ca' Sagredo gehören zwei wunderschöne Zimmer, für die merkwürdigerweise wenig Werbung gemacht wird. Die heutigen Zimmer Nr. 305 und 306 entsprechen den sechs Sälen im ehemaligen Kasino Sagredo (weitere Informationen s. S. 27).

> **Zwei atemberaubende Zimmer in einem ehemaligen Kasino aus dem 18. Jahrhundert**

Diese im Jahre 1718 von Carpoforo Mazzetti und Abbondio Stazio mit Stuck und Fresken verzierten Säle sind echte Schmuckstücke, denen allerdings der alte Alkoven fehlt (heute im Metropolitan Museum of Art in New York). Der kleine Salon im Zimmer Nr. 306 fällt durch seine feinen Stuckdarstellungen von Tieren auf, die die Gäste des Zimmers zu beobachten scheinen. Aus dem Salon des Zimmers Nr. 305 hingegen genießt man einen wunderschönen Blick auf die ungewöhnliche „Scala dei Giganti" (Treppe der Giganten) des Hotels. Außerdem besitzt der Saal eine Geheimtür, die den heute noch bestehenden Tanzsaal durch einen Geheimgang mit dem Kasino verband. So konnte der Vergnügungsort von den Gästen mit der höchsten Diskretion erreicht werden. Obwohl man im Haus nicht übernachten kann, sollte das Hotel auf jeden Fall besichtigt werden, denn die Besichtigung dieses alten, erhabenen Privatwohnsitzes lohnt sich. Die riesigen Räume, deren Ausstattung während der hervorragend durchgeführten Restaurierung unverändert blieb, sind mit Fresken von Tiepolo, Longhi und Ricci bemalt. Außerdem verfügt das Hotel über ein Restaurant mit Terrasse und Blick auf den Canal Grande und den Rialtomarkt. Leider bietet das Restaurant keine venezianische Küche.

Fragen Sie am Eingang, ob Sie die riesige Prunktreppe benutzen dürfen. Denn dieses im 17. Jahrhundert von Tirali entworfene Werk sollten Sie unbedingt besichtigen, auch weil Sie hier das 1734 vom Maler Longhi geschaffene

Fresko „La caduta dei Giganti" („Der Gigantensturz") sehen können. Im Obergeschoss führt die erste Tür links in einen Raum, der früher ein Restaurant war. Im Inneren ist nicht nur ein prächtiges Gemälde von Tiepolo zu sehen, sondern auch der wunderbare alte Tanzsaal.

KUNSTREGENRINNEN

Ca' d'Oro, Cannaregio 3933, sichtbar von der Calle Ca' d'Oro
Ca' Cappello, Castello 6391, sichtbar von der Cappello-Brücke
Castello 5507, Corte Licini

Die Feinheiten des venezianischen Städtebaus

Die Finesse der venezianischen Kunst ist sogar in einigen unerwarteten Einzelheiten zu erkennen. So wurde z. B. das Problem der Speicherung von Regenwasser in manchen Palazzi mit halbkreisförmigen Säulen aus krummen Ziegeln gelöst, die an den Häuserecken angebracht wurden, wobei das steinerne Verbindungselement (italienisch *fossa*: Grube) zwischen den Halbsäulen und dem Sims manchmal dekoriert war. An einer Ecke der Ca' d'Oro befinden sich zwei miteinander verbundene Dachrinnen, deren Verbindungspunkt ein Kapitell mit Blätterelementen bildet. Darüber liegt ein zweites Kapitell mit einem sitzenden, von Pflanzen umgebenen Atlas, der die Rinne der angrenzenden Palazzo-Seite trägt. An der Ca' Cappello findet sich ein weiteres Beispiel einer *fossa* in Form eines gotischen Kapitells. Es ist schlichter, aber dennoch eindrucksvoll, wenn man bedenkt, wie viel Sorgfalt auf dieses doch zweckmäßige Dachelement verwendet wurde.

An weniger wichtigen Palazzi finden sich nur selten von außen sichtbare Beispiele und selbst wenn, dann sind sie der Architektur des Adels entlehnt. Eines befindet sich in einem kleinen Palazzo in Castello 5507, in der Corte Licini, hinter der Kirche de la Fava; das Besondere daran ist die Vollkommenheit der Säule; allerdings ist das obere Ende schlichter als das von der Ca' d'Oro und der Ca' Cappello.

Die Regenrinnen speisten die Brunnen in privaten Höfen, im Inneren von Gebäuden und auf den Plätzen, den sog. *Campi*.

DIE DARSTELLUNG DER RATTE
Fondamenta del Tragheto

Fünf Ratten für jeden Venezianer!

Am Ende der Calle del Tragheto, in der Nähe der Kirche San Felice, genau gegenüber dem Canal Grande, erkennt man an einem großen zylindrischen Säulensockel eine in Stein gemeißelte Ratte mit langem Schwanz (und darüber die Jahreszahl 1644). Vielleicht wollte der Künstler seinen Nachkommen einfach nur mitteilen, dass Ratten schon seit Jahrhunderten zur Geschichte der Serenissima gehören.

Laut jüngsten Schätzungen „verfügt" jeder Venezianer über fünf Nagetiere. Dank ihrer außerordentlichen Anpassungsfähigkeit haben sich die Hausmaus (*Mus Musculus*), die Wanderratte (*Rattus Norvegicus*) und die Biberratte (*Myocastor Coypus*, eine große Wasserratte, die fast so groß ist wie ein Biber) perfekt an die doch sehr eigenartige Stadt gewöhnt. Denn ihr venezianisches Leben ist gekennzeichnet von einem undurchschaubaren Labyrinth von Kanälen, dem täglichen Gezeitenwechsel und dem periodischen Hochwasser. Die Katzen, die aufgrund der immer häufigeren Sterilisierung nach und nach weniger werden, sind dem großen Heer der Ratten nicht mehr gewachsen.

Der Sage nach kamen die Ratten per Schiff aus den fernen, von der Pest befallenen Ländern nach Venedig und waren demnach auch für die Pestepidemien der vergangenen Jahrhunderte verantwortlich.

SEHENSWERTES IN NÄCHSTER NÄHE
EVANGELISCH-LUTHERISCHE KIRCHE – EHEMALIGE *SCUOLA DELL'ANGELO CUSTODE*
• Öffnungszeiten: jeden Sonntag abwechselnd um 17.00 oder um 10.30 Uhr
• Öffnungszeiten und Programm vom laufenden oder folgenden Monat hängen an der Tür aus

Die im 18. Jahrhundert im Auftrag von Andrea Tirali erbaute ehemalige Scuola dell'Angelo Custode befindet sich gegenüber der Kirche Santi Apostoli. Seit der Schließung des Fontego dei Tedeschi 1812 ist das Gebäude Sitz der evangelisch-lutherischen Kirche. Die Kirche ist der Öffentlichkeit zweimal pro Monat zugänglich (die Besucher werden außerdem sehr herzlich empfangen). Während des festlichen Gottesdienstes kann man in der Kapelle im ersten Obergeschoss das wunderschöne Gemälde *Vergine in gloria e l'Angelo Raffaele* (Die ehrwürdige Jungfrau und der Engel Raphael) von Sebastiano Ricci besichtigen. Die Kirche bietet den Besuchern die Gelegenheit, in aller Ruhe eine Reise durch Zeit und Geschichte zu machen, denn die scheinbar geschlossene Kapellentür schreckt viele ab – in Wirklichkeit ist sie jedoch offen (einfach drücken).

DER GARTEN VOM CASINO DEGLI SPIRITI 16

Piccola Casa della Provvidenza Cottolengo, Fondamenta Contarini 3539
Für Besichtigungen entweder an der Pforte klingeln und die Schwestern
um Einlass bitten, oder sich mit Frau Mariagrazia Dammicco vom Verein
"Wigwam Club Giardini Storici Venezia" in Verbindung setzen.
• Tel. 0039328.8416748 - 0039320.4678502 • www.giardini-venezia.it
• giardinistorici.ve@wigwam.it

**Auserwählte
oder
Fälscherbande?**

Einer der schönsten Gärten der Renaissance befindet sich im Palazzo Contarini dal Zaffo und wurde in der Hälfte des 16. Jahrhunderts auf Wunsch des Kardinalbischofs und des hochgebildeten Aristokraten Gasparo Contarini angelegt.

Heute ist der Palazzo zweigeteilt und Eigentum zweier kirchlichen Stiftungen, die ihn betreiben (*Piccola Casa della Provvidenza Cottolengo* und *Casa Cardinal Piazza*).

Der Garten *Cottolengo* mit Blick auf die nördliche Lagune erstreckt sich über eine ziemlich weite Fläche neben dem Wasserspiegel der *Sacca della Misericordia*. Im Inneren dieses Gartens versteckt sich ein Herrenhaus, das als *Casino degli Spiriti* bekannt ist. Hier trafen sich Literaten, Forscher und Künstler, unter anderem auch Tiziano, Sansovino und Aretino. Die Gemälde im Inneren waren von Guarana, Tiepolo und Fossati, sind aber leider nicht erhalten. Von hier aus hatte man ein überwältigenden Ausblick, der die Kreativität anregte und die „Auserwählten" bei ihren hochgelehrten Gesprächen inspirierte.

Vom 16. bis zum 18. Jahrhundert wurden der Palast und sein wunderschöner Garten von zahlreichen Besuchern bewundert, vor allem weil man von hier aus einzigartige Ausblicke auf die Lagune und die alten *stanze di verzura* (die *grünen Zimmer*) genießen konnte. In diesem Garten voller Statuen, Säulen und Brunnen fanden viele Feste und Unterhaltungsabende statt.

Im 19. Jahrhundert wurde das *Casino degli Spiriti* mit seiner Grünfläche dann zu einem Holzlager und dem Verfall preisgegeben. Aufgrund seiner abgelegenen Lage, der lauten Brandung und des lauten Windes ranken sich um den Ort viele merkwürdige Legenden. Man erzählte sich von heulenden und auf dem Wasser segelnden Gespenstern oder aber von einer Fälscherbande, die diese Sagen in die Welt gesetzt hätte, um Neugierige von der Falschmünzerei fernzuhalten.

Nach sorgfältigen Restaurationsarbeiten hat der Garten fast gänzlich seine ursprüngliche Struktur zurückgewonnen, die von Schriftstellern wie D'Annunzio und Brodskij so gerühmt wurde. Heutzutage lassen die Stille und die Schönheit den Zauber dieses antiken Treffpunktes der „Auserwählten" wieder auferstehen und laden zum Verweilen und Betrachten ein.

Einer der Salons wurde zur Kapelle *Cottolengo* umfunktioniert. An der Wand sind Spuren des ehemaligen Kamins zu erkennen, und an der Decke rühmt ein Gemälde aus der Schule von Tiepolo den Ruhm der Familie Contarini.

DER GARTEN VON CASA CARDINAL PIAZZA 🔟

Fondamenta Contarini 3539/A
• Für Besichtigungen entweder an der Pforte klingeln und die
Schwestern um Einlass bitten, oder sich mit Frau Mariagrazia Dammicco
vom Verein "Wigwam Club Giardini Storici Venezia" in Verbindung setzen.
• Tel. 0039328.8416748 · 0039320.4678502
• giardinistorici.ve@wigwam.it • www.giardini-venezia.it

*Der Garten
mit als
Skelett
verkleideten
Kellnern*

Bei einem Spaziergang an der *Fondamenta Contarini* in Richtung *Sacca della Misericordia* können Sie durch ein Fenster aus Schmiedeeisen einen wunderschönen Garten erblicken. Er gehört zur *Casa Cardinal Piazza*. Dieser Komplex besteht aus einem Haus, das von den Dienerinnen des Heiligsten Herzens Jesu geleitet wird und alte Leute aufnimmt, und einem Gästehaus, das auf Anfrage besichtigt werden kann (am Eingangstor klingeln; die Schwestern sind sehr nett). Die große Grünfläche um das Gebäude ist voller Sträucher und jahrhundertealter Bäume. Die alte Wand der nördlichen Einfriedungsmauer ist mit Nischen und Ädikulafenstern geschmückt, in denen sich in der Vergangenheit Statuen und Brunnen befanden. Diese Elemente bildeten den perfekten Hintergrund für die Theateraufführungen. Die Fläche umfasst auch einen Teil des Gartens vom Palazzo Contarini dal Zaffo, der neulich durch die *Piccola Casa della Provvidenza* (s. S. 209) geteilt wurde, und einen Teil des Gartens vom angrenzenden Palazzo Minelli-Spada. Die Angehörigen der Familie Minelli waren reiche Wurster aus Bergamo. Im 17. Jahrhundert gelang es ihnen, sich für 100.000 Dukaten den Patrizier-Titel zu erkaufen. Früher war der Garten wegen seiner wertvollen Architektur und seiner Schönheit sehr bekannt – eine Allee mit Lorbeerbäumen und eine Laube voller wohlriechender Rosen führte zu den zwei Toren im Wasser, von denen man auf die nördliche Lagune blickte. Am Ende des 19. Jahrhunderts wurde die Grünfläche nach langer Verwahrlosung von den neuen Besitzern aus England, der Familie Johnston, wieder hergerichtet. So gewann der Ort die ursprüngliche Ruhe und Harmonie zurück und wurde dank seiner neuen Ordnung wieder zum Schauplatz mondäner Ereignisse. Mitte des letzten Jahrhunderts, zur Zeit des *Dolce Vita*, fand hier ein legendäres, vom exzentrischen Besitzer Eggs organisiertes Gartenfest statt – mit flackernden Grablichtern und als Skelett verkleideten Kellnern.

DIE FLÖSSER

Auf dem Wasserspiegel der *Sacca della Misericordia* ist ein Parkplatz für Wasserfahrzeuge mit Wachturm und Aufseherhäuschen zu sehen. Einst kamen hier die großen Flöße an, die auf den Flüssen Holz aus der Tallandschaft Cadore bis nach Venedig transportierten.

DIE VERSTECKTE WERKSTATT DER GIESSEREI VALESE

Fondamenta Contarini 3535
• Besichtigung auf Anfrage: Tel./Fax 041 720234 • info@valese.it
• Ausstellungsraum: Calle Fiubera 793 (San Marco) • Tel. 041 5227282

Der Zauber des Gussmetalls

Die Fabrikate der Gießerei Valese werden in einer eindrucksvollen Werkstatt mit Blick auf die nördliche Lagune in der Nähe der Kirche Madonna dell'Orto gefertigt. Wer sie sehen will, muss einer engen Straße folgen, die sich auf halber Höhe der Fondamenta Contarini – unweit des gleichnamigen Palazzo – zwischen hohe Mauern schlängelt, hinter denen sich geheime Gärten erahnen lassen. Die zauberhafte Atmosphäre im Inneren ist zeitlos und erinnert an die Rhythmen und Regeln des alten Handwerks. Die Gießerei – schon seit 1913 in Betrieb – arbeitet noch heute mit traditioneller Technik: mit den alten Formkästen mit Prägestempel. Mit hochwertigem Sand aus Fontainebleau wird in der Holzform ein Abbild vom ursprünglichen Modell gemacht. Die zweiteilige Holzform wird geöffnet und das Modell entnommen; über mehrere Kanäle wird das Modell mit flüssigem Metall übergossen und nimmt so die endgültige Form an. Oft verwendet man dabei alte, nicht selten aus dem 18. Jahrhundert stammende Formen.

Es entstehen feine Gegenstände aus Gold, Silber, Kupfer und Messing, die wahre Schmuckstücke sind: große Kunstwerke wie Leuchter und Einrichtungsstücke im Zeichen der Antike, aber auch Zierstücke mit mythologischen Mustern, Nachbildungen der berühmtesten Denkmäler Venedigs, polierte Kupferverzierungen für Gondeln und Zubehör für den alltäglichen Gebrauch wie Klingeln, Handläufe, Klinken und Knöpfe (auch nach Modell des Kunden). Nicht zu vergessen sind die Metallformen für Glashütten und die traditionellen *musi da porton*, Türklopfer in Form von Löwenköpfen mit Ring.

DIE ALTEN LÖWEN-STATUETTEN DER FILMFESTSPIELE VON VENEDIG

Bis in die 50er Jahre wurden die Preise der Internationalen Filmfestspiele von Venedig in Vergleich zu den heutigen ganz anders gefertigt. Neben den für die Gewinner bestimmten Löwen aus silbernem und goldenem Feinblech – nach dem Modell des venezianischen Professors Soppelsa – wurden auch andere Preise mit Silbernachbildungen von Seepferdchen, Delphinen und Sirenen vergeben.

Die aktuelle Trophäe – viel leichter, aus vergoldetem und versilbertem Messing – kann nicht mit ihren Vorgängern verglichen werden, die damals von der Gießerei Valese hergestellt wurden. Da im Laufe der Jahre das Geld für die Preise immer knapper wurde, beschloss die Verwaltung, die Statuetten zwar äußerlich genauso zu belassen, aber bei der Qualität Geld einzusparen.

Für neugierige Touristen: Stellen Sie sich in die Mitte der Eishöhle und sagen Sie etwas. Durch die ausgezeichnete Akustik breitet sich der Klang kreisförmig aus, und man glaubt, in einem modernen Saal mit Dolby-Surround-Effekt zu stehen.

DIE KLEINE EISGROTTE IM PALASTGARTEN ⑲ RIZZO-PATAROL

Fondamenta de la Madonna dell'Orto 3499

Im prächtigen Garten vom Palazzo Rizzo-Patarol, heute „Hotel dei Dogi", verbirgt sich unter dem bepflanzten Hügel mit jahrhundertealten Bäumen und einem dichten Teppich aus Efeu und Immergrün eine Eishöhle, auf Venezianisch *grotin del giasso*. Sie zeugt von der romantischen Umgestaltung des Gartens, der ursprünglich in verschiedene Gartenabteile unterteilt war. Der kuppelförmige Ziegelbau ähnelt einem Keller. Mit Hilfe von Eisblöcken konnten die Temperaturen niedrig gehalten und die Lebensmittel für die Küche des Palazzo aufbewahrt werden.

Eine verborgene Grotte im Grünen

Im Jahre 1815 stattete auch Kaiser Franz I. von Österreich dem bekannten Garten Rizzo-Patarol einen Besuch ab. Die Grünfläche wurde im 18. Jahrhundert von Lorenzo Patarol entworfen, einem gebildeten Numismatiker, feinen Botaniker und Autor eines im Museo Correr ausgestellten Herbariums. Für den Blumengarten wählte er Orangenbäumen und Jasminsträucher, Rosen, Lilien und Halophyten, die auf salzreichem Boden wachsen. Später entschied sein Neffe Francesco den Palastgarten mit neuen prächtigen Pflanzen aus dem botanischen Garten von Padua zu ergänzen.

CORTE CAVALLO: HIER WURDE DAS REITERSTANDBILD VON BARTOLOMEO COLLEONI GEGOSSEN

Der Corte Cavallo — neben dem Palazzo Rizzo-Patarol — verdankt seinen Namen der Gießerei, die sich damals am Platz befand und in der das berühmte Reiterstandbild von Bartolomeo Colleoni (auf dem Campo San Giovanni e Paolo) gegossen wurde. Das Wachsmodell dazu wurde von Andrea Verrocchio, einem florentinischen Bildhauer und dem Lehrer von Leonardo da Vinci, geschaffen. Allerdings starb er vor der Fertigstellung des Werkes, worauf Alessandro Leopardi, genannt Alessandro del Cavallo, mit dem Guss beauftragt wurde und der Statue einen Sockel hinzufügte. Auch der Hof, in dem er arbeitete wurde daraufhin nach ihm benannt (Corte Cavallo). Einige Spuren des Palazzo Leopardi sind noch heute zu sehen. Allerdings wurde das Gebäude zu einem Hotel (Hausnummer 3494) umgestaltet. Man erzählte sich, dass der Künstler Verrocchio ein wahrer Choleriker war und immer eine bissige Antworte parat hatte. Nach dem Bescheid, dass der Künstler Vellano mit der Verwirklichung des Reiterstandbildes beauftragt worden ist, köpfte er das Modell seines Pferdes und kehrte wütend nach Florenz zurück. Venedig drohte ihm mit dem Tod, worauf er antwortete: „Das wäre wahrlich schade, denn ich könnte meinem Pferd einen noch viel schöneren Kopf geben." Diese Kaltblütigkeit beeindruckte die Republik so sehr, dass sie ihm das doppelte Gehalt zahlte und ihm den Auftrag gab, seine Arbeit zu vollenden.

IL VIVAIO ALLA MISERICORDIA

Fondamenta dell'Abbazia 3546
• Tel./Fax: 041 5244097 • E-mail: vivaio@lagunafiorita.191.it
• Öffnungszeiten für Besucher: Montag bis Freitag, 9:00 bis 12:30 Uhr
und 14:30 bis 17:00 Uhr.

> **Treibhäuser, Blumen und Pfanzen im Herzen von Cannaregio**

Die Fläche, auf der einst das Kloster Santa Maria della Misericordia stand, ist jetzt eine stimmungsvolle Grünfläche, wo sich die einzige Baumschule der venezianischen Altstadt befindet. Im Inneren der alten Mauern, wo die Reste des alten Glockenturms Valverde emporagen, befindet sich ein üppiger Garten mit drei Treibhäusern. Von hier hat man einen schönen Blick auf die nahe Abtei. Die Genossenschaft *Cooperativa Sociale Laguna Fiorita* leitet die Züchtung und den Direktverkauf von Pflanzen aller Arten und setzt dabei auch auf die Zusammenarbeit mit Behinderten. Naturliebhaber finden hier alles, was sie brauchen (Vasen, Gartenerden, Dünger und Schädlingsbekämpfungsmittel). Darüber hinaus ist die Genossenschaft auf Gartengestaltung und -pflege, Söller und Terrassen spezialisiert. Seit Jahren kümmert sie sich um die prächtigen historischen Gärten Venedigs, wie z.B. den in der Nähe der Scuola Vecchia della Misericordia.

WO TINTORETTO SEIN *PARADIES* MALTE

In den großen Räumen im oberen Saal der Scuola Vecchia della Misericordia malte Tintoretto, der in unmittelbarer Nähe wohnte (siehe S.221), sein großes *Paradiso* (*Paradies*). Die riesige Leinwand, 7 x 22 Meter groß, wurde von der Republik Venedig für den Sitzungssaal Sala Maggior Consiglio im Dogenpalast in Auftrag gegeben.

SEHENSWERTES IN NÄCHSTER NÄHE
DER HÄUSERSIMS IM GEHSTEIG
Campo della Misericordia und Fondamenta della Misericordia

Der ehemalige Sims ist von der Brücke Misericordia aus sichtbar. Wer genau hinsieht, kann von der Brücke Misericordia aus am Gehsteig (an der Fondamenta) südlich und östlich der Scuola Grande della Misericordia

ein ungewohntes Element erkennen. Statt der traditionellen Steine für den Gehsteig wurde ein Häusersims verwendet, der höchst wahrscheinlich für ein anderes Gebäude bestimmt war. Die Steine wurden wahrscheinlich um das Jahr 1620 verlegt.

DER DOPPELTE GARTEN DER SCUOLA VECCHIA DELLA MISERICORDIA

Fondamenta dell'Abbazia 3553
• Besichtigung nur zu besonderen Anlässen, auf Anfrage; Kontakt:
Wigwam Club Giardini Storici Venezia, Dott.ssa Mariagrazia Dammicco:
Tel. 328.8416748 - 320.4678502
• giardinistorici.ve@wigwam.it • www.giardini-venezia.it

Ein Hortus Conclusus mit verborgener Grünanlage

Der Garten der Scuola Vecchia della Misericordia liegt auf einer Fläche, die einst zum Dominikanerkloster gehörte. Er erstreckt sich über 2.300 Quadratmeter und ist von der nördlichen Lagune vom Schiff aus nicht zu sehen. Allerdings kann man durch das Gitter am Rio della Sensa ein Stück davon sehen.

Die charakteristische Grünanlage (sie erinnert an die saftig grüne Insel Valverde) gilt nicht nur als typischer venezianischer Garten, sondern auch als typischer Klostergarten, wie man sie in Kreuzgängen findet. Im Laufe der Zeit wurde die Fläche, und damit auch der Garten, mehrmals umgestaltet.

Als die Bruderschaft della Misericordia im Jahre 600 vom alten in das neue von Sansovino entworfene Gebäude umzog, war die Grünanlage noch Gemüsegarten und Friedhof. Nach der Aufhebung während der Herrschaft Napoleons (1808) wurde die Kirche für kurze Zeit in ein privates Theater verwandelt, während die Außenfläche zu einem typisch italienischen Garten mit traditionellen Hecken und geometrischen Blumenbeeten wurde.

Nach weiteren Änderungen wurde der arg verwahrloste Komplex 1920 vom Künstler Italico Brass erworben, der ihn zu seinem Wohnort und Atelier machte, in dem er auch seine reiche Kunstsammlung aufbewahrte. Dank erheblicher Renovierungsarbeiten wurde das Gebäude neu gestaltet und durch weitere Bauelemente erweitert, wie z.B. durch den kleinen Rundturm mit achteckigem Aussichtsturm und den *Liagò*, eine Art überdeckten Balkon mit Ausblick auf die Grünfläche. Der Besitzer ließ den Garten wieder im alten Glanz erstrahlen. Im oberen Teil des ehemaligen Friedhofs wurden Zypressen und Duftpflanzen gesetzt. Die Fläche vor dem Kreuzgang wurde zu einem *Hortus Conclusus* mit geometrischen Blumenbeeten und kleinen nach bestimmten Formen beschnittenen Buchsbäumen umgestaltet.

1974 wurde der damals schon seit einiger Zeit verwahrloste Komplex Scuola Vecchia della Misericordia vom Staat gekauft und in eine Restaurierungswerkstatt umfunktioniert. Heute gehört er dem Landesdenkmalamt Venedig. Der Garten und die Gebäude wurden mit größter Sorgfalt neu angelegt, und die Außenfläche kann zu seltenen Anlässen besichtigt werden. Lassen Sie sich die Gelegenheit nicht entgehen!

Laut jüngsten Studien war der wahre Name des Künstlers offenbar Jacopo Comin. Aufgrund des Berufs seines Vaters Giovan Batista – dieser war Färber, was auf Italienisch „tintore" heißt – wurde er allerdings Tintoretto genannt. Nachdem sein Vater gemeinsam mit Anderen die Stadttore von Padua gegen die kaiserlichen Angriffe verteidigt hatte (1509), wurde ihm der Beiname *Robusti* gegeben. Dieser ging dann auf seinen erstgeborenen Sohn Jacopo über.

DAS HOCHRELIEF VON HERKULES MIT DER KEULE
Fondamenta dei Mori 3399

23

Die Sage vom Stock des Tintoretto

Ein Hochrelief, wahrscheinlich römischer Herkunft, das Herkules nackt mit einer Keule in der Hand darstellt, schmückt die Fassade des Hauses, in dem Tintoretto die letzten zwanzig Jahre vor seinem Tod (1594) verbrachte. Interessant ist, dass als Relief die mythologische Figur des Herkules gewählt wurde, die als Symbol der menschlichen Kraft gilt und an die Herkunft des Familiennamens *Robusti* („die Starken") erinnern soll. Eine Sage erklärt, wie es dazu kam. Früher mussten die Kinder nach dem Erstkommuniontag zehn Tage lang zur Kommunion gehen. Als Marietta – die erstgeborene Tochter von Tintoretto – eines Tages auf dem Weg in die Kirche *Madonna dell'Orto* war, begegnete ihr eine alte Frau, die sie dazu überredete, die Hostien der Kommunion aufzuheben. Dafür versprach ihr die Frau, sie werde wie die Jungfrau Maria werden. Marietta freute sich über das Angebot und nahm den Pakt an. Jeden Morgen behielt sie die Hostie im Mund und, anstatt sie zu schlucken, ließ sie sie in ihrer Bluse verschwinden. Wenn sie nach Hause kam, versteckte sie sie dann im Garten in einer Schachtel neben der Tränke für die Tiere. Nach einigen Tagen begannen die Tiere, sich seltsam zu verhalten. Sie knieten vor der Tränke nieder und niemand konnte sie dazu bewegen, sich wieder zu erheben.

Marietta erschrak darüber sehr und beschloss, ihrem Vater alles anzuvertrauen. Tintoretto wusste, dass die alten Hexen mit diesem Trick oft ehrliche und unschuldige Seelen anwarben.

Vorsichtshalber beschloss er, niemandem davon zu erzählen. Denn es handelte sich um ein heikles Thema, das über Leben und Tod eines Menschen entscheiden konnte, wenn es in falsche Ohren kam. Deshalb ging er am Nachmittag heimlich in die Kirche und legte die Hostien so auf den Altar, als ob sie vergessen worden wären. Danach besorgte er sich einen großen Stock und ging nach Hause zurück. Als der zehnte Tag kam, befahl er seiner Tochter, sich ans Fenster zu setzen und die alte Frau herein zu bitten.

Kaum war die Alte im Haus, wurde sie mit dem Stock windelweich geprügelt. Nach der anfänglichen Bestürzung verwandelte sich die Hexe in eine Katze und versuchte so zu entkommen. Als ihr aber klar wurde, dass sie in der Falle saß, stieß sie einen furchtbaren Schrei aus. In eine Rauchwolke gehüllt entschwand sie daraufhin durch die Mauer, wo sie ein Loch hinterließ, das Tintoretto daraufhin mit dem Hochrelief von Herkules wieder schloss. Es sollte eine Mahnung sein und das Haus beschützen. Die Hexe wurde nie mehr gesehen.

DIE ALCHEMISTISCHEN SYMBOLE VON PALAZZO LEZZE

24

Palazzo Lezze
Fondamenta della Misericordia 3598

Der „Philosophenhort" von Venedig?

Der zwischen 1611 und 1617 erbaute Palazzo Lezze wird dem Architekten Baldassare Longhena zugeschrieben (sein Interesse am Hermetismus ist auch in der Basilika Madonna della Salute erkennbar, s. Seite 327) und weist an der rechten Seite einige interessante Reliefs mit alchemistischer Thematik auf. Fulcanelli gab dem Palazzo daher die Bezeichnung „Philosophenhort" von Venedig.

Das erste Relief (sehr gut erkennbar am äußersten rechten Rand der Fassade) stellt einen König mit einer Flammenkrone und zwei Figuren auf Pelikanen dar. Über den Figuren sind die Sonne und der Mond zu erkennen. In der Sprache der Alchemie symbolisiert der König das philosophische Gold und daher das Sonnenbewusstsein (dargestellt durch den philosophischen Schwefel). Die zwei Seitenfiguren mit der Sonne bzw. dem Mond verkörpern das Quecksilber und das Salz (nicht als übliche Elemente sondern ihre Quintessenz) und deuten auch auf das „Solve et Coagula" *(Löse und binde)* in der Alchemie hin. Das Symbol dafür ist der Pelikan, auf dem die ganze Darstellung basiert.

Das Relief weiter rechts (schwer erkennbar hinter den Gittern) stellt eine hockende Figur mit unbestimmtem Geschlecht dar, die in jeder Hand ein Büschel hält. Rechts und links darunter befinden sich zwei Fabeltiere: Ein zweiköpfiger Greif fungiert als Basis für eine Art Eidechse mit menschlichem Kopf. Der Mensch symbolisiert den Hermaphroditen, der in der Alchemie

„Rebis" genannt wird und auf die aus einer Mischung aus Quecksilber und Schwefel bestehende, menschliche Vollkommenheit hindeutet. Diese beiden festen und flüchtigen Stoffe werden von den seitlichen Eidechsen dargestellt. Der Greif nimmt die Symbolik dieser Mischung wieder auf und erinnert mit seiner Form an das alchemistische Gefäß.

Weiter oben befindet sich ein Relief von einem Engel mit einem Ährenstrauß in der Hand, an dem zwei phönixähnliche

Vögel picken. Rechts und links davon erkennt man Fische, auf denen zwei Pelikane stehen, die jeweils eine Schlange im Schnabel haben. Der Engel symbolisiert die Sublimation des alchemistischen Verdampfungsgesetzes, während die Vögel auf die göttliche Gnade der Barmherzigkeit hindeuten. Dieser Haupttugend entspricht die Liebe Gottes zur Menschheit. Der Pelikan, Symbol der alchemischen Kunst, „hackt" auf die Schlangen ein, die Zeichen für die männlichen und weiblichen Energien sind. Diese widersprechen sich anfänglich, um dann am Ende zu einem einzigen androgynen Zustand zu verschmelzen, der hier vom Engel verkörpert wird. Das ist der Grund, warum die gekreuzigte bzw. „traktierte" Schlange die Festigung des flüchtigen Elementes darstellt. Die Fische verkörpern hingegen das Element Wasser in Verbindung mit dem Salz der Erde, das ein dichter Stoff ist, weswegen die Fische auch als Basis der ganzen Allegorie fungieren.

Das vierte Relief besteht aus einem zweiköpfigen, gekrönten Adler und einem leeren Wappen. Sie symbolisieren Bindung und Verflüchtigung (bzw. Verdampfung) der männlichen und weiblichen Elemente. Das leere ovale Wappen unter den zwei Köpfen erinnert daran, dass der Adler dank seiner irdischen und geistlichen Kräfte Erde und Himmel beherrscht. Daher wurde der zweiköpfige Adler oft als Wappentier für Kaiserreiche verwendet.

Über dem Eingang des Palazzo ist ein gekrönter Frauenkopf zu sehen, der die traditionelle Alchemie in ihrer menschlichen Form verkörpert.

Der Palazzo Lezze wurde nach Giovanni Da Lezze, einem wichtigen Soldaten und Politiker aus dem 17. Jahrhundert, benannt. Die Familie Da Lezze aus Lecce (süditalienische Stadt, daher der Name) widmete sich dem Handel und dem Schiffbau und ließ sich 973 in Venedig nieder. Giovanni Da Lezze wurde sicher von zahlreichen Hermetikern beeinflusst, die am Hof Kaiser Karls V. tätig waren und denen er nahe stand.

DIE ALCHEMIE

Die meisten religiösen Orden des Mittelalters und der Reinassance betrachteten die Alchemie (aus dem Koptischen Allah-Chêmia oder „himmlische Chemie") als Kunst des Heiligen Geistes bzw. als reale Kunst der göttlichen Welt- und Menschenschöpfung. Inspiriert wurde sie von der katholisch-orthodoxen Lehre. Die alchemistische Kunst unterscheidet sich von der geistlichen Alchemie, deren Ziel ausschließlich die Erleuchtung des Geistes ist und die die unreinen körperlichen Elemente in reine Geisteszustände verwandelt (auch Weg der Büßer genannt). Sie unterscheidet sich auch von der Alchemie im Laboratorium (dem sog. Weg der Philosophen), die die alchemistische Verwandlung unreiner Naturelemente in Silber und Gold im Labor verkörpert. Die zwei Praktiken werden normalerweise nie getrennt betrachtet, sondern als ein einziger „Weg der bescheidenen Menschen", die vor der im Laboratorium (aus dem Lat. labor + oratorium) reproduzierten Erhabenheit des Universums niederknien. Die (innere) Alchemie der Seele äußert sich außerhalb des Laboratoriums. Diejenigen, die die Alchemie im Laboratorium nur in Hinblick auf Silber und Gold betreiben und damit die wesentlichen Aspekte der Erlösung der Seele vernachlässigen, sollten daran scheitern und als Scharlatane bezeichnet werden. Dabei handelte es sich oft um Menschen mit umfassender Bildung, allerdings ohne die geforderte moralische Gesinnung. Um kein Scharlatan zu werden, musste man ein inneres Gleichgewicht zwischen Verstand und Herz, Kultur und Moralprinzipien, Buße und Bescheidenheit finden und somit ein richtiger Philosoph werden.

DIE ALCHEMIE IN VENEDIG

Im 16. Jahrhundert und Anfang des 17. Jahrhunderts war Prag das wichtigste europäische Zentrum für Alchemie (bereits im 15. Jahrhundert wurde der Prager Erzbischof im Konzil von Konstanz wegen seiner alchemistischen Praktiken verfolgt). In Venedig wimmelte es nur so von echten Alchemisten und zahlreichen Scharlatanen, die einfach nur auf der Suche nach Geld, Ruhm und Gewalt waren und der Stadt mit ihren Betrügereien schadeten. Ein gewöhlicher Trick war ein Kasten mit doppelten Boden, in dem Gold versteckt werden konnte, das dann zum richtigen Zeitpunkt zum Vorschein kommen sollte. Die Geschichte vom italienischen Priester Giuseppe Marini ist ein gutes Beispiel dafür: Er war ein Alchemist aus materiellen Gründen und vernachlässigte dabei die geistliche Dimension. Die Folgen für ihn waren katastrophal. In seiner 1664 in Venedig verfassten Schrift Tesoro Alchimistico („Alchemistischer Schatz") erzählte er denn auch, wie er aufgrund seines Missbrauchs der Alchemie Freunde und Verwandten, Macht und Hoffnung verlor.

Zur Eindämmung dieser Betrügereien wurde für Alchemisten 1530 die gesetzliche Todesstrafe eingeführt. Um ihr zu entgehen und die Geheimnisse der Alchemie zu bewahren, begannen echte Alchemisten, eine symbolische und metaphorische Sprache zu entwickeln, die nur für die Eingeweihten verständlich war. So trugen die Alchemie-Traktate (sowie Texte, Zeichnungen, Malereien, Skulpturen) oft seltsame Titel, wie Rosarium Philosophorum oder Marienrosarium – die Jungfrau Maria, die den lebenden „Stein der Weisen" (Christus) zur Welt gebracht hatte, war nämlich Patronin ihrer Kunst.

Die 1470 gegründete Geheimgesellschaft Voarchadumia (zu der auch die Alchemisten John Dee und George Ripley gehörten) verwendete für die alchemistische Praxis und für die Anrufungen der Himmelswesen die henochische Zaubersprache (nach Enoch, Sohn von Noah). Im 16. Jahrhundert veröffentlichte sie in Venedig einige Bücher zur Alchemie, wie zum Beispiel Chrisopoiae libri tres (1515) von Joannes Aurelius Augurellus (1441-1524), einem italienischen Alchemisten und Dichter, der sein Werk Leo X. widmete. Diesem schenkte er außerdem einen leeren Sack und erklärte ihm, dass, wer Gold herstellen kann, nichts Anderes braucht als einen Sack, in dem er das Gold aufbewahren kann. Das Buch Continens Liber (Venedig, 1529) ist ein riesiges Werk über Medizin, das auf Vorstellungen des persischen Alchemisten und Mediziners Abu ar-Razi (ca. 865-925) basiert. Erwähnt seinen unter anderem die Werke Pretiosa Margarita Novella de Thesauro, ac Pretiosissimo Philosophorum Lapide (Venedig, 1546) von Pietro Buono (Philosoph und Alchemist aus Ferrara, der vermutlich im 16. Jahrhundert lebte) und I Libri Segreti („Geheime Bücher", Venedig, 1561 und 1580) von Leonardo Fioravanti (Alchemist und Arzt aus Bologna, der im Jahr 1564 in Venedig auch das medizinische Traktat De Capricci medicinali veröffentlichte).

In Venedig hatte die Alchemie vor allem eine rein philosophische Dimension und war eng mit der Barmherzigkeit verbunden. Ihre chemischen Aspekte wurden vielfach in der Medizin angewandt. Heute erinnern noch viele hermetische Symbole an zahlreicheren alten Denkmälern der Stadt daran.

DIE WUNDERTÄTIGE STATUE DER MUTTER JESU

Kirche San Marziale ㉕
• Laudes am Vormittag (7.15 Uhr), Rosenkranz um 18 Uhr, Messe um 18.30 Uhr
• Kreuzweg jeden Freitag um 15 Uhr

> **Ein seltenes Acheiropoieton der Jungfrau Maria**

Die Kirche San Marziale liegt nicht auf den üblichen Touristenrouten; und auch viele Venezianer wissen nicht einmal, dass es sie gibt. Dabei steht an der linken Seite der Kirche eine wundertätige Marienstatue. Laut Legende wurde die Statue 1286 von einem Schäfer namens Rustico aus einem Baumstamm geschnitzt. In der Nacht wurde sie vom Teufel allerdings verunstaltet, worauf das Antlitz der Madonna von zwei Engeln zu Ende geschnitzt wurde (zur Erklärung des Begriffs Acheiropoieton, s. S. 255). Per Schiff kam die Statue dann von Rimini nach Venedig. Die Engel brachten sie bis zur Kirche San Marziale. In Covignano, einem Dorf in der Nähe von Rimini, wurde zur Erinnerung an das wundersame Ereignis eine Kapelle erbaut. 1396 wurde sie durch eine Franziskanerkirche ersetzt, die bis heute eine Wallfahrtkirche ist. Bei der Ankunft der Statue in der venezianischen Lagune ereignete sich sogleich ein Wunder: Ein Blinder und sein stummer Sohn wurden von der Statue geheilt. Dieses legendäre Ereignis wird in der Sakristei auf fünf Gemälden der venezianischen Schule (16. Jh.) erzählt. Eine weitere Geschichte wird von einer Reihe Reliefs erzählt, die sich am Altar befinden, auf dem auch die Statue steht. Allerdings muss man die Altardecke zur Seite schieben, die die schönen Reliefs verdeckt. Auch das Gemälde von Sebastiano Ricci *Gli angeli scolpiscono il volto della Vergine* (*Die Engel schnitzen das Antlitz der Heiligen Jungfrau*) im Kirchenschiff erzählt diese Geschichte.

SEHENSWERTES IN NÄCHSTER NÄHE

DER MEPHISTOPHELISCHE LÖWE ㉖
Calle Diedo 2386/A

Ein kleiner Löwenkopf mit ausgebreiteten Fledermausflügeln schaut drohend vom Stützbalken eines Nebeneinganges des Palazzo Diedo herab. Das Gebäude ist heute Sitz der Gerichtsbehörden; früher gehörte es der berühmten Familie Diedo aus dem norditalienischen Quarto d'Altino, deren Familienmitglieder Architekten, Bischöfe, Soldaten und Literaten im Dienst der Republik waren. Mit dem engelhaften Markuslöwen hat der merkwürdige Löwenkopf allerdings nichts zu tun und unterscheidet sich wegen seiner

mephistophelischen Flügel stark von ihm. Höchstwahrscheinlich hat es die kleine Skulptur ihrer abgelegenen Lage in S. Fosca zu verdanken, dass sie all die Jahrhunderte überlebt hat.

DIE ALTEN BOOTE DES VEREINS ARZANÀ

Calle delle Pignatte 1936/D
• Besichtigung nach Voranmeldung:
+39 347 2625999 - + 39 340 3097191 - + 39 334 3318621
• info@venetianboat.com

Das erste Exemplar der Erfrischungsgondel

Das alte Sprichwort der Lagune *Barca xe casa* (Auf dem Boot sind wir daheim) passt nirgends so gut wie beim Verein Arzanà, dessen Sitz die seit dem 15. Jahrhundert betriebene Gondelwerkstatt Squero Casal am Rio dei Servi ist. Der Verein richtet traditionelle venezianische Boote wieder her, untersucht sie und hält sie instand.

In der „künstlerischen Unordnung" der Werkstatt sind zahlreiche Schätze einer Privatsammlung zu sehen. Dazu zählen historische Segel, Flöße aus Kork oder Glas, Werkzeuge und alte Geräte zum Fischen, kleine Öfen für *burci* und *trabacoli* (Boote, die Wein aus Sizilien und Holz aus Istrien transportierten), ein *felze* (ein Aufbau, der die Passagiere in den Gondeln schützte), Bootslaternen und Hecklichte aus dem 19. Jahrhundert, *forcole* (Rudergabel für Gondeln), Hanfseile und Baumwollnetze, Modellboote der Lagune und viele andere Stücke aus privaten Schenkungen und aufgelösten Werkstätten.

Dem Verein gehört auch eine kleine Seeflotte, etwa vierzig historische Arbeitsschiffe aus Holz, wozu auch die letzte venezianische *peata* (Frachtschiff) zählt. Doch die größte Atraktion ist eine originale Erfrischungsgondel (venezianisch: *gondolin da fresco*) – die einzige auf der Welt. Diese Art von Gondel, auch *filante* genannt, wurde um 1870-80 in eben dieser Gondelwerkstatt gebaut. Wenn im Sommer die Hitze unerträglich war, fuhr man mit dieser Gondel aufs Wasser, wo es kühler war. Aufgrund ihres geringen Gewichts erreichten diese Gondeln eine hohe Geschwindigkeit.

Dank des historischen Interesses der Mitglieder konnten viele alte Exemplare wieder hergerichtet und vor dem Verfall gerettet werden – normalerweise wurden die alten Boote als Brennholz verwendet.

In vielen historischen in der Lagune gedrehten Filmen — wie z.B. Der Kaufmann von Venedig oder Casanova — sind die alten Boote und die Ruderer von Arzanà zu sehen.

BOOTSFAHRTEN ZU DEN SQUERI

In Zusammenarbeit mit berechtigten Reiseführern organisiert der Verein Arzanà wunderschöne Bootsfahrten zur Besichtigung der venezianischen squeri (Bootswerkstätten und überdachte Anlegehäfen). Die Fahrt beginnt am Squero di San Trovaso und endet am ehemaligen Squero Casal. Während der Fahrt werden die historischen Berufe der Lagune erklärt (weitere Informationen: Paola Brolati Tel. +39 348 2932772).

WELCHEN URSPRUNG HAT DER NAME FONDAMENTA DEGLI ORMESINI?
In den Geschäften an der Fondamenta degli Ormesini (die Verlängerung der Fondamenta della Misericordia) wurde früher *Ormesin* verkauft, eine Art weiche Seide. Ursprünglich kam der Stoff aus der Stadt Hormuz im heutigen Iran (daher die venezianische Bezeichnung *Ormesin*).

SEHENSWERTES IN NÄCHSTER NÄHE

LA CAPPELLA DEL VOLTO SANTO

Zentrum für Universitätsseelsorge Santa Fosca
Fondamenta Daniele Canal 2372
• Studentenmesse jeden Dienstag um 21 Uhr
• Besichtigung nach Terminvereinbarung oder auf Anfrage vor Ort
• Tel. +39 0417155775 (Öffnungszeiten: von 8 bis 12 Uhr und von 17 bis 20 Uhr) • cpu@santafosca.it

Die Cappella del Volto Santo bei der Kirche Santa Fosca wurde von 1360 bis 1367 von der Gemeinschaft aus Lucca erbaut. Sie grenzte an die Kirche Servi di Maria (s. unten) und wurde im Volksmund auch *Oratorio del Centurione* genannt, aufgrund einer Darstellung, die den gekreuzigten Jesus mit einem Ledergürtel um die Hüften zeigt. Denn das Wort *Centurato* kommt vom italienischen Wort für Gürtel *cintura*.

Trotz der Plünderungen im 19. Jahrhundert handelt es sich bei der wunderschönen Decke der Kapelle noch um das Original mit der Darstellung der Kirchenväter und der Symbole der vier Evangelisten. Von der Decke hängt ein Kreuz als Erinnerung an das wundertätige Acheiropoieton-Kreuz der Basilika San Martino in Lucca (s. S. 246).

Auch andere Stellen erinnern an die Gemeinschaft aus Lucca in Venedig: Die Corte del Volto Santo (s.S. 247) und der Rialto (s. S. 19)

RESTE DER EHEMALIGEN KIRCHE DEI SERVI

Zentrum für Universitätsseelsorge Santa Fosca
Fondamenta Daniele Canal 2372
• Besichtigung nach Terminvereinbarung: Tel. und Fax +39 41 715775 (Montag bis Freitag von 8.00 bis 12.00 Uhr und von 17.00 bis 20.00 Uhr)
• cpu@santafosca.it

Die aus dem 13. Jahrhundert stammende Kirche Santa Maria dei Servi war neben der Frari und der San Giovanni e Paolo eine der Hauptkirchen von Venedig. Heute ist nur wenig von ihr erhalten, wie z. B. die Porta del Pellegrino und das Wallfahrertor am Rio dei Servi. Die konzentrischen Bögen sind abwechselnd aus istrischem Stein und *Broccatello* (eine Art Veroneser Marmor). Diese Zweifarbigkeit gehört allerdings nicht zum venezianischen Stil, sondern erinnert an die toskanische Architektur und an den Servitenorden, der sich hier am Anfang des 14. Jh. niederließ. Hier lebte und starb auch der Ordensbruder Paolo Sarpi. Heute stehen an dieser Stelle das Studentenwohnheim und die Herberge Santa Fosca, die beide von der Universitätsseelsorge geleitet werden. Dank der von der Zerstörung 1813 übrig gebliebenen Reste kann man die beeindruckende Größe der damaligen Struktur heute noch erahnen. Die Kirche und das Kloster erstreckten sich über eine enorme Fläche zwischen dem Rio de la Misericordia und dem Rio dei Servi. Die Bauarbeiten der imposanten Kirche begannen 1318 und endeten 1474. Im Inneren konnte der Besucher die großartigen Mausoleen der Dogen Andrea Vendramin und Francesco Donà bewundern, die später in die Kirche San Giovanni e Paolo gebracht wurden.

Von 1570 bis 1576 fertigte Paolo Veronese das Bild *Cena in casa del Fariseo* (*Gastmahl beim Pharisäer Simon*) für das Refektorium an. Später schenkte es die Republik Venedig dem Sonnenkönig Ludwig XIV.. Heute wird es in Versailles aufbewahrt.

FUSSABDRÜCKE AUF DER BRÜCKE SANTA FOSCA ③⓪

Brücke Santa Fosca

Alte Kampfspuren

Wer den Rio di Santa Fosca überquert, findet auf der Brücke mit etwas Glück vier Fußabdrücke aus istrischem Stein. Die Brücke ist heute längst nicht so berühmt wie die von San Barnaba in der Nähe von Santa Margherita, aber auf beiden sind dieselben Abdrücke (venezianisch: sampe) zu finden.

Hier fanden nämlich von September bis Weihnachten legendäre Kämpfe zwischen den Castellani und den Nicolotti statt. Der Kampf folgte einem bestimmten Ritual mit „Paten" als Schiedsrichter: Nach den Einzel- und Kollektivkämpfen durften sich dann alle ins Gemenge mischen. Die Kämpfer mussten versuchen, Raum auf der Brücke zu erobern, indem sie angriffen und nach vorne drängten. Dabei durfte sowohl mit Fäusten als auch mit Füßen zugeschlagen werden – auch Tiefschläge waren erlaubt. Da die Brücken damals keine Geländer hatten, landeten viele der Beteiligten mit einer Tracht Prügel im Wasser. Sieger war, wer seine Fahne als erster am höchsten Punkt der Brücke befestigen konnte – die rote Fahne stand für die Castellani, die schwarze für die Nicolotti.

DIE RIVALITÄT ZWISCHEN CASTELLANI UND NICOLOTTI

Die Castellani wohnten in Castello, dem östlichen Teil der Stadt. Sie arbeiteten vor allem im Arsenale, der Schiffswerft, und trugen als Kennzeichen einen roten Schal und eine rote Mütze.

Die Nicolotti hatten hingegen einen schwarzen Hut und Schal und waren Fischer der westlichen Seite der Stadt, die damals noch mit der Kirche San Nicolò dei Mendicoli endete.

Der Grund für die Kämpfe ist ungewiss. Vielleicht begann alles mit der Ermordung eines Bischofs aus Castello durch die Nicolotti. Allerdings weiß man, dass bei den ersten Kämpfen mit Rohren und Stöcken, später nur noch mit Fäusten zugeschlagen werden durfte.

DIVIDE ET IMPERA

Durch die Kämpfe auf der Brücke hatte die Serenissima schlagfertige Männer zur Verfügung. Zugleich hielt sie die beiden Faktionen unter Kontrolle und passte auf, dass diese sich nicht gegen sie verbündeten. So schürte sie die Rivalität zwischen den beiden Seiten, wobei sie sich vom der römischen Redewendung divide et impera (teile und herrsche) leiten ließ. In den Kämpfen konnten Personen mit gewalttätigem Potenzial ihre Gewalt und Aggressivität auslassen, ohne dabei die öffentliche Ruhe zu stören.

Weitere Schauplätze dieser gewaltsamen Kämpfe waren die berühmte Brücke der Fäuste in San Barnaba (auch hier sind Abdrücke zu sehen), die Brücke dei Carmini in der Nähe von Santa Margherita und die Brücke de la Guera in San Zulian in der Nähe von San Lio.

1705: DER LETZTE KAMPF AUF DER BRÜCKE DER FÄUSTE

Bei manchen Kämpfen wurden die Gegner nicht nur ins Wasser gestoßen. Im Jahre 1705 wurde die Brücke der Fäuste in San Barnaba Schauplatz eines legendären Kampfes.

Die beiden Gruppen schmissen mit Steinen auf den Gegener, wodurch der

Kampf ein blutiges Ende fand und schließlich in eine Messerstecherei ausartete. Alle waren so im Kampf vertieft, dass niemand vom Brand Notiz nahm, der währenddessen in San Gerolamo ausgebrochenen war.

Nur dem Pfarrer der Kirche Santa Barnaba gelang es schließlich, dem Kampf mit einem Kruzifix in der Hand ein Ende zu bereiten.

Später entschloss der Weisenrat Consilium Sapientis, diese alte Sitte zu verbieten.

DIE APOTHEKE *ALL'ERCOLE D'ORO*

Strada Nuova 2233, Santa Fosca
• Tel. 041 720600
• Besichtigung während der Öffnungszeiten der Apotheke Santa Fosca:
von Montag bis Freitag von 9.00 bis 12.30 Uhr und von 15.00 bis 19.30
Uhr; samstags von 9.00 bis 12.45 Uhr

Die Wunderpillen von S. Fosca

Neben der modernen Apotheke *Santa Fosca* liegt die alte Apotheke *All'Ercole d'oro*, die immer noch die Originalmöbel und die alten Behälter für die Heilmittel besitzt. In der kürzlich durchgeführten Restaurierung wurde die dunkle Schmutzschicht aus dem 19. Jh. entfernt und so der ursprüngliche Glanz des Nussbaumwurzelholzes wieder zum Vorschein gebracht. Die Apotheke hat ihren ganzen barocken Charme bewahrt: die Türen, die Theke und die großen Regale aus Massivholz mit den Töpfen aus Bassano schaffen eine einzigartige Atmosphäre. Die Möbel scheinen um die Türen herumgeschnitzt zu sein, deren prachtvolle Dekoration aus einer Kirche stammen könnte. Die Holzskulpturen wurden den Kindern von Francesco Pianta, einem Schüler von Brustolon, zugeschrieben.

Die Apotheke *All'Ercole d'oro* wurde von reichen Gelehrten, Geistlichen und Wissenschaftlern besucht, die sich – genauso wie im Café oder im Buchladen – in der Apotheke gerne zu gebildeten Gesprächen und zum intellektuellen Austausch trafen. Die Apotheke war auf die Herstellung galenischer Produkte und begehrter Medikamente spezialisiert und verfügte über ein Labor mit einem Raum für die verschiedenen Giftmittel, wo seltene Kräuter, Pulver und Drogen aus fernen Ländern aufbewahrt wurden. Sie war für Abführmittel mit Aloe Vera und Röhren-Kassie bekannt, die sogenannte Santa-Fosca-Abführpille (*Pillole purgative di S.Fosca*) oder Piovan-Pille (*Piovan*, venezianisch für Priester, da diese Abführpillen laut Tradition von einem Priester aus der Gegend erfunden wurde).

Das Mittel war aufgrund seiner Wirkung sehr begehrt und weit über die Grenzen Venedigs hinaus bekannt. Es wurde bis 1975 hergestellt.

DAS *OLIO DI SCORPIONI*: SKORPIONÖL VON HUNDERT SKORPIONEN

Die alten venezianischen Apotheker (*spezier da medicine*) hatten alles, was Sie für die Herstellung von Medikamenten brauchten: Glaswerkzeuge aus der Lagune und eine Vielzahl von Kräutern, Gewürzen und Drogen, die sie aus dem Osten importierten.

So produzierten sie ungewöhnliche Mittel wie das *Amaro Mantovani* auf Wermut-Basis gegen Magenprobleme und das *Olio di Scorpioni*, ein Liter Olivenöl, in dem hundert lebende Skorpione ihren Tod fanden. Aber sie waren vor allem für zwei Produkte berühmt: das *Mitiridato*, das aus Kräutern und *Castoreum*, einem aus Biberdrüsen gewonnen Heilmittel, hergestellt wurde, und den *Theriak* (s. Seite 44).

CINERES
THOMÆ TEMANZ
MDCCLXXXI

WARUM HEISST DIE KIRCHE „DELLA MADDALENA"?
Die Kirche ist anlässlich des Friedens zwischen Venezianern und Genuesen nach dem Krieg von 1355 der Heiligen Maria Magdalena geweiht worden. Der Friedensvertrag wurde am 1. Juli 1355 geschlossen, aber erst am 22. Juli, dem Gedenktag der Heiligen Maria Magdalena, bekannt gegeben und amtlich bestätigt.

DIE FREIMAURERISCHEN SYMBOLE DER KIRCHE DELLA MADDALENA

Campo della Maddalena
• Öffnungszeiten: selten geöffnet, nur zu Ausstellungen und während der Biennale

> **Der letzte Sakralbau, der in der unabhängigen Republik Venedig erbaut wurde**

Die Kirche della Maddalena ist der letzte Sakralbau, der noch in der unabhängigen Republik Venedig erbaut wurde. Der Bau begann 1763 unter Tomaso Temanza und wurde 1790 fertig gestellt. Die anderen Sakralbauten wurden zur Zeit Napoleons, während der Donaumonarchie oder in moderner Zeit errichtet.

Auch wenn die Kirche normalerweise geschlossen ist (nur gelegentlich zu Ausstellungen oder während der Biennale geöffnet), fällt sie schon von außen wegen ihres Rundbaus (neben der Basilica della Salute und San Simeon Piccolo die einzige in Venedig) und eines interessanten, dreieckigen Gottesauges über der Eingangstür auf (s. nächste Doppelseite). An der Fassade steht „Sapientia aedificavit sibi domum" („Die Weisheit hat sich ein Haus errichtet"), ein Satz, der für eine katholische Kirche eigentlich zu weltlich ist und Gott beinahe hinten anstellt.

Obwohl antike Kirchen oft Rundbauten sind (zum Beispiel der Pantheon oder die Kirche von Santo Stefano Rotondo in Rom) und das dreieckige Gottesauge auch ein christliches Symbol ist, handelt es sich hier wohl eindeutig um zwei Elemente der Freimaurerei. Im 18. Jahrhundert waren aufgeklärter Rationalismus und Freimaurerei ja sehr verbreitet.

Temanza könnte von diesen Ideen beeinflusst worden sein. Er hatte hauptsächlich mit Andrea Memmo, dem Prokurator von San Marco, Umgang. Dieser war einer der ersten Freimaurer von Venedig, zusammen mit seinen Brüdern Bernardo und Lorenzo, die von Casanova eingeweiht wurden (s. Seite 143).

Ein weiterer Hinweis befindet sich im Inneren der Kirche. Auch wenn später noch zwei Altäre hinzugekommen sind (vielleicht um diese Spuren der Freimaurerei zu „löschen"), verfügte die Kirche gemäß den Vorschriften der Freimaurerei ursprünglich nur über einen Altar „für ein einziges höchstes Wesen". Daneben gab es keine anderen Altäre, weder für die Muttergottes oder für Magdalena, noch für andere Heilige, wie es in den anderen städtischen Kirchen üblich war. Auch in der Vorgängerkirche (wahrscheinlich aus dem 11. oder 12. Jahrhundert) gab es mehrere Altäre.

Ein letztes Indiz ist die Grabplatte von Temanza, im Inneren der Kirche vor der Nebenausgang. Unter dem Todesjahr 1789 sieht man einen Zirkel, ein Lineal und einen Winkel, die nicht nur seine Arbeit als Architekt darstellen, sondern auch bekannte freimaurerische Symbole sind.

DAS GOTTESAUGE

Das Gottesauge (Dreieck mit Auge) ist ein Symbol, das in den meisten christlichen Kirchen zu finden ist und auf die ersten apostolischen Priester des Christentums zurückgeht.

Zugleich ist es auch ein Vermächtnis der Pharaonen Ägyptens, das von persischen Schriftstücken und von Christen aus Alexandria überliefert wurde. Der strahlende Sonnengott Re wurde später durch das Auge der Vorsehung ersetzt, das von einem Strahlenkranz und einem Dreieck umgeben ist.

Während die Ägypter mit dem gleichseitigen Dreieck die Triade Osiris, Horus und Isis darstellten, wurde es für die Christen zum Symbol der Dreifaltigkeit, Vater, Sohn und Heiliger Geist, zur unteilbaren Einheit, die durch das ägyptische Auge und die Sonne perzonifiziert und oft durch den Namen Gottes Jehovah mit vier hebräischen Buchstaben (Jod-He-Waw-Heth) dargestellt wird. Mit seinen drei gleichen Seiten und seinen Ecken verkörpert das gleichseitige Dreieck die heilige Dreifaltigkeit, oder aber drei Hypostasen, die dem einzigen von der Sonne oder von dem „Allsehenden Auge" verkörperten Logos entspringen.

Die Aussage der Darstellung ist demnach, dass der Höchste über das gesamte Universum herrscht.

Die Dreifaltigkeit und das Dreieck sind geradezu universell, denn sie sind im Großteil der traditionellen Religionen zu finden. Im Hinduismus zum Beispiel wird die Dreifaltigkeit (Trimurti) von Brahma, Shiva und Vishnu dargestellt.

Im alten Ägypten tauchte das Dreieck zu verschiedenen Zeiten auf. Neben der Triade Osiris gab es auch die memphitische Triade Ptah, Nefertem und Sachmet (Vater, Gott, Mutter) und die Triade Amun, Mut und Chons in Theben, ursprünglich Götter des Pantheon dieses Volkes. In Persien hingegen war es die Triade Ahura Mazda – Vohu Mano – Asha Vahista (der Weise Meister, der Gute Gedanke und die Beste Redlichkeit), auf der die Christen später ihre Dreifaltigkeit gegründet haben.

Mit der Entstehung der modernen spekulativen Freimaurerei im 18. Jahrhundert wurde das Symbol sofort von den Freimaurern aufgenommen. Es wurde „leuchtendes Delta" genannt und stellte eine Sonne, ein Auge oder einfach ein G in der Mitte dar, das den großen Baumeister aller Welten, den allschaffenden Gott, darstellte.

Die Freimaurer ersetzten das Delta manchmal durch drei Punkte, die zusammen ein Dreieck ergeben und Vergangenheit, Gegenwart und Zukunft symbolisieren. Das Dreieck als ganzes weist hingegen auf die Ewigkeit und den ewigen Gott hin. Die drei Eckpunkte drücken die drei Phasen im Lebenszyklus aus: Geburt, Leben und Tod.

Das Auge im leuchtenden Dreieck ist das Sinnbild Gottes – einzig und dreieinig – und stellt somit auch die perfekte Gesinnung und den wahren Eingeweihten in der Einheit des dreieinigen Gottes dar.

DIE RICHARD-WAGNER-SÄLE

Ca' Vendramin Calergi 2040 – Der venezianische Richard-Wagner-Verein ARWV (*Associazione Richard Wagner di Venezia*) organisiert Führungen durch den Palazzo • Zugang nur bei Reservierung: jeden Dienstag und Samstag Vormittag; jeden Donnerstag Nachmittag. Bitte setzen Sie sich spätestens bis 12.00 Uhr des Vortages der Führung mit dem ARWV in Verbindung • Tel.: +39 041 2760407 - +39 338 4164174
• E-Mail: ARWV@libero.it
• Personalausweis erforderlich
• Eintritt über das Kasino

Der Palazzo Vendramin Calergi beherbergt im Zwischengeschoss das weniger bekannte Richard-Wagner-Museum. Es ist die zweitwichtigste Privatsammlung – nach der Stadt Bayreuth und ihren *Bayreuther Festspielen*, die 1876 von Wagner selbst ins Leben gerufen wurden und ausschließlich seinen zehn *Gesamtkunstwerken*

> *Die Wohnung, in der Richard Wagner seine letzten Tage verbrachte*

gewidmet sind. Besichtigt werden können die drei Hauptsäle der 25-28 Zimmer, die Wagner und seine Familie bewohnten. In den anderen Sälen befinden sich heute die Verwaltungsbüros des Spielkasinos von Venedig, das in diesem Palazzo untergebracht ist. Der Komponist war der Stadt Venedig künstlerisch und affektiv eng verbunden. Zwischen 1858 und 1883 hielt er sich ganze sechs Mal in seiner italienischen Lieblingsstadt auf. Während seines letzten Aufenthalts in Venedig vermietete Wagner das ganze Zwischengeschoss mit dem „weißen Flügel", d. h. den Ostflügel des Palazzo Ca' Vendramin Calergi mit Blick auf den am Canal Grande liegenden Garten. Die Wohnung war mit einer praktischen Ofenheizung ausgestattet (ein bedeutendes Detail, der Komponist war nämlich sehr kälteempfindlich). Hier verbrachte Wagner mit seiner Frau und seinen vier Kindern seinen letzten Winter (1882-1883), bevor am 13. Februar 1883 in seinem Privatbüro starb. Das Wagner-Museum beherbergt Gegenstände und Papiere des Komponisten. 2003 wurde es um den *Joseph Lienhart-Fonds*, eine wertvolle private Sammlung von Partituren, Programmen, Reproduktionen von Handschriften, originalen Briefen, Büchern, Platten, Bildern und Lithographien bereichert. Die Sammlung kann von Wissenschaftlern und Forschern auf Anfrage besichtigt werden.

WAGNERS KONZERTE IM FESTSAAL DES PALAZZO CA' VENDRAMIN CALERGI

Für Programm und Einladungskarten kontaktieren Sie das Sekretariat des ARWV unter +39 041 2760407 - +39 338 4164174 • E-Mail ARWV@libero.it Der ARWV fördert zahlreiche Tätigkeiten zur Forschung und Vertiefung des musikalischen und literarischen Werks von Wagner. Das Programm bietet Konferenzen, kulturelle Treffen, Festessen, Ausstellungen und Filmvorstellungen. In Zusammenarbeit mit der Stiftung Teatro la Fenice und dem Kasino organisiert der ARWV alljährlich ein Konzert zu Ehren von Richard Wagner und ein musikalisches Treffen mit den Stipendiaten von Bayreuth. Während der *Wagner-Tage* findet außerdem eine Konzertreihe mit jungen Solisten statt, mit Werken von Wagner und anderen Komponisten, die seine Ausbildung unterstützten oder von ihm beeinflusst wurden.

DIE INSCHRIFT „NON NOBIS DOMINE, NON NOBIS" 34

Die Fassade des Palazzo Ca' Vendramin Calergi

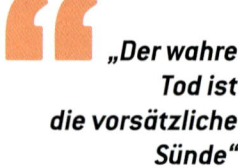

„Der wahre Tod ist die vorsätzliche Sünde"

Links an der Hauptfassade des Palazzo Ca' Vendramin Calergi steht die Inschrift „NON NOBIS DOMINE, NON NOBIS".

Sie ist dem Alten Testament (Psalm 114,1 in der lateinischen Version und Psalm 115,1 in der Jerusalem-Bibel) entnommen und ist das Incipit der bekannten Formel der Templer „NON NOBIS DOMINE, NON NOBIS, SED NOMINI TUO DA GLORIAM" („Nicht uns, nicht uns, oh Herr, sondern deinem Namen sei Ehre").

Interessant ist der tiefe Sinn des gesamten Psalms: „Ehre dem einzigen Gott. Christliche Bescheidenheit. Schutz für Schwache, Kinder und Alte. Der Tod auf Erden ist nur ein Aufbruch. Der wahre Tod ist der vorsätzliche Sünde".

Der Palazzo wurde 1509 nach dem Entwurf des Architekten Mauro Codussi fertiggestellt. Am Anfang wurde er für Andrea Loredan erbaut, der wahrscheinlich den Ideen und dem Erbe der Templer nahe stand. Die Formel wurde später zum Motto der Loredan-Familie.

Die Eichenblätter um die Inschrift sind in der lateinischen Tradition das Symbol des *defensor urbi*, des Verteidigers der Stadt und des Gemeingutes. Später sollten sie die Bescheidenheit gegenüber der Größe Gottes und dem Ruhm der Republik darstellen, die von der Familie Loredan und der damaligen venezianischen Adelselite geteilt wurde.

DIE TEMPLER UND VENEDIG

Der Sage nach kamen die Templer Mitte des 12. Jahrhunderts nach Venedig und brachten einen Schatz mit, den sie auf der Insel San Giorgio in Alga verbargen. In Wirklichkeit sind die Dinge allerdings anders gelaufen. Auf der Insel befand sich ein um 1000 gegründetes Benediktinerkloster, in dem sie anfangs Zuflucht fanden. Die Benediktiner und später die Zisterzienser wurden so zu ihren Lehrern der heiligen Wissenschaften. Der sogenannte Schatz war dabei das geistige Wissen der Mönche und der Templer aufgrund der Nähe zu den Quellen der Initiationstradition. Die Templerregel wurde vom Zisterziensermönch und Heiligen Bernhard von Clairvaux geschrieben, der der Benediktinerregel folgte.

1397 wurde auf der Insel der Benediktinerorden *Canónicos Regulares de San Giorgio in Alga* gegründet, wo sich die zukünftigen Päpste Eugen IV. und Gregor XIII. und der Heilige Lorenzo Giustiniani weiterbildeten. Der Orden basierte selbstverständlich auf den Initiationskenntnissen der Mönche und der Templer. Die Beziehungen zwischen den Templern und Venedig waren sehr eng. Neben dem Warenlager, das sie zur Verfügung hatten (siehe Seite 144), spielten die Templer 1177 während des Aufenthalts vom Papst Alexander III. bei der Verteidigung der Stadt eine wichtige Rolle.

Venedig hatte seine Blüte zum Großteil den Handelsbeziehungen mit dem Osten zu verdanken und litt wegen der Piratenattacken und des Mangels an Unterstützung vor Ort. Dank ihrer Flotten und der Besitztümer im Heiligen Land ermöglichten die Templer der Stadt, ihre Handelsbeziehungen mit dem Osten aufrecht zu erhalten.

Am Anfang des 14. Jahrhunderts bekämpfte der König Frankreichs Philipp IV. die Templer, um von ihren Reichtümern Besitz zu ergreifen. Um dieses Ziel zu erreichen, zwang der König den Papst, den Orden aufzulösen. So kamen zahlreiche Templer von Rom nach Venedig. Die Stadt in der Lagune war seit jeher tolerant gegenüber anderen Religionen und der katholischen Kirche.

Jedoch nützte Philipp IV. 1307 die von den Templern im Heiligen Land erlittenen Niederlagen und verbündete sich gegen sie mit den venezianischen und genuesischen Händlern. Die Templer wurden der Ketzerei, der Sodomie und der Hexerei beschuldigt und auch staatlich verfolgt.

Kurze Zeit später flüchtete sich die Mehrheit der Templer nach Portugal. Sie wurden aufgenommen, aber unter der Bedingung, dass sie ihren Namen änderten. So entstand der Christusorden. Das war der Anfang eines neuen Abenteuers (siehe Reiseführer *Lisbona insolita e segreta* im selben Verlag).

DIE TEMPLER: MYTHEN UND REALITÄTEN

Die *Arme Ritterschaft Christi und des salomonischen Tempels (Pauperes Commilitones Christi Templique Salomonici)* – besser bekannt als *Tempelorden* oder einfach nur *Templer* – war der berühmteste religiöse und militärische Orden im Mittelalter. Er wurde nach dem ersten Kreuzzug von 1096 gegründet, wahrscheinlich mit dem Ziel, die christlichen Pilger auf dem Weg nach Jerusalem zu schützen. Er bestand fast zwei Jahrhunderte.

Nach der Genehmigung des Ordens durch Papst Honorius II. im Jahr 1128 wurde er schnell zum barmherzigsten Orden der ganzen Christenheit. Nicht nur die Anzahl der Anhänger wuchs rasch, sondern auch die Macht des Ordens. Die Templer mit ihrem weißen Mantel (nach der Zisterzienserregel von Cluny) und ihrem roten Kreuz galten als die bestqualifizierte militärische Einheit zur Zeit der Kreuzzüge. Die nicht kämpfenden Ritter betrieben dagegen ein wichtiges Wirtschaftssystem (mit dem Akkreditiv legten sie die Grundlagen für das moderne Bankensystem) und erbauten zahlreiche Festungen und Tempel in Europa sowie im Heiligen Land.

Die beeindruckende Organisation der Templer hatte einen doppelten Zweck: die Schaffung der *Vereinigten Staaten Europa*s und der *öffentlichen Bildung*, verpflichtend und kostenlos, aber nicht weltlich. So bestand der Orden aus zwei Gruppen: eine externe und sichtbare Gruppe, und eine interne und esoterische. Die weltliche Gruppe bestand aus dynamischen und militärischen Männern der Tat. Dagegen war die Initiationsgruppe die echte Elite, denn sie bestand aus Weisen und Priestern als Nachhut der Ritter und Krieger. Beide Gruppen gehorchten dem Großmeister und unterstanden demnach nicht dem König oder dem Papst. Sie wurden deshalb der Ketzerei bezichtigt, obwohl sie sich einfach nur an die Befehle hielten. Die Templer sollen während ihrer geheimen Zeremonien ketzerische Kulte praktiziert haben. Dieser Verdacht wurde allerdings nie bestätigt, da *„Zivilisten die Häuser von Militären nicht"* betreten durften. Der Orden war katholisch und apostolisch, mit Ausnahme von einigen Mitgliedern, die sich für andere Kulturen und Theologien, insbesondere für die Gnosis, interessierten, deren Symbole beim Bau ihrer Tempel und Burgen verwendet wurden.

Der Heilige Bernhard von Clairvaux, geistiger Mentor der Templer, wählte zunächst neun Mitglieder der Elite der Eingeweihten und schickte sie nach Jerusalem, wo sie auf Erlaubnis von König Balduin II. in den unterirdischen Ställen der Ruinen des salomonischen Tempels unterkamen. Einigen geheimen Traditionen nach sollen sie dort den Kelch Solomons (den berühmten *Heiligen Gral*) gefunden haben, der seit Jesu Tod verschollen bzw. versteckt war. Von dort soll er in den Westen gebracht worden sein. Zusammen mit dem Verlust des Heiligen Landes verloren die Templer auch die Unterstützung der europäischen Herrscherhäuser. Philipp IV., König von Frankreich, der beim Orden hoch verschuldet war und und seine Schulden nicht zurückzahlen konnte, begann Druck auf Papst Clemens V. zu machen, damit dieser gegen den Orden Maßnahmen ergreife. So fing er an, Gerüchte über das Sexualverhalten und den Glauben der Templer in die Welt zu setzen, und verwies darauf, dass sie eine seltsame und dämonische Figur verehrten: den „Baphomet", dessen Identität allerdings nie geklärt wurde, da es sich um eine rein fiktive Figur handelt. Im Jahre 1307 wurden viele französische Templer verhaftet und gestanden unter Folter ihre angebliche Schuld. Daraufhin wurden sie auf dem Scheiterhaufen verbrannt oder zu Zwangsarbeit verurteilt. Am 22. März 1312 löste Papst Clemens unter dem ständigen Druck des Königs von Frankreich den Orden auf.

Der König Dom Dinis von Portugal hielt die Templer für unschuldig und gewährte vielen von ihnen sofortigen Schutz. Nach der Auflösung des Ordens gründete der König einen neuen, in dem die ehemaligen Templer Aufnahme fanden: den *Orden der Christusritter* oder die *Ritterschaft Jesu Christi*.

Durch das plötzliche Verschwinden vieler europäischer Strukturen des Tempelordens entstanden mehr oder weniger exotische Spekulationen und Legenden.

DAS WUNDER DES VOLTO SANTO

Der Volto Santo (italienisch: Heiliges Antlitz) ist ein berühmtes Kreuz, dessen Figur laut Legende dem wahren Antlitz Jesu ähnelte. Bei der Kreuzabnahme wurde Jesu von zweien seiner Jünger, Joseph von Arimathia und Nikodemus, vom Kreuz genommen. Letzterem wurde der Auftrag erteilt, die Szene so treu wie möglich darzustellen. Er war kein Bildhauer, aber im Laufe der Nacht wurde das Kreuz von unbekannter Hand gefertigt. Nach dem Tod von Nikodemus wurde es verborgen und sicher aufbewahrt. 600 Jahre später, auf Anfrage eines Engels, kam das Kreuz Bischof Gualfredo in die Hände und somit in christliches Gebiet. Auf dem Seeweg kam das Werk in die italienische Stadt Luni, wo es von den Bewohnern der Stadt aufbewahrt wurde. Die Endstation des Werks wurde von zwei Ochsen beschlossen, die geradewegs nach Lucca gingen. Heute ist der Volto Santo auf einem kleinen Altar in der Kathedrale San Martino zu sehen und wird am 13. September während der Prozession der Luminara verehrt.

DIE ANTLITZE DER CORTE DEL VOLTO SANTO ㉟

Corte del Volto Santo
• Vaporetto San Marcuola

Reste der alten Scuola dei Lucchesi

Am Rio Terrà della Maddalena, in der Nähe vom Kanal San Marcuola, fällt das Relief eines gekrönten Antlitzes auf. Im Hof ist dasselbe Antlitz auf dem Brunnen und rechts an der Wand dargestellt.

Es handelt sich um die Reproduktion des berühmten Volto Santo di Lucca (siehe *Toscana insolita e segreta* im selben Verlag), der die Grenze der Ansiedlung der aus Lucca stammenden Händler darstellte. Als Castruccio Castracani die Herrschaft von Lucca übernahm (je nach Quelle 1309 oder 1317) flohen manche Adelsfamilien und über

300 Handwerker nach Venedig, wo sie sich niederließen und die Seidenbearbeitung weiterentwickelten, die schon in Lucca eine Goldgrube war.

1360 gründeten sie eine Zunft (die Scuola del Volto Santo oder Scuola dei Lucchesi) und am 6. September 1398 erwarben sie ihren Sitz. 1798 verwüstete ein Brand fast das ganze Viertel und auch die Scuola wurde zu Asche.

Ein in der Gallerie dell'Accademia aufbewahrtes Gemälde von Francesco Guardi stellt den Brand vom 20. November 1798 dar. Der Brand brach in einem Öllager in der Nähe vom Campiello del Tagliapietra aus und breitete sich schnell aus. Fast 60 Häuser brannten ab und 140 Familien, von denen einige im Elend lebten, wurden obdachlos.

COMUNITA' EBRAICA DI VENEZIA
JEWISH COMMUNITY OF VENICE
ק"ק ונציה יצ"א

Confini dell'Eruv
Borders of the Eruv
גבולות העירוב

Aree non comprese nell'Eruv
Areas not included in the Eruv

Viele Besucher des Ghettos sind auf der Suche nach jener geheimnisvollen *Corte Sconta detta Arcana*, die in den Comic-Serien von Hugo Pratt vorkommt. In Wirklichkeit existiert dieser Hof im Ghetto nicht. Der Autor ließ sich von der Corte Botera inspirieren, die in der Nähe der Kirche Santi Giovanni e Paolo liegt (s. Seite 250).

ERUV* – HIER DÜRFEN AM SABBAT KEINE GEGENSTÄNDE GETRAGEN WERDEN. 36

Spanische Synagoge
• Öffnungszeiten: während der Gottesdienste (am Freitagabend – samstags um 9:00 Uhr). Nur geführte Besichtigungen

Im Erdgeschoss der spanischen Synagoge, vor der rechten Treppe zum ersten Stock und zur eigentlichen Synagoge, kann man an der Wand einen seltsamen Stadtplan von Venedig erkennen, der die Grenzen des „Eruv" aufzeigt.

> **Die ungewöhnliche moderne Anpassung eines alttestamentlichen Brauchs**

„Eruv" bezieht sich auf eine alttestamentliche Tradition: Laut Exodus (Exodus 16-29 und 36-6) dürfen am Sabbat und am Tag des Kippur keine Gegenstände von einem öffentlichen Ort zu einem anderen getragen werden. Der Abstand darf nicht mehr als zwei Meter betragen.

Wörtlich genommen ist das Verbot sehr streng, denn es bezieht sich auf jegliche Art von Gegenständen, unabhängig vom Gewicht. Man darf also weder eine Brille in der Tasche haben (allerdings darf man sie auf der Nase tragen), noch darf man Schlüssel, Bücher oder irgendwelche schwereren oder sperrigen Gegenstände transportieren.

Um diese Schwierigkeit zu überwinden, hat die jüdische Gemeinde von Venedig mit dem Stadtrat (gegen Entrichtung einer bescheidenen Summe) eine Vereinbarung getroffen: Einige öffentliche Bereiche, bestehend aus einer Reihe von privaten Grundstücken, gelten als Privateigentum der Gemeinde und sind vom Verbot ausgenommen. In diesem Bereich (dem so genannten „Eruv") dürfen somit mehrere Gegenstände getragen werden.

SEHENSWERTES IN NÄCHSTER NÄHE

DIE TÜRANGELN DER EHEMALIGEN TORE DES GHETTOS 37
Ponte Farnese und Ponte Vecchio

Heute kommt man über drei Brücken ins Ghetto. In der Vergangenheit gab es allerdings nur zwei. Die dritte, die zum Rio della Misericordia führt, existierte damals noch nicht.

Am Eingang der zwei Häuser, die zum alten Ghetto führen, kann man noch die Löcher sehen, in denen sich die Türangeln der Tore befanden, die bei Einbruch der Dunkelheit geschlossen wurden.

Wenn man die Karte von Venedig betrachtet, versteht man, wie leicht es war, diesen Bereich vom Rest der Stadt zu isolieren.

* „Der Eruv" in Venedig ist nicht erkennbar, doch in anderen Ländern, wie z. B. Israel, wird der Bereich oft durch Wände, Türen oder Pfähle gekennzeichnet.

CORTO MALTESE: DAS IDEALISIERTE SELBSTBILDNIS VON HUGO PRATT

Corto Maltese erschien erstmals 1967 in der Serie *Una ballata del mare salato* (*Eine Südseeballade*) und zum letzten Mal 1988 – kurz vor dem Tod seines Autors Hugo Pratt (1995) – in der Serie *Mù* (*Das Reich Mu*). In weniger als 20 Jahren entstand der Mythos des Weltbürger-Seemannes, des Reisenden auf der Suche nach neuen Abenteuern und des Verteidigers der Freiheit. Corto ist eine ironische, störrische, anarchische Figur und idealisiertes Selbstbildnis von Pratt. Er ist der romantische Held, der während seiner Reise eigentlich eine Spur verfolgt, in Wirklichkeit jedoch auf der Suche nach sich selbst ist.

WELCHES BILD VON VENEDIG WIRD IN DEN STREIFEN VON CORTO MALTESE GEZEICHNET?

Wenn Sie die Spuren des Seemannes verfolgen wollen, hier die Ortsnamen, die in der Einleitung der Comicserie *Favola di Venezia* (*Fabel von Venedig*) erscheinen, und ihre wahre Entsprechung:

Ponte della Nostalgia: Ponte Widmann in der Nähe von Campo dei Miracoli im Stadtteil Cannaregio;

Sotoportego dei cattivi pensieri: Sotoportego dell'Anzolo auf dem Calle Magno neben dem Arsenal von Venedig im Stadtbezirk Castello.

Campiello de l'arabo d'oro: Corte Rotta von San Martino, in der Nähe von Campo Do Pozzi, im Stadtbezirk Castello.

Corte del Maltese o de Bocca Dorada: Corte Buello in der Nähe von Corte Nova, hinter dem Tor des Einwohnermeldeamtes 2862 im Stadtbezirk Castello.

Corte dei Marrani: Salizada Santa Giustina, neben dem Campo San Francesco della Vigna, im Stadtbezirk Castello.

Corte Sconta detta Arcana ist Corte Botera, die sich in der Nähe der Kirche San Giovanni e Paolo und nicht im Ghetto befindet, wie Sie am Anfang der Serie *Corte Sconta detta arcana* (1979) bemerken.

Beim Gasthaus handelt es sich um die ***Trattoria da Scarso*** in der Piazzetta di Malamocco, wo Hugo sich mit seinen Freunden traf.

Die Wohnung des Malers Tiziano wurde zum Haus von Corto: Es befindet sich in Cannaregio im **Corte del Tiziano** neben dem **Campo de la Carità** und in der Nähe der **Calle del Fumo**. Nach der Veröffentlichung der Serie wurde auch die Stadt vom Zauber der Geschichte angesteckt. Heute befindet sich eine **Corte Sconta** im gleichnamigen Restaurant im Calle del Pedistrin alla Bragora (in der Nähe des Arsenals). Außerdem wurde der **Campiello Corto Maltese** im Hotel Sofitel dem Seemann gewidmet (Santa Croce 245, neben dem Giardino Papadopoli). Es war eines der Lieblingsziele des Autors, der mit dem Besitzer befreundet war.

DIE FRAUEN IN CORTO MALTESE WURDEN VON WAHREN MENSCHEN INSPIRIERT

In den Serien von Corto Maltese nehmen faszinierende und schöne Frauen viel Raum ein. In einigen Geschichten erscheinen auch wirkliche Menschen, die in der Zeit lebten, in der die Abenteuer von Corto spielen (Anfang des 20. Jahrhunderts). Einige Beispiele sind die freche Tamara de Lempicka (Art Déco-Malerin in den Jahren „des Wahnsinns" 1920-1930) und die Figur von Louise Brookszowyc, die an die vornehme Schauspielerin Louise Brooks erinnert. Die wichtigsten Figuren sind aber Frauen mit einer starken Persönlichkeit, wie z.B:

Esmeralda, die verbündete Zigeunerin. Ninì Rosa – eine gute venezianische Freundin des Autors und erfahrene Tangotänzerin – hat die Figur von Esmeralda, faszinierende Argentinierin mit samtweicher Haut und Abenteuer-Freundin von Corto, inspiriert.

Bocca Dorata, die Zauberin und Freundin. Bocca Dorata ist eine kreolische Kartenlegerin aus Bahia, eine in karibischem Voodoo erfahrene Zauberin und eine Art sudamerikanische *pasionaria,* die die Geschäfte ihrer *Atlantischen Seetransport-Finanzgesellschaft* mit den esoterischen Ritualen verbindet. Sie ist die Vertraute von Corto, die ihm während der Tarockspiele hinter dem Rauch ihrer Zigarillos gewitzte Ratschläge gibt, und wahrscheinlich auch eine seiner Jugendlieben.

Venexiana Stevenson, die legendäre Antagonistin. Das Vorbild für Venexiana Stevenson ist Mariolina, die Frau von Guido Fuga (Mitarbeiter und Reisegefährte des Autors zusammen mit Lele Vianello). Mit ganz anderem Aussehen und Charakter ist Venexiana eine Abenteuerin, mit der Corto sehr häufig aneinander gerät, da sie oft nach denselben Schätzen suchen und dieselbe Träume haben.

WARUM HEISST CORTO MALTESE?

Die ausgeprägt mediterranen Eigenschaften dieser Figur, deren Namen eine Hommage an die Unabhängigkeit der Insel Malta ist, stellen eine lokale Reaktion auf die amerikanischen Serien dar, die zur Zeit der ersten Veröffentlichung der Zeichnungen von Pratt ein fester Bezugspunkt waren.

Wer sehen will, wo die ersten Streifen von Corto realisiert wurden, sollte das Haus suchen, wo Hugo in den sechziger Jahren auf der Insel Lido in Malamocco im letzten Stock in Via Doge Galla 21 mit seiner Familie wohnte (leicht erreichbar mit dem Bus vom Piazzale S. Maria Elisabetta zu Alberoni).

DIE "FARBENBIBLIOTHEK" ORSONI

Calle dei Vedei 1045
- Informationen und Terminvereinbarug: Tel. +39 0412440002-3
- info@orsoni.com

Die einzige Ziegelei der Altstadt

Die Ziegelei Orsoni ist seit 1888 tätig und die einzige in der Altstadt. Ihr großes Verdienst ist es, der alten byzantinischen Mosaiktechnik neue Impulse gegeben und das reine Email von Murano aufgefrischt zu haben. Die Ziegelei ist von einem wunderschönen Garten umgeben und stellt Mosaiksteine aus Glas und Blattgold her: Bei einer Besichtigung erfährt man alles über den Produktionsprozess der Mosaiksteine.

Die verschiedenen Phasen sind handwerklich geprägt: Vom Schmelztiegel (wo die Rohstoffe zu einer weißen, matten Masse geschmolzen und dann Metalloxide zur Farberhaltung hinzugefügt werden) über die *Rullata,* wo die einzelnen Glasformen entstehen, bis zur Auskühlung, bei der die Glasscheiben allmählich auf Zimmertemperatur gekühlt werden. Erst danach können sie mit einem marmorsägeartigen Gerät geschnitten werden. Die Säge wurde vom Firmengründer Angelo Orsoni entworfen.

Drehscheibe der Verarbeitung ist die sog. "Farbenbibliothek" (auf Italienisch Biblioteca del Colore). Es handelt sich um ein Archiv, das über 3.000 Farbtöne verfügt, wodurch jede beliebige Farbkombination möglich ist.

Jeden Tag werden großen Mengen von Blattgold- und farbigen Emailmosaiksteinen in die ganze Welt exportiert. Die Firma ist bekannt für die Mosaikarbeiten berühmter Sehenswürdigkeiten wie der Saint Paul's Cathedral in London, der Sagrada Familia in Barcelona, dem Trocadéro (Palais de Chaillot) und der Basilika Sacré-Cœur in Paris.

MOSAIKKURSE

In der Ziegelei werden für Liebhaber und Kreative, die die Mosaikkunst erlernen wollen, oder für Künstler, Architekten, Designer, die ihre Kenntnis vertiefen wollen, ein- oder zweiwöchige Intensivkurse und Meisterklassen veranstaltet (mehr Informationen unter www.orsoni.com).

Durch die *calle* und den angrenzenden *Sotoportego dei Vedei* (venezianisch: Bogengang der Kälber) wurden – wie der Name schon andeutet – die Kälber in den nahen Schlachthof geführt.

KIRCHE SANTI GEREMIA E LUCIA

- Öffnungszeiten: wochentags von 8.30 bis 12.00 Uhr und von 16.00 bis 18.30 Uhr; sonn- und feiertags von 9.30 bis 12.15 Uhr und von 17.30 bis 18.30 Uhr
- Gottesdienste: wochentags um 18.00 Uhr und sonn- und feiertags um 10.00 Uhr

Das Acheiropoieton Jesu

In der Kirche Santi Geremia e Lucia, rechts von der Kapelle der Heiligen Lucia, wird ein altes Acheiropoieton aufbewahrt (es handelt sich um ein nicht von Menschenhand geschaffenes Christusbild; s. nächste Seite). Da der Kapuzinermönch, der mit dieser Skulptur angefangen hatte, das Werk vor seinem Tod nicht fertigstellen konnte, betraute er Fra Colombano mit dieser Aufgabe. Als dieser nach dem Tod seines Freundes mit der Arbeit beginnen wollte, bemerkte er, dass sie schon fertig war.

Nachdem Fra Colombano im Jahr 1602 eine gewisse Zeit in der Kirche San Geremia verbracht hatte, beschloss er, die Skulptur der Kirche zu vermachen, mit der Empfehlung, die Skulptur, die schon viele Wunder gewirkt hatte, in Ehren zu halten.

Anlässlich des Jubiläums im Jahr 1700 wurde die Skulptur nach Rom befördert, wo sie auch viele Wunder wirkte.

ALS DIE WUNDERRELIQUIEN NOCH GELENKARME HATTEN

Traditionsgemäß wurden die Reliquien aus ganz Italien während der Jubiläumsjahre (ursprünglich alle 100 Jahre, heute alle 25 Jahre) nach Rom befördert. Dabei waren einige Christusfiguren so konzipiert, dass sie einfach transportiert werden konnten, und hatten deshalb Gelenkarme. Am Ziel konnte der Korpus dann einfach wieder ans Kreuz gehängt werden.

DIE ACHEIROPOIETA

Nach der christlichen Religion ist ein Acheiropoieton ein nicht von Menschenhand geschaffenes Kunstwerk. Dabei kann es sich auch um mechanisch umgesetzte Werke (das Turiner Grabtuch, das Schweißtuch der Veronika) oder von Gott gegebene Bilder handeln. Der Begriff soll vom heiligen Paulus selbst bei einer besonderen Gelegenheit erfunden worden sein. Während eines Aufenthalts in Ephesus wetterte er nämlich gegen den ländlichen Götzendienst, vor allem gegen die zahlreiche Figuren der Göttermutter Artemis mit ihren zahlreichen Brüsten, und behauptete, dass „die von Menschenhand geschaffenen Götterbilder keine Götter sind". Mit dem Begriff *acheiropoieton* beachtete er das jüdische Verbot der Götterdarstellung, bekämpfte die heimischen Götzen, stellte ihnen den wahren Leib Christi gegenüber und versuchte jeglichen Missbrauch zu verhindern, indem er behauptete, der wahre Körper Christi sei dessen eigener Körper nach der Verklärung (Ereignis nach der Auferstehung Christi).

Laut Tradition gibt es neben dem bekannten Turiner Grabtuch und dem Schweißtuch der Veronika (siehe *Roma insolita e segreta* im selben Verlag) noch heute einige andere Werke, auch wenn sie sehr selten sind. Zwei davon befinden sich auf dem Berg Athos, der griechischen Mönchsrepublik, deren Zutritt Frauen, Mädchen und weiblichen Tieren seit dem 11. Jahrhundert untersagt ist. Dort befinden sich zwei dieser göttlichen Werke. Das erste ist im Kloster Megistis Lavras, das zweite im Kloster Iviron zu sehen. Auch in der Kirche Notre-Dame-des-Miracles in Saint-Maur in der Nähe von Paris wird ein Acheiropoieton aufbewahrt (siehe *Banlieue de Paris insolite et secrète* im selben Verlag). Auch das Christusbild von Edessa in der Kirche San Bartolomeo degli Armeni in Genua soll von Jesus selbst gemalt worden sein. Das in der Papstkapelle *Sancta Sanctorum* im Lateran in Rom hingegen soll vom heiligen Lukas gezeichnet und von den Engeln vervollständigt worden sein.

Das Antlitz Jesu von Lucca soll schließlich von Nikodemus, der neben Josef von Arimathäa bei der Kreuzigung Jesu anwesend war, geschnitzt und von den Engeln vervollständigt worden sein (siehe *Toscana insolita e segreta* im selben Verlag).

SEHENSWERTES IN NÄCHSTER NÄHE

DAS GESCHÄFT IN DER KAPELLE SANTA REPARATA **40**
Kirche Santi Geremia e Lucia
• Öffnungszeiten: vom Ende Mai bis Ende Dezember von 10.00 bis 14.00 Uhr und von 16.00 bis 19.00 Uhr

Seit 2005 beherbergt die grandiose Kapelle Santa Reparata in der Kirche Santi Geremia e Lucia jedes Jahr von Ende Mai bis Weihnachten ein kleines Geschäft, in dem Muranoglas verkauft wird (kein Made in China oder in Taiwan). Das Geschäft ist relativ unauffällig, was einen begrenzten Zulauf an Touristen und mäßige Preise garantiert. Rechts vom Kircheneingang kommt man durch eine Tür in einen Außengang, der entlang der alten Hauptfassade der Kirche verläuft, an der einige Grabsteine angebracht sind. Im Winter (von Januar bis März) findet der Morgengottesdienst um 10.00 Uhr oft in der Kapelle statt, weil diese schneller geheizt werden kann als die Kirche.

DER ALTAR DER KRYPTA **41**
Kirche Santi Geremia e Lucia
• Öffnungszeiten: wochentags von 8.30 bis 12.00 Uhr und von 16.00 bis 18.30 Uhr; sonn- und feiertags von 9.30 bis 12.15 Uhr und von 17.30 bis 18.30 Uhr
• Gottesdienste: wochentags um 18.00 Uhr und sonn- und feiertags um 10.00 Uhr

Im Jahr 1753 zeigte die im 13. Jahrhundert erbaute Kirche erste Anzeichen von Baufälligkeit. Mithilfe von großzügigen Schenkungen dank des wundertätigen Christusbildes (siehe vorhergehende Doppelseite) konnte das alte Gebäude abgerissen und eine neue Kirche gebaut werden. Der prächtige Altar, in dem die Acheiropoieta aufbewahrt wurden, wurde in die Krypta gestellt, in der er sich noch heute befindet und auf Anfrage besichtigt werden kann. Er wurde vor kurzem restauriert und enthält viele Gegenstände des Leidens Christi: die Hand und die Tasche Judas, die Laterne der Soldaten, den Hahn des Heiligen Petrus, den Wasserkrug, der von Pilatus benutzt wurde, um sich die Hände zu waschen, die Nägel, die Würfel, den Hammer und die Zange.

DIE GEDENKPLATTE DER EHEMALIGEN KIRCHE SANTA LUCIA **42**

Wenn Sie die Stufen vor dem Bahnhof in Venedig hinunter gehen, stoßen Sie auf eine unscheinbare Gedenkplatte, über die jährlich Millionen von Menschen gehen. Sie erinnert an die Kirche Santa Lucia, die ursprünglich auf dem Platz stand und beim Bau des Bahnhofs abgerissen wurde. Um die Heilige und deren Reliquien weiter verehren zu können, wurde der Kirche San Geremia eine Kapelle hinzugefügt und in „Santi Geremia e Lucia" umbenannt (s. S. 254).

CASTELLO

GIUSEPPE LUCARINI
L'INTERO SUO PATRIMONIO
AL PATRIO SPEDALE CIVICO
LEGAVA

LA PREPOSITURA
DEI PII ISTITUTI RIUNITI
POSE
MDCCCLXVIII

M. IN VENEZIA NEL DI XVI GENNAJO MDCCCLXVII

SALA SAN MARCO
BIBLIOTECA

DIE BIBLIOTHEK VON SAN MARCO ❶

Campo Santi Giovanni e Paolo
• Besichtigung für einzelne Besucher frei
Öffnungszeiten: Montag bis Freitag von 8.30 bis 14.00 (außer an
Feiertagen, Mariae Himmelfahrt und vom 24. Dezember bis 1. Jannuar)
• Anmerkung: Wegen des blutigen Anblicks der chirurgischen
Instrumente ist der Eintritt für Kinder unter 14 Jahren nur im Begleitung
ihrer Eltern oder Lehrer erlaubt, die jegliche Verantwortung tragen

Einer der geheimnisvollsten Orte
Venedigs ist die Bibliothek von San
Marco, die sich im Kapitelsaal befindet.
Um in die Bibliothek zu kommen, muss man
durch den ehemaligen Eingang der Scuola

Ein verborgener Schatz

di San Marco (heute Krankenhaus Santi Giovanni e Paolo) gehen, dann nach
rechts abbiegen und in den ersten Stock gehen. In der Mitte der goldenen
Holzdecke ist ein venezianischer Löwe mit dem geöffneten Buch dargestellt.
Er ist von den Symbolen der anderen großen Bruderschaften umgeben: Adler
(San Giovanni Evangelista), Kreuz mit konzentrischen Kreisen (Carità), SR (San
Rocco) und SMV (Santa Maria di Valverde oder della Misericordia). Seit 1985
beherbergt die Bibliothek die Dauerausstellung „Die Geschichte der Gesundheit
– Venedig und sein Krankenhaus vom 16. bis zum 20. Jahrhundert". Hier kann
man wichtige Dokumente der alten Bibliothek finden (Traktate, anatomische
Atlanten, Gravierkunst und Zeichnungen). Außerdem kann man die Pläne zur
Umgestaltung des Krankenhauses und eine große Sammlung chirurgischer
Instrumente sehen, darunter chirurgisches Besteck für die Schädelöffnung
und einige Geräte für Amputationen mittels Knochensäge. Die Scuola diente
zu Andachtszwecken und zur gegenseitigen Hilfe. Nach dem Brand 1485
wurde sie wieder aufgebaut. Der Kapitelsaal wurde mit Gemälden vom hl.
Markus dekoriert: *Cristo in gloria e i Santi Marco, Pietro e Paolo* (*Der gloreiche
Christus und die Heiligen Markus, Petrus und Paulus*) von Palma il Giovane
und *Trasporto del corpo di San Marco, L'arrivo della nave a Venezia, San Marco
benedice le isole veneziane* (*Die Bergung des Leichnams des heiligen Markus;
Die Ankunft des Schiffes in Venedig; Der hl. Markus segnet die venezianischen
Inseln*) von Domenico Tintoretto. Vor dem Kunstraub durch Napoleon konnte
man hier auch vier Werke von Jacopo Tintoretto bewundern. Drei sind heute

in der Akademie ausgestellt: *Il Miracolo dello Schiavo,
San Marco salva dal naufragio un Saraceno, Il corpo
di San Marco è sottratto al rogo dopo il martirio*
(*Sklavenwunder; Die Rettung eines Sarazenen; Der
hl. Markus entkommt dem Martyrium auf dem
Scheiterhaufen*), das vierte *Il ritrovamento del corpo
di San Marco* (*Die Auffindung des Leichnams des
heiligen Markus*) ist in Mailand in der Pinakothek
Brera zu sehen. Die Scuola wurde 1806 zu einer
Kaserne, dann zu einem Militärkrankenhaus und
1819 zu einem Zivilkrankenhaus, das 120 Kranke
aufnehmen konnte. 1948 wurde das Krankenhaus

restauriert.

DIE DARSTELLUNG EINES MENSCHLICHEN HERZENS ❷

Fassade vom Krankenhaus Ospedale Civile

Zwischen der Eingangstür des Krankenhauses (*Scuola Grande di San Marco*) und dem rechten Teil der Fassade ist ungefähr 30 Zentimeter über dem Boden eine eigenartige Darstellung zu sehen. Sie zeigt einen Mann, der ein Herz trägt, und erinnert an eine traurige Geschichte.

In Erinnerung an einen dramatischen Muttermord

Einst wohnte in der Nähe eine Frau, die eine Beziehung mit einem Juden hatte, der die türkische Staatsangehörigkeit angenommen hatte. Die Beiden hatten einen Sohn, der mit seinem Vater auf der Giudecca wohnte, seine Mutter allerdings ganz oft besuchte. Diese liebte ihn von ganzem Herzen. Der Junge kam aus einer gemischten Ehe, weshalb er halb Venezianer halb Levantiner war und sich nach der türkischen Mode kleidete. Er hatte Mühe, seine eigene Identität zu finden, da er nirgends richtig dazugehörte. Dies führte zu einem großen Gewaltpotenzial im Jungen. So verprügelte er oft seine Mutter, die ihm allerdings immer verzieh.

Eines Abends war der Junge so voller Wut, dass er nicht mehr Herr seiner selbst war; er stach auf seine Mutter ein und riss ihr das Herz aus der Brust. Panik erfasste ihn und er lief mit dem Herzen in der Hand bis zur Brücke vor dem Krankenhaus. Hier stolperte er, wobei ihm das Herz aus der Hand fiel. Laut Legende fragte ihn das Herz: „Mein Sohn, hast du dir weh getan?" Der Junge rannte daraufhin zur Lagune, sprang ins Wasser und kam so ums Leben.

Ein alter Steinmetz namens Cesco, der am Eingang der *Scuola Grande di San Marco* nächtigte, wurde Zeuge des Geschehens. Er war so beeindruckt, dass er das Ereignis in Stein meißelte. Noch heute ist das Profil eines Mann mit Turban zu sehen, der ein Herz in der linken Hand hält.

Gegenüber sind einige Schiffe zu sehen, bei denen es sich auch um Werke von Cesco handelt. Als Cescos Ehefrau 1501 an einer tödlichen Krankheit starb, wurde der Steinhauer von einer solchen Traurigkeit gepackt, dass er an seinem früheren Arbeitsort, der Fassade des Krankenhauses, zu betteln begann und dann und wann besondere Ereignisse in die Fassade meißelte.

DAS FRESKO VON MARCANTONIO BRAGADIN ❸

Basilika San Giovanni e Paolo
• Öffnungszeiten: jeden Tag von 7.30 bis 18.30 Uhr; sonntags von 12.00 bis 19.30 Uhr

> **Die Geschichte eines Adligen, dem bei lebendigem Leib die Haut abgezogen wurde**

Gleich nach dem Eingang der Basilika Santi Giovanni e Paolo befindet sich auf der rechten Seite ein Altar, der Marcantonio Bragadin gewidmet ist. Man kann eine Urne mit der Büste des Patriziers Bragadin sehen. Darüber befindet sich ein Fresko, das darstellt, wie dem venezianischen Helden bei lebendigem Leib die Haut abgezogen wird. Die Haut Marcantonio Bragadins, die in der Urne aufbewahrt wird, ist für die Besucher nicht zu sehen. Die Urne selbst wurde das letzte Mal 1961 geöffnet (nur für einige wenige Spezialisten) und wird wohl aus Konservierungsgründen in der nächsten Zeit nicht erneut geöffnet.

Nachdem Marcantonio Bragadin zum Gouverneur Zyperns ernannt worden war, fuhr er nach Famagusta, von wo aus er über die Insel herrschte. Trotz der von ihm errichteten modernen Festungsanlage von Famagusta landete die Flotte des türkischen Sultans Selim II. am 3. Juli 1570 auf der Insel. Nach der Eroberung von Nikosia brachten die Türken Bragadin den Kopf des Kommandanten der Stadt. Im September 1570 wurde Famagusta von den Türken belagert. Trotz der enormen Übermacht der Osmanen (6.000 Venezianer gegen 200.000 Türken) leisteten die Venezianer fast ein Jahr lang heroisch Widerstand. Im Juli 1571 eroberten die Osmanen schließlich die Stadt. Dem Gouverneur wurde daraufhin die Haut abgezogen, er wurde geviertelt und unter osmanischen Heereseinheiten aufgeteilt, während seine Haut mit Stroh ausgestopft und zugenäht wurde. Die makabren Trophäen (die Köpfe von Bragadin und der zwei Kommandeure Martinengo und Querini) wurden am Schiff des türkischen Kommandanten Lala Mustafa Pasha befestigt und nach Konstantinopel gebracht.

1580 stahl Gerolamo Polidori, ein venezianischer Sklave, die Haut Bragadins aus der Waffensammlung von Konstantinopel und brachte sie in die Lagunenstadt. Anfänglich wurde sie auf der Insel San Gregorio aufbewahrt.

SEHENSWERTES IN NÄCHSTER NÄHE

DER FEHLENDE ARM DER STATUE VON POMPEO GIUSTINIANI ❹

Auf der anderen Seite des Kirchenschiffes befindet sich beim Chor die Statue von Pompeo Giustiniani. Bevor er seinen Posten als Statthalter in Candia (alter Name von Kreta) antrat, nahm er zusammen mit Spanien an der Belagerung von Ostende teil. Dabei verlor er durch einen Kanonenschuss seinen rechten Arm. Giustiniano starb 1616 in der Schlacht gegen die Deutschen. Man errichtete ihm zu Ehren eine Statue, die nur seine linke Seite zeigt, um so seinen fehlenden Arm zu verdecken.

SCHAUPLÄTZE CASANOVAS IN VENEDIG

Giacomo Casanova (Venedig 1725 – Dux, Böhmen 1798), ein gebildeter und geistreicher Mann mit faszinierender Persönlichkeit, ist vor allem für seine Liebschaften mit adeligen Damen und Frauen aus dem Volk bekannt. Der Spion der Inquisition, Freimaurer, Okkultist und Globetrotter wohnte zu verschiedenen Zeiten in Venedig, bis er 1783 endgültig ins Exil geschickt wurde. Im Folgenden erfahren Sie mehr über die Orte, an denen Casanova seine mannigfachen Talente zur Schau gestellt hat.

Abt für eine einzige Predigt in der Kirche San Samuele – Campo San Samuele (San Marco)

Die Kirche San Samuele in der Nähe von Santo Stefano – wo heute Ausstellungen organisiert werden – war der Schauplatz der ersten Predigt von Casanova. Sein Mutter Zanetta, eine Theaterschauspielerin, hatte ihn schon in jungen Jahren zur kirchlichen Laufbahn bewogen und wollte ihren Sohn als Abt, da sie sich davon eine stattliche Zukunft erhoffte.

Die Predigt des 15jährigen Abtes stieß vor allem beim weiblichen Publikum auf großen Erfolg, das ihn mit Geld und Liebessprüchen zuschüttete.

Die zweite Predigt, nach einem ausgelassenen Trinkgelage, wurde zum Fiasko und bereitete diesem Lebenskapitel ein rasches Ende.

Geigenspieler aus Geldnot im Palazzo Soranzo – Campo San Polo 2169-2171 (San Polo)

Die Außenseite des Palazzo Soranzo, die vom Campo San Polo gut zu sehen ist, war zu den Zeiten Casanovas mit Fresken von Giorgione geschmückt. Aus Geldnot arbeitete der junge Giacomo hier im Jahr 1746 drei Abende als Geigenspieler anlässlich der Hochzeit von Canziana Soranzo und Girolamo Corsaro. Gegen Ende des Festes bemerkte Giacomo, dass dem Konsul Bragadin beim Einsteigen in die Gondel ein Brief heruntergefallen war: Giacomo hob ihn auf, und als Zeichen der Dankbarkeit lud ihn der Konsul auf eine Gondelfahrt ein. Als der Konsul unterwegs einen Anfall erlitt, machte ihm Giacomo sofort einen Aderlass und rettet ihm so das Leben. Dies war der Beginn der Freundschaft mit dem Mann, der sein großzügigster Gönner werden sollte.

Adoptivsohn und Hellseher im Palazzo Bragadin Barabba – Ramo Bragadin 6050 (Castello)

Fast zehn Jahre lebte Giacomo als Adoptivsohn im spätgotischen Palast des Konsul Bragadin. Auf der Vorderseite Richtung Rio di Santa Marina ist noch das Wappen der Bragadins (ein Kreuz auf einem Schild) und ein mit ungewöhnlichen Menschenköpfen verzierter Balkon zu sehen. Bragadin nahm Giacomo in sein Haus auf und gab ihm dazu noch monatlich zehn Goldmünzen (zur damaligen Zeit viel Geld). Vermutlich unterhielt der 20jährige Casanova den Konsul gewöhnlich mit Hellseherei, die er zum Großteil erfand und an der auch die adeligen Freunde Marco Dandolo und Marco Barbaro teilnahmen, die sich sehr für Okkultismus begeisterten.

Verführer an der *Hostaria del Selvadego* - Bocca di Piazza 1238 (San Marco)
Die Hostaria del Selvadego — ein Gebäude hinter dem Markusplatz, heute ein Hotel — war ein berühmtes Gasthaus, das circa fünf Jahrhunderte lang geöffnet war (geschlossen seit 1870). Casanova besuchte es, um an Essen und Trinken zu kommen und dann möglicherweise in den oberen Stockwerken zu landen.
Vermutlich war das venezianisch-byzantinische Gebäude ursprünglich eine Art Gefängnis, was auch die Fenstergitter und das einfache Erscheinungsbild der Fassade erklären würde. Die Vorderseite wirkt auch heute noch mehr wie ein Gefängnis als ein Gasthaus.

Glücksspieler im Ridotto — Palazzo Dandolo — Calle Vallaresso 1332 (San Marco)
Wie viele andere Venezianer der damaligen Zeit liebte auch Casanova das Glücksspiel. Am liebsten war er im *Ridotto* (siehe Seite 53), um sein Glück zu versuchen oder um dem ein oder anderen Liebesabenteuer nachzugehen.

Das Kloster Santa Maria degli Angeli von M.M., der geliebten Nonne von Casanova - Fondamenta Venier (Murano)
Wenn man in Murano an der Haltestelle *Murano Venier* aussteigt, einmal links abbiegt und dann weitergeht, sieht man noch einen gotischen Bogen, der zum alten Kloster Santa Maria degli Angeli führt, das seit langem verlassen ist. Hierher kam Casanova nachts, mit einer Maske, um nicht erkannt zu werden, und traf sich mit M.M., einer faszinierenden Nonne, mit der er ein Verhältnis einging. Viele Schwestern des Augustinerklosters aus den besten Familien wurden noch sehr jung dazu gezwungen, das Ordensgelübde abzulegen, um nicht das Familienerbe zu verschwenden.

Der Palazzo Morosini del Pestrin, Familiensitz von M.M. – Ramo del Pelestrin 6140 Castello
Der Palast von M.M. (heute ein privates Wohnhaus) hat einen Innenhof mit einem neoklassizistischen Statuenpaar (vom Tor aus sichtbar). Der Name *del Pestrin* bezieht sich auf den Standort des Gebäudes, das sich in der Nähe einer Milchverkaufsstelle in der Gegend von Santa Maria Formosa befindet (*pestrin* bedeutet auf Venezianisch Molkerei).
Es wurde viel über die Identität der geheimnisvollen Schwester M.M. spekuliert. Wahrscheinlich steckt hinter den Initialen die reizende adelige Maria Morosini, die 1731 im Palazzo Morosini del Pestrin zur Welt gekommen und im Alter von nur 8 Jahren ins Kloster eingetreten ist.

Ein Überraschungs-Rendezvous Ritterdenkmal – Campo Santi Giovanni e Paolo (Castello)
In seinen Memoiren erzählt Casanova von einem Treffen mit M.M. vor dem Ritterdenkmal von Bartolomeo Colleoni (siehe Seite 215) auf dem Campo Santi Giovanni e Paolo. Zur ausgemachten Stunde, unmittelbar nach dem Sonnenuntergang, sah Giacomo am Rio dei Mendicanti eine Gondel aus Murano kommen. Als Casanova erkannte, dass jemand mit einer männlichen Maske austieg, blieb er sprachlos. Er wollte gerade weggehen, als er seinen „als Mann verkleideten Engel" erkannte, der aus Vorsicht lieber unerkannt zum Stelldichein erschien.

WEITERE SPUREN DES RISORGIMENTO IN VENEDIG:

-die **Kanonenkugel in der Fassade der Kirche San Salvador** (1849) bei den Mercerie (Rialto)

-die **Gedenksäule des glorreichen venezianischen Widerstands auf dem Campo San Salvador** (1898), Zeichen des venezianischen Widerstands von 1848-1849: ein bronzenes Band erinnert an den 22. März 1849, als sich die Stadt nach über 50 Jahren Fremdherrschaft endlich von der österreichischen Herrschaft befreite.

-die **österreichische Bombe in der Fassade der Kirche San Nicola da Tolentino** (auch als **Tolentini-Kirche** bekannt) (1849), in der Nähe des Piazzale Roma

-das **Hotel San Fantin** (Hausnummer 1930/A, unweit vom Teatro La Fenice): hier sieht man Patronen und Kanonen, mit denen die österreichische Armee 1849 Venedig bombardierte (das Gebäude wurde 1869 wiedererrichtet)

-die **gemeißelten Porträts der Patrioten des Risorgimento** in der Calle Larga dell'Ascencion (zwischen dem Museum Correr, dem Postamt und der Rückseite der Geschäfte auf den Markusplatz)

DIE VERSTECKTEN INITIALEN DES KÖNIGS ❺
VITTORIO EMANUELE

Ponte de Borgoloco

Brücke mit politischer Aussage

Die Brücke von Borgoloco führt von San Giovanni Grisostomo zum Campo S. Maria Formosa und verbirgt im eleganten Brückengeländer eine patriotische Nachricht.

Auf den ersten Blick wirken die schmiedeeisernen Formen wie Herzen, aber bei genauerem Hinsehen kann man die Buchstaben W V E erkennen, die für *Viva Vittorio Emanuele* (*Es lebe Vittorio Emanuele,* König von Italien) stehen.

Zu der Zeit der österreichischen Herrschaft waren politische Angelegenheiten tabu, weshalb man oft auf geheime und verschlüsselte Nachrichten zurückgriff.

EIN WEITERES BEISPIEL FÜR EINEN VERSTECKTEN SCHRIFTZUG: „VIVA VERDI" („ES LEBE VERDI")

Der Ausspruch „Viva Verdi" gilt dem Anschein nach als Verehrung des Komponisten, in Wirklichkeit handelt es sich aber um ein berühmtes Wortspiel des Risorgimento „V(iva) V(ittorio) E(manuele) R(e) D'I(talia)".
Im Film *Sehnsucht* von Luchino Visconti (1954) spielt die im Teatro La Fenice gedrehte Filmsequenz mit der Symmetrie zwischen der im Film gezeigten Realität und der Oper, die sich auf der Bühne abspielt. In der berühmten Arie der Verdi-Oper *Il Trovatore* singt der Chor *All'armi, all'armi!* („Ergreift die Waffen!") und fortert dabei die im Publikum sitzenden österreichischen Offiziere geradezu heraus.
Gleichzeitig werfen irredentistische Patrioten „Viva Verdi" und „Viva Italia"- Flugblätter von den Theaterlogen und stimmen eine Hymne der Revolte für ein geeintes Italien an. Der Film spielt im Jahr 1866 in Venedig während der letzten Jahre der österreichischen Herrschaft.

WAS BEDEUTET „BORGOLOCO"?

Das Wort „Borgoloco" kommt vermutlich von der venezianischen Redensart *tegnir uno a loco e foco,* was so viel heißt wie jemanden beherbergen. Borgoloco steht also für den Stadtteil, wo sich Gästezimmer und Herbergen befanden. In der Nähe von Santa Maria Formosa ist noch eine ursprüngliche Herberge erhalten.

DAS LOCH ÜBER DEM ENGEL DES PALAZZO SORANZO ⑥

Fassade des Palazzo Soranzo
(Markusplatz)

Das Loch, durch das 1552 der Teufel entschwand

Wenn Sie vom Markusplatz kommen, folgen sie dem Weg links von der Basilika und biegen dann in die Calle de la Canonica ein. Danach nehmen Sie gleich die erste Straße links. Nach 50 Metern erreichen Sie die Brücke Ponte dell'Angelo. Von hier aus kann man den Engel in der Fassade des Palazzo Soranzo am besten sehen: Der Engel hält eine mit einem Kreuz versehene Kugel. Darüber ist ein schlecht erkennbares Fresko der Jungfrau Maria mit Kind und ein Loch zu sehen, das an ein seltsames Ereignis aus dem Jahre 1552 erinnert.

Zu dieser Zeit lebte ein Anwalt der Kurie des Dogen in dem Palast. Er verdiente sich sein Geld mit krummen Geschäften, auch wenn er sich immer als frommer und reumütiger Mann ausgab. Eines Abends lud er den Kapuzinermönch Matteo da Bascio zum Abendessen ein, dem er von seinem leibeigenen Affen erzählte, der dazu dressiert war, alle Hausarbeiten zu verrichten. Als der Mönch das Tier sah, erkannte er sofort den Dämon in ihm und fragte, was es mit der Geschichte auf sich hätte. Der Teufel erklärte, dass er die Seele des Anwalts mit in die Hölle nehmen wolle.

Der Dämon erklärte, dass ihm sein Versuch bisher noch nicht gelungen sei, da der Anwalt jeden Abend vor dem Zubettgehen zur Jungfrau bete. Sobald er das Beten allerdings vergesse, werde er ihn sofort in die Unterwelt zerren.

Matteo befahl ihm daraufhin, unmittelbar das Haus zu verlassen. Der Teufel entgegnete ihm, dass er dies nur tun werde, wenn er ihm gestatte, Schaden anzurichten. Der Mönch gab nach, aber nur unter der Bedingung, das Ausmaß des Schadens bestimmen zu dürfen. So wurde dem Teufel zugestanden, durch die Mauer zu entschwinden. Dabei hinterließ er ein großes Loch, das noch heute an das Ereignis erinnert.

Danach sprach Matteo mit dem Anwalt und machte ihm Vorwürfe wegen seiner begangenen Fehler. Am Ende nahm er den Zipfel der Tischdecke, wrang ihn aus, wobei Blut heraustropfte. Der Mönch erklärte dem Anwalt, dass es sich dabei um das Blut all derjenigen handle, die er ausgebeutet habe. Der von Reue geplagte Anwalt weinte bitterlich und dankte dem Geistlichen für die erhaltene Gnade. Gleichzeitig sprach er seine Angst davor aus, dass der Dämon durch das Loch wieder zurückkehren könnte. Bruder Matteo beruhigte ihn und riet ihm einfach, eine Engelsstatue in der Nähe des Forums aufzustellen, die sicher ausreichen würde, um jeden beliebigen bösen Geist, der in den Palast einzudringen gedenke, in die Flucht zu schlagen.

DIE BIBLIOTHEK DER ASSOCIAZIONE SCIENTIFICA PALAZZO CAPPELLO

❼

Calle Cappello 6391
• Öffentlich zugänglich
• Tel. 041 5221307

Über 10.000 Bände über die Stuck und dessen Restaurierung

Der schöne Palazzo Cappello, der auch im Hintergrund des *Miracolo della croce al ponte di San Lorenzo (Das Kreuzwunder an der Lorenzbrücke)* von Giovanni Bellini zu sehen ist, beherbergt den wissenschaftlichen Verband mit einem internationalen Zentrum für Dekoration und Restauration von Dekorationsschmuck, einer Bibliothek und einem architektonischen Planungsbüro für Restaurierung, die man wider Erwarten besichtigen kann.

In der Bibliothek sind Fachtexte zur Restauration und Dekoration barocker und neoklassizistischer Stuckarbeiten zu finden. Darüber hinaus besitzt sie sagenhafte Innenräume mit gut sichtbaren verzierten Balken, Zimmerdecken mit Fresken aus dem 16. Jahrhundert und einen wertvollen Boden *alla veneziana*, der zum Teil aus Malachit besteht.

Das reichhaltige bibliografische Material – ein Erbe von über 10.000 Bänden, mit dem ein Großteil der Wände tapeziert ist - steht Dozenten, Universitätsforschern und Gelehrten, sowie auch all denjenigen zur Verfügung, die an der Bewahrung des architektonischen Erbes im Bezug auf Geschichte und Restaurierungsverfahren von Stuckwerken interessiert sind.

Der Palast beherbergt zudem eine interessante Privatsammlung des Verbandsdirektors Prof. Arch. Francesco Amendolagine: Sie umfasst eine Serie antiker wissenschaftlicher Geräte vom auslaufenden 17. Jahrhundert bis zum Anfang des 20. Jahrhunderts, darunter auch ein englisches Messband aus dem 18. Jahrhundert.

In den 30er Jahren des 20. Jahrhunderts war der Palast das literarische Wohnzimmer der Adelsdame Ivancich. Sie war die Witwe von Elti di Rodeano, der aus einer Triester Reederfamilie stammte, die nach Venedig umsiedelte. In den 70er Jahren wurde die Beletage zum Sitz des wissenschaftlichen Gymnasiums Benedetti.

Der Verband organisiert Treffen und Ausstellungen zum Thema Restaurierung und barocke und neoklassizistische Dekoration. Mit einer Gruppe von Freiberuflern realisiert das Zentrum für architektonische Planung bedeutungsvolle Arbeiten und wichtige Projekte und hat auch zur Sanierung der Dekorationselemente des Teatro La Fenice und zur Restaurierug des Molino Stucky beigetragen.

CAPPELLA DELLA VISIONE DI S. MARCO   **8**

Innenhof des „Patronats" der Kirche San Francesco della Vigna
• Besichtigung während der Öffnungszeiten der Kirche auf Anfrage

Ein Meilenstein in der Geschichte der Stadtgründung

Die Cappella della visione di S. Marco (Kapelle der Vision des Hl. Markus) im Kloster San Francesco della Vigna ist in Vergessenheit geraten, obwohl sie zu den Meilensteinen der legendären Stadtgründung gehört.

Die Kapelle steht da, wo der Legende nach der heilige Markus auf seiner Rückkehr von einer Mission in Aquileia (andere Quellen behaupten, während seiner Hinreise) von einem Gewitter überrascht wurde und innehalten musste. Da erschien ihm ein Engel und sagte: „Der Friede sei mit dir, Markus, hier wirst du deine letzte Ruhe finden." Diese Worte wurden in vielen Darstellungen in Venedig übernommen: „Pax tibi Marce Evangelista meus!"

Der Apostel dachte, seine letzte Stude sei gekommen, doch der Engel sprach weiter und sagte: „Fürchte dich nicht, Evangelist Gottes, viel musst du noch erleiden. Nach dem Tod wird hier eine Stadt entstehen, wo dein Körper ewige Ruhe finden wird und deren Schutzpatron du sein wirst."

Wieder in Rom erzählte Markus seinem Lehrer Petrus, was geschehen war, und bat ihn, Hermagora zum Bischof von Aquileia zu machen, da dieser der Vision beigewohnt hatte.

Die ursprüngliche Kapelle San Marco in Gemini wurde 774 aus Holz errichtet und mehrmals neu gebaut. Die heutige Form geht auf die letzte Erneuerung im 18. Jahrhundert zurück.

Die Kapelle wird als Lagerraum genutzt und hat keine ästhetische oder künstlerische Bedeutung.

WURDEN DIE ÜBERRESTE DES HL. MARKUS IN ALEXANDRIEN GESTOHLEN, UM AQUILEIA EINS AUSZUWISCHEN?

Einige Fachleuten behaupten, die Vision des Hl. Markus sei nur eine Legende. Sie soll von den Venezianern geschaffen worden sein, um dadurch ihre politische und religiöse Vorherrschaft gegenüber Aquileia und Grado zu sichern. Während der Synode von Mantua 827 musste Venedig, das die Gerichtsbarkeit von Grado kontrollieren wollte, eine Niederlage einstecken: Massenzio, der Patriarch von Aquileia, hatte es geschafft, dass Grado dem Patriarchat seiner Stadt angeschlossen wurde, indem er daran erinnerte, dass hier einst der heilige Markus gepredigt hatte. Die Reaktion von Venedig kam schnell und hatte Erfolg. Denn ein Jahr später im Jahre 828 stahl Venedig in Alexandrien in Ägypten den Leichnam des Heiligen.

Einige Quellen berichten, dass die Legende der Vision des Heiligen parallel dazu erfunden wurde. Außerdem wurde darauf hingewiesen, dass der Evangelist direkt in Venedig Station machte und nicht auf einer der vielen Inseln der Lagune. Dies soll überdies nicht auf seinem Rückweg sondern auf dem Weg nach Grado und Aquileia geschehen sein. Dabei verschiebt diese Version das Kräfteverhältnis der beiden Städte natürlich komplett. Die Reliquie war deswegen von großem Interesse, weil sie Venedig erlaubte, sich von der Macht der römischen Kaiser des Ostens und des Westens zu befreien und so die Unabhängigkeit der Kirche von Venedig durchzusetzen.

DER GEMÜSEGARTEN DER KIRCHE SAN FRANCESCO DELLA VIGNA

Kirche San Francesco della Vigna
- Öffnungszeiten: jeden Tag von 8.00 bis 12.30 Uhr und von 15.00 bis 19.00 Uhr
- Besichtigung möglich (vor allem im September), vor Ort fragen

Der Paradiesgarten

Auf Anfrage ist es manchmal möglich den außergewöhnlichen Gemüsegarten des Klosters San Francesco della Vigna zu besichtigen. Der Besuch lohnt sich vor allem im September. Ein Klosterbruder wird sie auf den Wegen durch den Garten begleiten und Ihnen vielleicht sogar ein paar frisch geerntete Trauben anbieten. Hier werden zahlreiche Weinsorten angebaut, darunter auch die sog. „uva fragola", die Erdbeertraube, die unverwechselbar nach Erdbeere schmeckt und aus der der bekannte Fragolino-Wein hergestellt wird.

Die Weinstöcke sind es auch, die dem Kloster ihren Namen gegeben haben („vigna" heißt Weinrebe). Sie wurden den Franziskanermönchen 1253 von Marco Ziani, dem Sohn des Dogen Pietro Ziani, geschenkt.

DIE KABBALISTISCHEN MASSE DER KIRCHE ❿ SAN FRANCESCO DELLA VIGNA

Kirche San Francesco della Vigna

Die musikalisch-pythagoreische Kabbalah

Die Kirche San Francesco della Vigna wurde im 13. Jahrhundert von Marino da Pisa errichtet und im 16. Jahrhundert erneuert, da sie baufällig war und der Doge Gritte es außerdem so wünschte. Denn dieser besaß einen Palazzo in der Nähe. So kam es dazu, dass der Doge höchstpersönlich am 15. August, dem Mariae Himmelfahrtsfest, den Grundstein dazu legte. Die ursprünglichen Pläne von Sansovino wurden vom Baubeauftragten Francesco Zorzi deutlich verändert.

Nach den Prinzipien der musikalischen Kabbalah (siehe S. 282) wollte Zorzi, dass die Gebäudeproportionen auch musikalisch-pythagoreische Konkordanzen umfassen, damit die Kirche nach den Prinzipien des Hermetismus „die ganze universelle Harmonie widerspiegelt" (siehe S. 174). Der Hermetismus basierte auf der Zahl 3, der göttlichen Zahl, Symbol der Dreieinigkeit von Vater, Sohn und Heiligem Geist.

So sollte die Kirche dreimal so lang wie breit sein: 27 (3x9) Fuß lang und 9 (3x3) Fuß breit; die Seitenkapellen sollten 3 Fuß breit sein und die Kapelle hinter dem Altar 6 Fuß breit und 9 Fuß lang (siehe Plan). Die Nummer 3 erinnerte auch anch die drei Grundnoten der musikalisch-pythagoreischen Tradition: C, G, E, harmonisch verbunden mit dem Rhythmus, der Melodie und der Harmonie. In der musikalischen Kabbalah stehen diese Noten für den Heiligen Geist (C – Körper – Länge des Kirchenschiffs), den Sohn (E – Seele – Breite der Seitenkapellen) und schließlich den Vater (G – Geist – Höhe der Kapelle hinter dem Altar).

Neben den Proportionen bezüglich der Zahl 3 waren Zorzi auch die Größenverhältnisse der Kirche wichtig, die den musikalischen Intervallen entsprechen mussten (siehe Artikel zur musikalischen Kabbalah auf S. 282). Das Größenverhältnis der Kirche 4 zu 3 entspricht zum Beispiel der Quart, das Verhältnis 3 zu 6 der Oktav und das Verhältnis 6 zu 9 der Quint.

Die Maßeinheit, die beim Kirchenbau benutzt wurde, ist der venezianische Fuß. Ein Muster dieser Maßeinheit kann man noch in der Vorhalle der Schiffswerft (Arsenale militare) sehen. Einfach am Eingang nachfragen.

DIE ZAHL 3 – EINE GÖTTLICHE ZAHL
Die Zahl 3 soll Mose beim Bau der Bundeslade inspiriert haben und die menschlichen Proportionen verkörpern, wie der heilige Paulus in seinem Brief an die Korinther sagt. Auch der salomonische Tempel in Jerusalem soll nach der Zahl entworfen worden sein.

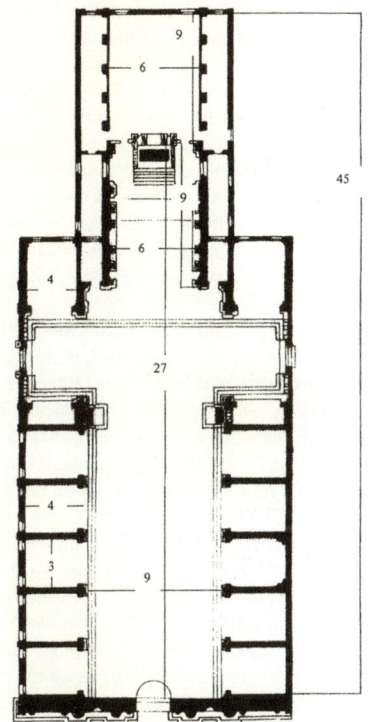

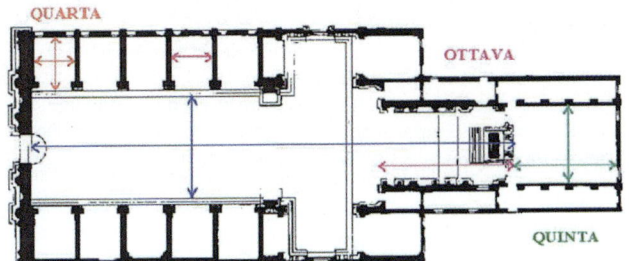

FRANCESCO ZORZI (1453-1540): EIN FRANZISKANERMÖNCH UND FACHMANN FÜR KABBALAH

Dardi Francesco Giorgio wurde 1453 in Venedig in einer Patrizierfamilie geboren. Dank seines Vaters saß er schon mit 18 Jahren im Großen Rat (vergleichbar mit dem Parlament). Dennoch beschloss er aufgrund seiner Vokation, als Franziskus in den Franziskanerorden einzutreten. Da er dafür seinen ursprünglichen Namen aufgeben musste, wurde er von seiner Mutter enterbt. Die Priesterweihe fand in San Francesco della Vigna statt, wo er einen Großteil seines Lebens verbrachte und schon bald zu einem Fachmann für platonische Philosophie und Kabbalah wurde. Um die eigenen Ideen mit den jüdischen vergleichen zu können, lebte er von 1490 bis 1500 in Palestina, wo er die heiligen Orte besichtigte und Hebräisch lernte. Wieder in Venedig wurde er 1504 spiritueller Lehrer von zwei Klosterschwestern von Santo Sepolcro: Chiara Bugni und Orsola Ausanaga, die schon bald durch ihren heiligen Lebenswandel auffielen. Zorzi (venezianisch für Giorgio) wurde Augenzeuge ihrer zahlreichen Wunder. So ließen sie z. B. eines Tages ein Metallstück erblühen. Später wurde ihnen von Christus selbst eine Ampulle mit seinem Blut übergeben. 1510 bat man Zorzi, die Arbeiten an der Wallfahrtskirche Madonna dei Miracoli in Motta di Livenza zu beaufsichtigen, wo Ludovico Cigana am 8. August die Gottesmutter erschienen ist. Auch Papst Clemens VII. zog ihn zu Rate, als er bezüglich der Scheidung von Heinrich VII. von England eine Entscheidung treffen musste. Zorzi genoss große Anerkennung und wurde bei unzählbar vielen Problemen befragt. 1525 verfasste er das Werk „De Harmonia Mundi", das er Papst Clemens VII. widmete und das den Theorien von Pico della Mirandola und besonders von Marsilio Ficino sehr nahe steht. In dem Werk legt Zorzi seine eigenen Theorien für den Bau von San Francesco della Vigna auf der Grundlage der hebräischen (siehe S. 173) und der musikalischen Kabbalah (siehe nächste Doppelseite) dar. Zorzi verdammte den Sittenverfall und erlebte die Spaltung der Franziskaner in Observanten (diese hielten sich streng an die franziskanischen Regeln) und Konventuale (diese durften gemeinschaftlichen Besitz haben) hautnah. Später wurde er auch Zeuge der Spaltung innerhalb der Observanten, d. h. der Reform, die zur Gründung des Kapuzinerordens führte. Als Provinzminister des Ordens hatte er energisch gegen jegliche Art von Spaltung gekämpft.

Am Ende seines Lebens zog er sich in die Einsamkeit nach Asolo zurück, wo er am 1. April 1540 im Konvent San Gerolamo starb.

Mit seiner Auslegung der Heiligen Schrift auf der Grundlage der kabbalistischen Prinzipien machte er sich auch viele Feinde. Seine Bücher wurden in Europa vielerorts auf den Index gesetzt.

DIE OBSERVANTEN VON SAN FRANCESCO DELLA VIGNA GEGEN DIE KONVENTUALEN DER FRARI-KIRCHE

Der Wiederaufbau der Kirche San Francesco della Vigna geschah zur Zeit der Spaltung der Franziskaner in Observanten, die unbedingt an der Strenge und Armut des heiligen Franz von Assisi festhalten wollten, und den Konventualen oder auch Minoriten, die eine Entwicklung des Ordens befürworteten. Die Franziskaner von San Francesco della Vigna waren Observanten und wurden so zur Konkurrenz der Franziskaner der Frari-Kirche, die Minoriten waren. Das Prestige der beiden Kirchen war natürlich wichtiger Inhalt des Disputs.

FRANCISCI

GEORGII VENETI
MINORITANÆ FAMILIÆ,

de harmonia Mundi totius Cantica tria. Cum
indice eorum, quæ inter legendum ad-
notatu digna visa fuere, nunc
recens addito.

Talia probarint, spiritus quibus spirat.

Cum priuilegio.

PARISIIS

Apud Andream Berthelin, via ad diuum Iacobum, in domo
Gulielmi Rolandi sub insigni aureæ coronę: & in vico Lon-
gobardorum in domo eiusdem G. Rolandi.

1 5 4 5.

GRUNDSÄTZE DER MUSIKALISCHEN KABBALAH

Die musikalische Kabbalah basiert auf der Theorie der Pythagoreer (Aristoteles war damit allerdings nicht einverstanden), dass die Planeten des Sonnensystems einen Ton von sich geben, der aber nur von Gott und nicht von menschlichen Ohren gehört werden kann (die sogenannte Sphärenmusik). Nach diesem Prinzip entsprachen die Entfernungen zwischen den Planeten (Plinius der Ältere behauptete zum Beispiel, dass die Entfernung Erde-Mond einem Musikton entspricht) oder die Geschwindigkeit der einzelnen Planeten (die langsam rotierende Erde gibt laut Cicero einen tieferen Ton von sich als andere) musikalischen Intervallen. Die Erde war dabei Mittelpunkt des Systems.

Laut Theorie konnten die (perfekten) Töne des Universums nur auf der Erde verstanden und wiedergegeben werden, weshalb es auch möglich war, die universelle Harmonie auf der Erde neu entstehen zu lassen. Die folgenden Etappen waren Pythagoras, der als erster die musikalischen Intervalle in den entsprechenden Kontext brachte, und Platon, der diese Intervalle mit der Sphärenmusik verknüpfte. So entstand das Konzept von Musik als Instrument zur Verbreitung der himmlischen Harmonie. Durch die Anpassung der musikalischen Intervalle an die architektonischen Ideen (man benutzte dabei die Proportionen, die in der Musik zum harmonischsten Ergebnis führten) wurde es später möglich, die Harmonien in Bauwerke umzusetzen.

Der Legende nach wurde Pythagoras (*Samos um 571 v. Chr. + Metapont um 497 v. Chr.) bei der Entdeckung der mathematischen Verbindungen hinter den Tönen von den Göttern geleitet. Als er eines Tages an einer Schmiede vorbeikam, hatte er die Idee, das Prinzip der Hämmer auf die Musiksaiten anzuwenden. Dabei bemerkte er folgendes: Wenn die Saite auf der dreiviertelten Länge niedergedrückt und gespielt wurde, wurde der Ton eine Quart höher als der eigentliche, auf der ganzen Saite gespielte Ton. Wenn man die Saite auf zwei Dritteln der Länge niederdrückte, hörte man den Ton eine Quint höher, und auf der Hälfte der Saite ergab sich eine Oktav. Die Intervalle bekamen den Namen pythagoreische Konkordanzen. Wenn die Saite also 12 lang ist und auf 9 verkürzt wird, bekommt man eine Quart, bei 8 eine Quint, bei 6 eine Oktav. Durch die Anwendung dieser auch Kanon oder Monokord genannten Zahlenverhältnisse konnten die Pythagoreer die Tonalität eines musikalischen Systems mathematisch bestimmen. So wurde die Musik zu einer natürlichen Erweiterung der Mathematik, aber dank Platon, der das musikalische Thema von Pythagoras weiterentwickelte, auch eine philosophische Kunst.

Für die antiken Pythagoreer, bei denen Ptolemäus seine astronomischen Informationen einholte, entsprach jeder der sieben Planeten des Sonnensystems einer Note und einer Farbe: Die Sonne entsprach dem D und der Farbe Orange, der Mond dem H und Violett, der Mars dem C und Rot, der Saturn dem F und Grün, die Venus dem A und Blau, der Merkur dem E und Gelb und Jupiter dem G und Purpurrot. Die Fusion dieser Farben und Noten auf der Erde wurde wie eine regenbogenartige Symphonie dargestellt, die von Pythagoras selbst auch „Sphärenmusik" genannt wurde.

Die Mathematikwissenschaften und die musikalischen Entdeckungen Pythagoras' beeinflussten die Entwicklung der Musik und die Übertragung der Zahlengrundsätze auf die Architektur des Mittelalters und der Renaissance sehr. Dem heiligen Augustinus und Boethius (4. Jahrhundert n. Chr.) ist es zu verdanken, dass der pythagoreische Symbolismus der Musik in der christlichen Tradition der mittelalterlichen Sakralbauten in Europa (wie z. B. in der Kirche San Francesco della Vigna, siehe S. 278) überlebt hat.

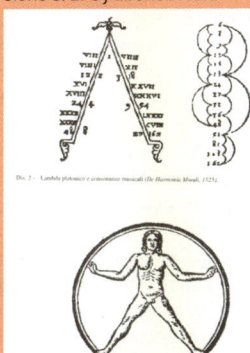

Auch die Fachleute sind sich darüber einig, dass die musikalische Kabbalah in den Partituren großer Musiker wie Bach, Beethoven, Mozart und Wagner zu erkennen ist.

Im 16. Jahrhundert brachte Kopernikus (er behauptete, dass sich nicht die Sonne um die Erde, sondern die Erde um die Sonne dreht) die Grundsätze der musikalischen Kabbalah durcheinander.

Da der Mensch eine göttliche Kreatur ist, konnte man ebenso durch das Studium der menschlichen Proportionen und deren Anwendung z. B. in der Architektur Gebäude schaffen, die im perfekten Einklang mit der universellen Harmonie waren. Darauf beruht auch die Darstellung des berühmten vitruvianischen Menschen von Leonardo da Vinci, der in der Galleria dell'Accademia in Venedig zu sehen ist. Auch der Modulor von Le Corbusie, eine Art architektonisches Proportions-System, beruht auf derselben Idee.

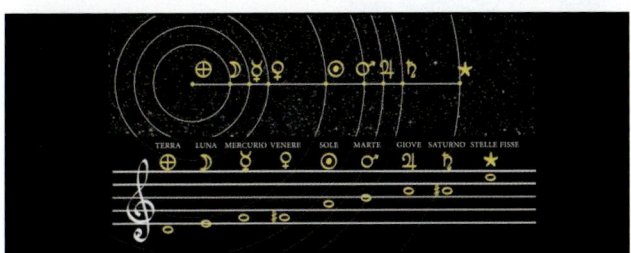

DIE WEISSAGUNGEN DES HEILIGEN MALACHIAS: VENEZIANISCHE ENTHÜLLUNGEN ÜBER DAS ENDE DER RÖMISCHEN KIRCHE?

Der heilige Malachias war ein irländischer Benediktinermönch aus dem 11. Jahrhundert. Er wurde 1094 in Armagh geboren und noch als Jugendlicher zum Abt des eigenen Konvents gewählt. 1139 hatte er erste Visionen im Bezug auf seine erste Reise nach Rom, bei der er von Papst Innozenz II. (Papst vom 14. Februar 1130 bis 24. September 1143) empfangen wurde. Nach dem Besuch schrieb Malachias Ó Morgair seine Weissagungen. Es handelt sich um 111 lateinische Sätze, die den 111 Ponifikaten entsprechen; angefangen vom Ponifikat von Papst Coelestin II. (1143-1144) bis zum letzten Papst Petrus Romanus. Papst Benedikt XVI. soll der vorletzte Papst sein. Laut Weissagung wird die römisch-katholische Kirche mit dem letzten Papst Petrus Romanus, der angeblich aus Portugal stammen soll, untergehen: *„Während der scharfen Verfolgung der heiligen römischen Kirche wird Petrus, ein Römer, regieren. Er wird die Schafe unter vielen Bedrängnissen weiden. Dann wird die Sieben-Hügel-Stadt zerstört werden und der furchtbare Richter wird sein Volk richten."*

Der apokalyptische Text ist in lateinischer Sprache verfasst und ziemlich kontrovers. Der heilige Malachias soll am 2. November 1148 in Clairvaux in den Armen seines besten Freundes, des heiligen Bernhard von Clairvaux,

gestorben sein, genauso wie er es vorhergesagt hat. Er wurde am 6. Juli 1199 von Papst Clemens III. heilig gesprochen, aber seine Weissagungen wurden im Vatikan archiviert und vergessen, bis der Mönch aus Padua sie 1527 in Venedig mit dem Titel „Weissagungen des Mönchs aus Padua" veröffentlichte. Diese veröffentlichten Weissagungen sind allerdings nicht vollständig, sondern zitierten nur um die 20 Papstnamen. 1595 vervollständigte Arnold Wion die Liste und veröffentlichte die „Weissagungen des heiligen Malachias", wobei er sie in sein eigenes Werk einfügte und auch eigene Fußnoten dazu schrieb.

Die Entscheidung, die „Weissagungen des Mönchs aus Padua" und später die „Weissagungen des heiligen Malachias" in Venedig zu veröffentlichen, geht bestimmt darauf zurück, dass die Stadt die Wiege zahlreicher Päpste war und auch weiterhin bleiben sollte: Gregor VII., Eugen IV., Paul II., Alexander VIII. und Clemens XIII. wurden alle in Venedig geboren (siehe nächste Seite).

VENEZIANISCHEN PONTIFIZES IN DEN WEÍSSAGUNGEN DES HL. MALACHIAS

Gregor XII. (Angelo Correr). Pontifex vom 30. November 1406 bis Juli 1415. „Nauta de ponte nigro". Das Wort „nauta" (Sehefahrer) erinnert an die venezianischen Vorfahren des Pontifex, und „ponte nigro" ist eine Anspielung auf die Tatsache, dass Gregor XII. auch Bischof der Insel Euböa (ital. Negroponte) war (heute griechische Insel im Ägäischen Meer in der Nähe des Schwarzen Meeres, aber im 15. Jahrhundert venezianisches Hoheitsgebiet).

Eugen IV. (Gabriele Condulmer). Pontifex vom 3. März 1431 bis 23. Februar 1447. „Lupa coelestina" (himmlischer Wolf). Der „Wolf" ist auf dem Wappen der Stadt Siena zu sehen, deren Bischof er war, „coelestina" bezieht sich auf den Cölestiner-Orden, der vom Augustinerorden übernommen wurde, in dem der Pontifex unterrichtete.

Paul II. (Pietro Barbo). Pontifex vom 30. August 1464 bis 26. Juli 1471. „De cervo et leone" (vom Hirschen und Löwen). Der „Löwe" soll dem Löwen von Venedig entsprechen, wo er geboren wurde. Außerdem war er Bischof von Cervia (cervo=Hirsch), einer kleinen Stadt an der Adria.

Alexander VIII. (Pietro Vito Ottoboni). Pontifex vom 6. Oktober 1689 bis 1. Februar 1691. „Poenitentia gloriosa". Die „ruhmvolle Reue" ist eine Anspielung auf das reuige Leben des hl. Bruno. Alexander VIII. wurde nämlich am Festtag des hl. Bruno gewählt.

Clemens XIII. (Carlo della Torre Rezzonico). Pontifex vom 6. Juli 1758 bis 2. Februar 1769. „Rosa Umbriae". Die „Rose Umbriens" bezieht sich auf Clemens XIII., der Statthalter der umbrischen Stadt Rieti war. In Umbrien liegt auch Assisi, die Geburtsstadt des hl. Franz, „Rose" der Christenheit.

Pius X. (Giuseppe Melchiorre Sarto). Pontifex vom 9. August 1903 bis 20. August 1914. „Ignis ardens". Der in Riese bei Treviso geborene Pontifex wurde 1896 zum venezianischen Patriarchen gewählt. „Brennendes Feuer" bezieht sich auf den Ersten Weltkrieg. Als nämlich der Konflikt begann, wollte der Pontifex unbedingt zum Kämpfen an die Front.

Im 20. Jahrhundert wurden zwei weitere venezianische Patriarchen zum Papst gewählt, auch wenn sie nicht aus der Lagunenstadt stammten:

Johannes XXIII. Kardinal-Patriarch von Venedig von 1953 bis 1958, auf den auch das Werk „Die Weissagungen von Johannes XXIII." zurückgeht. Diese sind den apokalyptischen Aussagen von Malachias ähnlich, aber bezeichnen die Gottesmutter als „weiße Roße" und „himmlisches Meer". In den „Weissagungen des hl. Malachias" wird Johannes XXIII. (Angelo Giuseppe Roncalli, Pontifex vom 4. November 1958 bis 3. Juli 1963) als „Pastor et nauta" (Hirte und Seefahrer) beschrieben, in Bezug auf das von ihm eröffnete Zweite Vatikanische Konzil, das die Kirche in eine neue Richtung führte.

Johannes Paul I. (Albino Luciani). Pontifex vom 26. August 1978 bis 25. Semptember 1978. Er wurde 1912 in Forno di Canale d'Agordo im Veneto geboren. Bevor er zum Papst gewählt wurde, war er Kardinal-Patriarch von Venedig. In den „Weissagungen des hl. Malachias" wurde er als „De medietate lunae" bezeichnet, was sich auf die Tatsache bezieht, dass er am 17. Oktober 1912 in der Provinz (Bel)luno (luna=Mond) geboren wurde.

Im Palazzo Altieri in Oriolo Romano bei Viterbo kann man noch heute eine Sammlung von Papstportraits (ab Coelestinus II.) sehen, von denen ein jedes einen lateinischen Satz der „Weissagungen des heiligen Malachias" trägt.

DER ROTE STEIN DES SOTOPORTEGO IN CORTE NOVA ⓫

Die Pest und das Wunder in Corte Nova

Der Sotoportego in Corte Nova, der sich in der Nähe der Calle Zorzi unweit von Santa Giustina befindet, ist aufgrund der wundersamen Ereignisse, die hier geschehen sind, einen Besuch wert. In der Lünette (Bogenfeld) über dem Eingang ist eine Inschrift eingemeißelt, die auf die wundersamen Dinge hinweist, die sich hier dank der Fürbitte der Jungfrau Maria abgespielt haben. Es wird erzählt, dass die Bewohner des Hofes durch ihren Glauben mehrmals vor dem Tod bewahrt und auch vor einer großen Seuche gerettet wurden. Noch heute erinnert eine besondere Steinplatte im Pflaster daran. Während der schrecklichen Pest von 1630, die allein in Venedig mehr als 50.000 Tote verursachte, forderte Giovanna, ein junges Mädchen von Corte Nova, ihre Nachbarn dazu auf, die Hoffnung nicht aufzugeben und auf die Hilfe der Gottesmutter zu vertrauen. Sie malte ein Bild, das die Jungfrau Maria, den heiligen Rochus (Patron der Pestkranken), den heiligen Sebastian und den heiligen Lorenzo Giustiniani (Schutzheiliger gegen Epidemien) darstellte, und hängte es in den Sotoportego, wo die Bewohner des Hofes

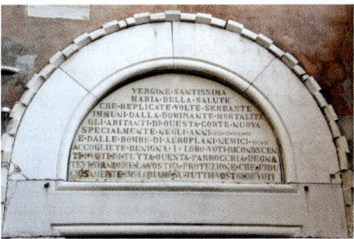

jeden Tag zusammen beteten. Die Pest, an der weiterhin viele Menschen starben, breitete sich nicht in der Nähe des Bilds aus, und alle wurden verschont. Zum Andenken an dieses Wunder wurde das Pflaster mit einem roten veronesischen Marmorstein markiert. Noch heute treten die Leute – besonders die Studenten – auf den roten Stein, denn es soll Glück bringen. Andere behaupten allerdings das Gegenteil…

Nach diesem Ereignis wurde die Gottesmutter auch während des Ersten Weltkriegs (1915-18) angerufen: Scheinbar hat der Glaube auch in diesem Fall Früchte getragen und wirkte als Schild gegen die Bombardierungen. Denn es gab keine Opfer.

Im Sotoportego der Corte Nova wird am ersten Dienstag im Mai der Rosenkranz gebetet. Ein weiteres Datum ist der 21. November, der Tag der Madonna della Salute – eine Zeremonie, an der die ganze Stadt teilnimmt und die an das Ende der Pest 1638 erinnert, aufgrund dessen die Basilica della Salute erbaut wurde. Dieser Ort wird zum Anlass wieder zu einem kleinen, mit Blumen und Kerzen geschmückten Wallfahrtsort (weitere Auskünfte: Tel. 041 5206102).

DER SITZ DES GROSSPRIORATS DES MALTESERORDENS IN VENEDIG

12

Palazzo Malta
Castello 3253
• Tel. +39-041 5222452
• www.ordinedimaltaitalia.org
• Besichtigung nur nach Reservierung: Tel. +39-041 2410027

Der Palazzo Malta und seine Kirche

Nach Reservierung ist es möglich, das Großpriorat des Malteserordens in Venedig zu besichtigen.

Im Laufe der Jahrhunderte war das lombardische und venezianische Großpriorat des Souveränen Malteserordens zuerst ein Kloster, dann ein Krankenhaus und später eine Kaserne (s. Seite 291). Der Komplex, der die Kirche und den Palazzo umfasst, gruppiert sich um einen zentralen Kreuzgang und ist von einem großen Garten umgeben (einer der größten von Venedig), der sowohl vom Kloster als auch vom Krankenhaus genutzt wurde, da hier Heilpflanzen angebaut wurden. Während sich der in der zweiten Hälfte des 11. Jahrhunderts in Jerusalem gegründete Orden schnell in ganz Europa ausbreitete, schenkte der Erzbischof von Ravenna 1187 den Rittern, die schon in der Lagune waren, ein Stück Land, auf dem sie ihren venezianischen Sitz bauen konnten. Dieses Land wurde nach dem Tempel des Heiligen Johannes zu Jerusalem „San Giovanni del Tempio" genannt.

Neben der Kirche San Giovanni Battista (nach dem heiligen Johannes den Täufer, Patron des Ordens) wurde zuerst ein kleines Krankenhaus erbaut und später im Laufe des 14. Jahrhunderts das größere Krankenhaus Santa Caterina hinzugefügt. Im Jahr 1451 trat der Orden einen Teil des Krankenhauses an die Scuola dei Santi Giorgio e Trifone, auch Scuola degli Schiavoni genannt (Bruderschaft der in Venedig anwesenden Dalmaten), ab. Ein kleinerer Teil des Krankenhauses Santa Caterina wurde dagegen der *Scuola di San Giovanni Battista* veräußert, die heute im Gegensatz zu der angrenzenden *Scuola degli Schiavoni* nicht mehr existiert. Allerdings finden sich noch Spuren, z. B. in der Inschrift auf der rechten Seite der Fassade: „Schola de S. Zuane del Tempio".

Viele Wände waren vermutlich mit Fresken bemalt. Das bezeugt der Freskenzyklus aus dem 14. Jahrhundert *Storie di Santa Caterina d'Alessandria* (Geschichten der Heiligen Katharina von Alexandrien). Am Hauptaltar der Kirche kann man das große Gemälde *Il battesimo di Cristo* (Die Taufe Christi) sehen, das den knienden und ins Gebet versenkten Prior Michiel darstellt. Die Arbeit wurde von Giovanni Bellini und seinen Schülern in den ersten Jahren des 16. Jahrhunderts angefertigt. Der Malteserpalast wurde vom 16. bis zum 18. Jahrhundert weitestgehend renoviert. Nach dem Ende der Serenissima 1797 und den Plünderungen Napoleons wurden der Palazzo und die Kirche 1806 von der Domänenverwaltung eingezogen. Erst 1841 gab der österreichische Kaiser Ferdinand I. dem Orden den monumentalen Teil des

Komplexes zurück; viele andere Gebäude waren hingegen schon an Privatleute verkauft worden. Das venezianische Priorat und das lombardische Priorat schlossen sich zusammen und bildeten so das heutige Großpriorat.

Die Kirche, die ihrer Altäre und Verzierungen beraubt worden war, bekam als Geschenk das restaurierte Gemälde von Bellini und den Hauptaltar der Kirche San Geminiano (s. Seite 89), der auch hier als Hauptaltar verwendet wurde.

Im Laufe des 20. Jahrhunderts wurde durch die Eröffnung einer Arztpraxis auch die ursprüngliche Funktion des Gebäudes wiederhergestellt. Das Großpriorat ist noch heute für den Malteserorden in Norditalien und Sardinien zuständig.

Im Gegensatz zu dem, was aufgrund der Inschrift „Schola de S. Zuane del Tempio" (Scuola des heiligen Johannes vom Tempel) viele denken, war der Ort nie Sitz des Templerordens. Im Mittelalter hieß der Malteserorden „Orden vom heiligen Johannes zu Jerusalem" oder „Orden vom heiligen Johannes vom Tempel" (Johanniterorden). Außerdem war der Patron des Malteserordens der heilige Johannes, während die Templer in besonderer Weise die Gottesmutter verehrten.

DER MALTESERORDEN: DER EINZIGE ORDEN MIT DEN PRIVILEGIEN EINES STAATES: EXTRATERRITORIALITÄT, BOTSCHAFTEN....

Der Souveräne Ritter- und Hospitalorden vom heiligen Johannes zu Jerusalem, genannt von Malta, von Rhodos, je nach Epoche auch Hospitalorden oder Johanniterorden oder Malteserorden, ist einer der ältesten katholischen Orden, die sich die Glaubensverteidigung und die Unterstützung der Armen und **Kranken** zur Aufgabe gemacht haben.

Die Gemeinschaft wurde **in der zweiten Hälfte des 11. Jahrhunderts** in Jerusalem von Kaufleuten der alten Republik Amalfi gegründet, um den Wallfahrern ins Heilige Land beizustehen. Sie war dem heiligen Johannes dem Täufer geweiht und wurde 1113 als von Papst Pachalis II. als religiöser Orden anerkannt.

Mit der Eroberung von Jerusalem 1099 wurde der Orden auch schnell militärisch; **wenige Jahre später folgte auch der Templerorden**. Nach dem Verlust von Jerusalem und Akko zog sich der Orden 1291 auf Zypern zurück, wo er bis 1309 blieb. Nachdem die Beziehungen zum König von Zypern schwierig geworden waren, eroberte der Orden die Insel Rhodos, die damals unter byzantinischer Herrschaft stand, und verlegte seinen Hauptsitz dorthin (1310-1523). Dort wurde die berühmte Flotte gegründet. Nach dem Sieg der Türken ging der Orden nach Civitavecchia, später nach Viterbo und dann nach Nizza, bevor er sich 1530 schließlich in Malta niederließ. Die Insel wurde den Rittern von Karl V. anvertraut, der den Nutzen des Ordens gegen eventuelle osmanische Angriffe verstanden hatte. 1798 vertrieb Napoleon die Ritter von der Insel, worauf sie 1834 vom Papst in Rom aufgenommen wurden.

Vor dem Verlust der Insel Malta waren die meisten Mitglieder Ordensmänner, die Armut, Keuschheit und Gehorsam gelobt hatten. Auch heute noch sind einige Mitglieder Ordensmänner, doch die meisten Ritter und Damen des Ordens (**über 12.500 derzeitige Mitglieder**) sind Laien, die sich der Tugend und der christlichen Nächstenliebe verschrieben haben. Die militärische Funktion wird seit 1798 nicht mehr ausgeübt. In der Vergangenheit kamen die Ordensritter aus christlichen, adeligen und Ritterfamilien; heute müssen sie sich durch ihre Moralität, ihren christlichen Glauben und ihre Verdienste gegenüber der Kirche und dem Orden selbst auszeichnen. Normalerweise wird man gerufen, dem Orden beizutreten, aber Freiwillige sind immer gern willkommen.

Der Orden unterhält über Botschaften diplomatische Beziehungen zu 104 Ländern. Er besitzt ein sehr außergewöhnliches Statut, das ihn zur einzigen **Organisation** macht, die wie ein wahrer Staat behandelt wird.

Die Tätigkeiten werden durch **die Mitglieder, private Schenkungen und den Privatbesitz des Ordens** finanziert.

Der Orden hat seine Sitze in Rom, die extraterritorial sind: der Palazzo di Malta in der Via dei Condotti 68, wo der Großmeister wohnt und sich die Regierungsorgane versammeln, und die Villa Malta auf dem Aventinhügel, in der das Großpriorat von Rom und die Botschaft des Ordens beim Heiligen Stuhl und in Italien seinen Sitz hat.

MALTESERKREUZ ODER KREUZ DES GROSSMEISTERS DES MALTESERORDENS?

Das berühmte Malteserkreuz ist eigentlich das Kreuz des Großmeisters des Malteserordens und nicht das Kreuz des Ordens selbst. Das Ordenskreuz ist ein einfaches weißes Kreuz auf rotem Untergrund und den Waffen der Savoia sehr ähnlich. Im Laufe der Zeit wurde das Kreuz des Großmeisters dann mit dem Kreuz des Ordens verwechselt.

DAS MALTESERKREUZ

Der Souveräne Ritter- und Hospitalorden vom Heiligen Johannes zu Jerusalem wurde in der zweiten Hälfte des 11. Jahrhunderts von einigen Händlern aus Amalfi in Jerusalem gegründet und ursprünglich Orden vom Spital des heiligen Johannes zu Jerusalem genannt. Der Orden übernahm die Fahne der Seerepublik Amalfi, ersetzte dabei aber das Blau hinter dem weißen achtspitzigen Kreuz durch das Schwarz. 1130 erwählte Raymond du Puy, der den Barmherzigkeitsorden in einen Militärorden verwandelte, das Amalfi-Kreuz zum offiziellen Emblem des Ordens. 1291 zog der Orden nach Zypern und 1310 nach Rhodos um. Nach sechsmonatiger türkischer Belagerung war der Ritterorden 1523 gezwungen, die Insel zu verlassen; die Ritter ließen sich 1530 schließlich in Malta nieder. Das Rot der maltesischen Fahne, Erbe der normannischen Besetzung, wurde als Hintergrund des weißen Kreuzes für die Ordensfahne verwendet. Davon leitet sich der Name „Malteserkreuz" ab.

DIE BEDEUTUNG DER ACHT SPITZEN DES MALTESERKREUZES

Die acht Spitzen des Malteserkreuzes haben verschiedene Bedeutungen. Sie symbolisieren:
- Die acht Seiten des Felsendoms in Jerusalem.
- Die acht Länder, aus denen die Ritter des Ordens des heiligen Johannes zu Jerusalem (der künftige Malteserorden) stammten, oder die acht Prinzipien, die die Ritter einhalten mussten: Spiritualität, Einfachheit, Bescheidenheit, Mitleid, Gerechtigkeit, Barmherzigkeit, Ehrlichkeit und Geduld.
- Die von den Rittern geforderten Tugenden: Loyalität, Frömmigkeit, Aufrichtigkeit, Mut, Ruhm und Ehre, Todesverachtung, Solidarität für die Armen und die Kranken, Ehrfurch vor der Katholischen Kirche.
Für die Christen symbolisieren die Spitzen die acht Seligpreisungen der Bergpredigt:
„Selig sind die, die arm sind vor Gott; denn ihnen gehört das Himmelreich." (Mt 5,3) - „Selig sind die Trauernden; denn sie werden getröstet werden." (Mt 5,4) - „Selig sind die, die keine Gewalt anwenden; denn sie werden das Land erben." (Mt 5,5) - „Selig sind die, die hungern und dürsten nach der Gerechtigkeit; denn sie werden satt werden." (Mt 5,6) - „Selig sind die Barmherzigen; denn sie werden Erbarmen finden." (Mt 5,7) - „Selig sind die, die ein reines Herz haben; denn sie werden Gott schauen." (Mt 5,8) - „Selig sind die, die Frieden stiften; denn sie werden Söhne Gottes genannt werden." (Mt 5,9) - „Selig sind die, die um der Gerechtigkeit willen verfolgt werden; denn ihnen gehört das Himmelreich." (Mt 5,10)

WAS VON DER „DREHTÜR DER UNSCHULDIGEN" DES KLOSTERS DELLA PIETÀ NOCH ÜBRIG IST

Calle della Pietà

13

Im Gegensatz zu dem, was viele Leute denken, befinden sich die Reste der einst zum Kloster della Pietà gehörenden hölzernen „Drehtür der Unschuldigen" auf der rechten Seite am Anfang der Calle della Pietà. Die Drehtür, in die man unerwünschte Kleinkinder legte, gehört heute zum Hotel

Hier konnte man sein Kind ruhigen Gewissens aussetzen

Metropole, das an der Stelle steht, wo das ursprüngliche Kloster und die Kirche della Pietà standen (siehe folgende Doppelseite). In der Eingangshalle hinten rechts sind noch zwei Säulen der alten Kirche zu sehen.

Rechts von der Drehtür steht unter dem Hochrelief der Jungfrau mit dem Kind unter einem Schlitz noch die Aufschrift „Opfergaben". Hier konnte man eine Spende für das Kloster hinterlassen, das die ausgesetzten Babys aufnahm und erzog.

DIE „DREHTÜR DER UNSCHULDIGEN"

Im Jahr 787 soll der Mailänder Bischof Dateus vor seiner Kirche eine Auffangstation für ausgesetzte Babys geschaffen haben. Die erste Hilfsinitiative für ausgesetzte Kinder wurde 1188 vom Waisenhaus der Kanoniker in Marseille ergriffen, doch es war Papst Innozenz III. (1160-1216), der dieses Praxis institutionalisierte, nachdem er gesehen hatte, wie die Leichen einiger ausgesetzter Kinder im Tiber trieben. So wurden die sogenannten „Drehtüren der Unschuldigen" geschaffen, die so gebaut waren, dass die Eltern, die keinen anderen Ausweg hatten, auch anonym bleiben konnten. Die Drehtüren bestanden aus einer von außen zugänglichen Wiege, in die das Kind gelegt wurde. Mit einer Glocke konnte man dann die Nonnen rufen, die an der Tür drehten und das Kind ins Kloster aufnahmen. Außen befand sich ein Gitter, so dass nur Kleinkinder in die Drehtür passten. Papst Gregor VII., Dschingis Khan und Jean-Jacques Rousseau sind nur einige Beispiele berühmter Findelkinder. Das System wurde im 19. Jahrhundert abgeschafft, kommt aber seit rund zwanzig Jahren fast überall in Europa wieder auf. Grund dafür ist die immer größere Anzahl von ausgetzten Kindern.

Weitere historische Babyklappen sind in Rom, Pisa und Florenz (siehe die Reiseführer *Roma insolita e segreta* und *Toscana insolita e segreta* im selben Verlag) wie auch in Bayonne (Frankreich) und in Barcelona zu finden.

DAS SCHILD MIT DEM VERBOT, KINDER AUSZUSETZEN

Calle de la Pietà

⓮

Die Gefahr der „Verdammnis und der Exkommunikation"

Ein außergewöhnliches Schild an der Seitenwand der Kirche della Pietà erinnert daran, dass es streng verboten war, Kinder auszusetzen, wenn die Eltern ausreichende Geldmittel zur Verfügung hatten, um sie aufzuziehen. Wer sich nicht daran hielt, sollte „verdammt und exkommuniziert" werden. So lautet die Bulle von Papst Paul III. vom 12. November 1548. Die Stelle, wo sich das Schild mit dem Verbot befindet, ist nicht mit der Drehtür auf der anderen Straßenseite (siehe vorhergehende Seiten) zu verwechseln. Das Schild wurde nämlich von seinem ursprünglichen Ort auf die gegenüberliegende Seite dessen, was heute von der Drehtür übrig ist, versetzt. Das Kloster della Pietà wurde 1348 gegründet, aber die heutige Kirche stammt aus dem Jahr 1760 und wurde anstelle eines kleineren Gebäudes erbaut, das zum Kloster gehörte (siehe Zeichnung rechts).

DIE KIRCHE DELLA PIETÀ – EIN KONZERTSAAL

La Pietà hat die Besonderheit, dass sie vom Architekten Massari als Konzertsaal entworfen wurde.

In der Kirche traten nämlich die jungen Waisenmädchen des Klosters zu berühmten Konzerten auf.

Noch heute kann man die schmiedeeisernen Gitter an den beiden Seitenwänden der Kirche und über dem Haupteingang sehen, wo die jungen Mädchen saßen.

Die Kirche hat eine ovale Form, die beste Akustik gewährleistet. Die Eingangshalle wurde gebaut, um die Kirche vor den von außen kommenden Geräuschen zu schützen.

Im Gegensatz zu vielen Legenden und dem Volksglauben ist Vivaldi nie in der heutigen Kirche della Pietà aufgetreten. Denn die Kirche war zum Zeitpunkt seines Todes 1743 noch gar nicht erbaut – sie wurde erst im Jahr 1760 errichtet. Vivaldi hat aber in der ehemaligen Kirche della Pietà gespielt, von der noch zwei Säulen rechts am Ende der Eingangshalle des Hôtel Métropole zu sehen sind.

DER GRAF VON SAINT-GERMAIN – EIN MAGIER IN VENEDIG

Beweise, dass der berühmte Graf von Saint-Germain in Venedig gewesen sein soll, gibt es wenige, aber stichhaltige. Sie kommen vor allem aus den *Memoiren* seines ärgsten Widersachers Giacomo Casanova (*2. April 1725 in Venedig +4. Juni 1798 in Dux in Böhmen). Während Giacomo Casanova das Laster in Person war und der schwarzen Magie so sehr zugeneigt war, dass er ihr sogar ein romanartiges Traktat widmete (*Isocameron* bzw. *Icosameron*), das er vermutlich in Venedig begonnen und in Böhmen

MARQUIS SAINT GERMAIN DER WUNDERMANN.

Original Gemälde im Besitze der Marquise von Urfé
1783 in Kupfer gestochen von N. Thomas in Paris.
Folio seltenes Blatt

beendet hatte, war der Graf von Saint-Germain hingegen ein Beispiel der Tugend. Als perfekter Meister der weißen Magie hinterließ er der Nachwelt ein illustriertes Traktat (*Heiligste Trinosofie*), das er vermutlich in Venedig begonnen und in der französischen Kleinstadt Troyes, deren Bibliothek noch das Original-Manuskript besitzt, abgeschlossen hat. Die Geburts- und Todesdaten des *Grafen von Saint-Germain* sind nicht gesichert. Man weiß nur, dass er um den 28. Mai 1696 geboren wurde und in irgendeiner Form mit dem transsylvanischen Fürsten Franz II. Rákóczi verbunden war. Ob dieser sein Vater war und er wirklich an dem Datum geboren wurde, ist allerdings unklar. Was seinen Tod betrifft, so ist er wohl am 27. Februar 1784 im norddeutschen Eckernförde gestorben, obwohl neben dem lokalen Kirchenregister nichts Genaues vorliegt und man nicht weiß, ob es sich um dieselbe Person handelt und wo sie begraben ist. Der Graf von Saint-Germain verkehrte auf den verschiedenen Höfen Europas und fiel wegen seiner besonderen Fähigkeiten als Alchemist, Magier, Prophet und Politiker auf, der sich um Friedensverträge (z. B. 1761 zwischen Deutschland und Österreich) bemühte. Als Wohltäter der Ärmsten entwickelte er Heilmittel für die Bedürftigen. In esoterischen Bereich galt er als perfekter Meister und unbekannter Meister des Rosenkreuzer-Ordens und der Freimaurer.

Laut Memoiren von Casanova schwörten der Musiker Rameau und die Gräfin von Gergy, Witwe des französischen Botschafters in Venedig, dass sie den Graf von Saint-Germain 1710 in der Lagunenstadt kennengelernt hatten. Er trug den Titel Marquis von Montferrat und den Namen Lorenzo Paolo Domiciani und wurde von seiner Frau Lorenza Feliciani begleitet. Beide waren von großer Schönheit. Der Graf von Châlons bestritt das offizielle Datum seines Todes und versicherte der Gräfin Adhemar 1788 bei seiner Rückkehr zur Botschaft in Venedig, einen Tag vor seiner Abreise in einer Botschaft in Portugal auf dem Markusplatz mit dem Grafen von Saint-Germain gesprochen zu haben. In Venedig hatte der Graf schon mit dem Grafen von Gergy, dem französischen Botschafter, Freundschaft geschlossen und war mit Lord Holdernesse, dem englischen Botschafter in Venedig, befreundet. 1764 zog Saint-Germain nach Venedig (wo seit dem Mittelalter viele Chemiker und Alchemisten lebten), um seine Seidenfärbetechnik zu entwickeln und die dafür notwendigen Farben herzustellen, wie z. B. Purpurrot. Zu jener Zeit lebte in der Stadt auch Graf Maximilian von Lamberg, ein brillanter Diplomat und sensibler Literat, der in seinen *Memoiren* festhielt: „Eine Persönlichkeit, die es lohnt kennenzulernen, ist der Marquis von Aymar oder Belmar, besser bekannt unter dem Namen Saint-Germain. Er wohnt seit einiger Zeit in Venedig, wo er sich inmitten von Hunderten von Frauen, die ihm eine Äbtin besorgt hat, Experimente mit Leinenstoffen durchführt, sie bleicht und der italienischen Wildseide ähnlich macht." Diese Frauen waren vermutlich aus dem Konvent und Waisenhaus *Ospedale della Pietà*, das im 18. Jahrhundert als Musikschule für talentierte Waisenmädchen Geschichte schrieb und wichtigster Arbeitsplatz des Komponisten Antonio Vivaldi war (siehe S. 295).

DAS VENEDIG DER RENAISSANCE – ZUFLUCHTSORT FÜR EUROPÄISCHE HÄRETIKER, OKKULTISTEN UND HERMETIKER

Im Laufe des 16. Jahrhunderts waren Venedig und Rom ständig im Konflikt, sowohl wegen politischer Interessen als auch wegen der religiösen Doktrin, aber besonders deswegen, weil Venedig sich seine Unabhängigkeit von Rom bewahren wollte. Der damalige Papst war Clemens VIII. (24. Februar 1536 – 3. März 1605), der entgegen seinem Namen (*clemens* bedeutet nachsichtig) nicht sehr gnädig war und den Verdacht hatte, dass Venedig Häretiker, Kalvinisten, Lutheraner und Okkultisten ausbrütete, die die Reformation unterstützten. Tatsächlich war Venedig damals das intellektuelle, philosophische und häretische Zentrum, was den Vertretern der Gegenreform gar nicht gefiel.

Die „verbotenen Bücher", die Ideen verbreiteten, die von denen der römischen Kirche abwichen und auf dem 1596 von Clemens VIII. Neu veröffentlichten Index standen (*Index Librorum Prohibitorum*), zirkulierten in Venedig frei – vor allem im jüdischen Viertel. Der venezianische Patriarch suchte gegenüber der totalitaristischen päpstlichen Kurie die Herausforderung und schuf 1521 sogar seine eigenen Inquisitionsregeln, in denen er die Folter aufhob.

Der Liberalismus in Venedig stand im Gegensatz zum harten Joch der Inquisition, die im übrigen Europa Schrecken verbreitete. Deshalb zog die Stadt auch so viele Intellektuelle, Denker und stolze Gegner der päpstlichen Strenge an. Unter den berühmten Denkern war Giordano Bruno (1548-1600), ein Neuplatoniker, der 1590 nach Venedig zog. Als er auf Einladung von Giovanni Mocenigo, einem venezianischen Patrizier, die Mnemotechnik lehren sollte, wurde er von Mocenigo den päpstlichen Truppen ausgeliefert, die ihn nach Rom brachten, wo er am 17. Februar 1600 am Campo dei Fiori auf dem Scheiterhaufen den Tod fand.

Die venezianische Unabhängigkeit von Rom führte zu einer solchen Feindseligkeit, dass die Serenissima nach der Ermordung des Königs von Frankreich Heinrich III: (1521-1589), der sehr an Magie und Hermetismus interessiert war (er war auch der Protektor des berühmten Propheten Nostradamus), dessen Nachfolger Heinrich IV. (1553-1610) sofort Asyl gewährte.

1587 gründete der Philosoph und Hermetiker Fabio Paolini im Konvent San Francesco della Vigna die *Accademia degli Uranici*, die die berühmtesten Okkultisten und Hermetiker der europäischen Renaissance versammelte.

1589 veröffentlichte Fabio Paolini sein Traktat der neuplatonischen und hermetischen Philosophie mit dem Titel *Hebdomades*, bzw. *Hebdomades sive septem de septenario libri*, das unmittelbar zur wichtigsten Schrift des venezianischen Okkultismus wurde. Die Versammlungen der Akademie fanden meistens in den Häusern der Mitglieder statt, wo sie vor den indiskreten Blicken geschützt waren. Neben den Okkultisten und den liberalen Denkern zählte die Akademie auch einige venezianische Buchhändler, die Anhänger des Okkultismus waren. Darunter befand sich ein gewisser Giovanni Battista, auch *Ciotto* genannt, der ein Anhänger der Ideen der Parallelwelten von Giordano Bruno war und die Buchhandlung *Minerva* in Mercerie besaß. Einige Jahre später musste die Buchhandlung auf Druck des Klerus schließen. Die Inquisition verhaftete sogar einige Mitglieder, die allerdings keinerlei Informationen zu den Versammlungen durchsickern ließen und sogar ihre Sympathie zum Okkultismus und ihr Interesse für Magie und Hermetismus leugneten.

1788 verbrachte der berühmte „Oberste Unbekannte" des Rosenkreuzer-Ordens und der Freimaurerei Alexandre Cagliostro, Graf von San Leo, auch unter dem Namen Graf Phönix bekannt, sechs Wochen in Venedig und führte dort den ägyptischen Ritus ein. Eine Gruppe von Anhängern des Sozinianismus (protestantische Sekte, die die Doktrin der Heiligen Dreifaltigkeit verleugnet) weigerte sich, an den magisch-kabbalistischen Ritualen teilzunehmen, und bat Cagliostro um die Genehmigung, eine Freimaurerloge zu gründen. Der Graf gründete daraufhin den *Memphis-Ritus* und verlieh den Anhängern des Sozinianismus den ersten Grad der Großen Loge von England und den hohen Grad der deutschen Templer-Freimaurerei.

DAS HERZ AUS ZIEGELSTEIN IM SOTOPORTEGO DEI PRETI

(15)

Sotoportego dei Preti
Salizada del Pignater

In der Nähe der Kirche San Giovanni in Bragora verbindet der Sotoportego dei Preti die Straßen Salizada del Pignater und Calle del Pestrin. Im Sotoportego sieht man ein kurioses Herz aus rotem Ziegelstein.

> *In Erinnerung an die Liebe zwischen einem Fischer und einer Meerjungfrau*

Hier lebte einst ein junger Fischer namens Orio. Während einer Nacht auf dem Meer vernahm er eine Stimme: „Befreie mich, bitte. Ich flehe dich an." Da sah er ein wunderschönes Mädchen. „Keine Angst, ich bin keine Hexe. Ich heiße Melusine." Schon bald bemerkte Orio, dass das Mädchen einen langen Fischschwanz hatte. Sie verliebten sich sofort, sprachen bis zum Morgengrauen miteinander und gaben sich das Versprechen, sich jede Nacht zu treffen.

Eines Tages fragte Orio, ob sie ihn heiraten wolle. Melusine sagte zu, allerdings unter der Bedingung, dass sie sich samstags nicht treffen könnten. Zwei Wochen lief alles gut, doch am dritten Samstag hielt es Orio nicht mehr aus und fuhr zum gewohnten Treffpunkt. Seine Geliebte war nicht da, aber es bildete sich ein Strudel, und eine große Schlange kam aus dem Wasser und sagte: „Ich hatte dir doch gesagt, nicht zu kommen! Ich bin verflucht und verwandle mich jeden Samstag in eine Schlange, doch wenn du mich heiratest, werde ich so schön sein, wie du mich kennengelernt hast."

Sie heirateten und hatten drei Kinder. Doch eines Tages wurde Melusine krank und starb. Ihr Leichnam wurde auf ihren Wunsch hin dem Meer übergeben. Orio dachte, er würde es niemals schaffen, seine Arbeit, die Erziehung der Kinder und die Hausarbeit unter einen Hut zu bringen. Aber jedesmal, wenn er abends nach Hause kam, war die Wohnung aufgeräumt. Er dachte, dass die Nachbarin so nett war und ihm half. Als er eines Tages früher als gewöhnlich nach Hause kam, fand er in der Küche eine Schlange, die er augenblicklich umbrachte. Von da an war die Wohnung immer unordentlich, und Orio wurde klar, dass die Schlange keine andere war als Melusine, die jetzt durch seine Hand für immer tot war.

Als Erinnerung an die Legende befindet sich an der Stelle, wo einst das Haus von Orio und Melusine stand, ein Herz aus rotem Ziegelstein.

Das Herz bringt Glück. Wer seine Träume innerhalb des Jahres verwirklicht sehen will, muss es berühren!

SEHENSWERTES IN NÄCHSTER NÄHE

MUSTER DES VENEZIANISCHEN FUSSES

• Eingang des Arsenale • Öffnungszeiten: zu den Bürozeiten

Gleich nach dem Eingang zum Arsenale sind an der linken Wand gegenüber der Pforte zwei Metallstreben mit zwei verschiedenen Längen zu sehen. Es handelt sich um die Muster für den Meter und den venezianischen Fuß, der als Längenmaßeinheit bis 1875 benutzt wurde.

Das Metermaß wurde gegen Ende des 19. Jahrhunderts am Eingang des Arsenale befestigt, damit die Venezianer sich an die neue Maßeinheit gewöhnen konnten.

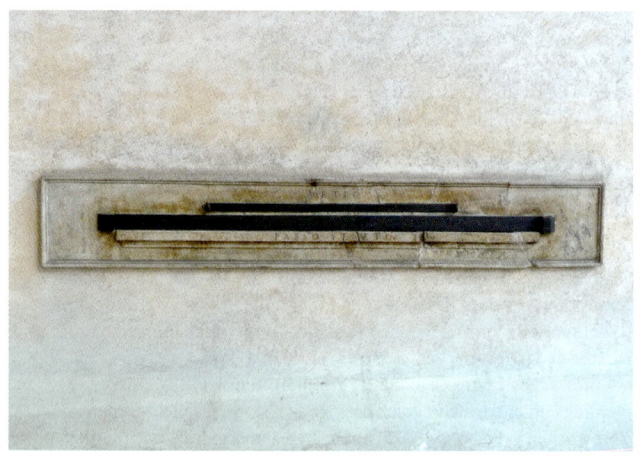

WAS IST DER VENEZIANISCHE FUSS?

Der venezianische Fuß war eine Längenmaßeinheit, die in den venezianischen Gebieten 5 Fuß (bzw. 1,738674 m) maß. Es wurde von den Römern übernommen: der *Gradus* (einfacher Schritt von zweieinhalb Fuß, circa 73,5 cm) und der *Passus* (Doppelschritt von 5 Fuß). Bevor das neue dezimale Maßsystem 1875 Eingang fand, war der Schritt auch anderswo verbreitet, hatte aber je nach Stadt überall verschiedene Maße und Namen. In Rom war er 1,49 m lang; in Genua war er genauso lang, hieß aber *passo geometrico* (geometrischer Schritt). In Bologna war er 1,80 m, während es in Neapel einen Unterschied zwischen *passo itinerario* (Wegeschritt, 1,85 m) und *passo da terra* (Bodenschritt, 1,93 m) gab. Um die Sache noch etwas komplizierter zu machen, gab es auch Quadratschritt und Kubikschritt, die in jeder Region andere Maße hatten.

Am 20. Mai 1875 unterschrieben siebzehn Staaten, darunter Italien und Deutschland, ein Abkommen, die sog. Meterkonvention, und mussten dafür sorgen, dass das neue Metermaß die alten Maße ersetzte.

WIE WURDE DER METER FESTGELEGT?

Der Meter wurde zum ersten Mal 1791 von der Académie des sciences (Akademie der Wissenschaften) definiert, um alle bis dahin benutzen Maße zu ersetzen, die als Bezugspunkt den menschlichen Körper hatten (Daumen, Fuß, Schritt, etc.). Da sich die Menschen von Natur aus voneinander unterscheiden, benutzten die antiken Maßeinheiten als Bezugspunkt den Herrscher, wodurch sie zu einem Symbol der Monarchie wurden.

Die Akademie definierte deswegen den Meter (vom Griechischen μέτρον (métron) „Maß") als zehnmillionstel Teil des Meridians. Laut dieser Definition betrug der Erdumfang (genauso lang wie der Meridian) 40.000 km. Da es zur damaligen Zeit unmöglich war, ein Viertel des Meridians zu messen, beschloss man, nur einen Teil davon zu messen und ihn auf den Gesamtwert zu übertragen. Der ausgewählte Meridianbogen ging von Dunkerque nach Barcelona und die Messungen wurden von den französischen Wissenschaftlern Delambre (von Dunkerque bis Rodez) und Méchain (von Rodez bis Barcelona und von dort bis Ibiza) durchgeführt. Frankreich war das erste Land, das den Meter als offizielles Maßsystem einführte (1795). Von 1796 bis 1797 ließ die Meterkonvention an verschiedenen Stellen in Paris 16 Metermaße als Bezugspunkte aufstellen, damit sich die Bevölkerung an die neue Maßeinheit gewöhnen konnte. Heute sind nur noch zwei erhalten: rechts vom Bogengang in der Rue de Vaugirard 36 (siehe Foto unten), der einzige der sich noch am Originalplatz befindet, und an der Place Vendôme 13 links vom Eingang zum Justizministerium (siehe *Parigi insolita e segreta* im selben Verlag).

1875 unterschrieben 17 Staaten die Meterkonvention. 1899 ließ die französische Behörde für Gewicht und Maß einen Stab aus Stahl und Iridium herstellen (mit vermutlich infinitesimaler Abweichung), der das Metermaß konkret festlegte. Dieser Stab ist heute noch in Sèvres im Pavillon von Breuteil (Hauts de Seine, Frankreich) zu sehen. 1960 definierte die Generalkonferenz für Gewicht und Maß mit Hilfe des Lasers den Meter auf wahrlich unklare Art und Weise als 1.650.765,73 Wellenlängen der orangen Radiation, die vom Isotop 86 des Kripton ausgeht.

Noch rätselhafter bleibt die Definition der Konferenz im Jahre 1983, die den Meter als die Strecke, die das Licht in Vakuum binnen des 299 792 458 sten Teils einer Sekunde zurücklegt, festlegt. Da laut Relativitätstheorie die Lichtgeschwindigkeit im Vakuum immer gleich ist, ist diese Definition allerdings die genaueste.

SEHENSWERTES IN NÄCHSTER NÄHE

DIE ALTEN WERKZEUGE DER WERFTARBEITER IN DER GEMEINSCHAFT **17**
DER GEGENSEITIGEN HILFE DER ZIMMERLEUTE UND KALFATER-ARBEITER
• Via Garibaldi 1791 • Besichtigung: nach Anmeldung: Tel. 0039-0415266813
• smscc@smscc.it

Wer über die Via Garibaldi geht, sieht einige Schaufenster mit alten
Werkzeugen und traditionellen Schiffsmodellen aus Venedig. Es handelt sich
um den Sitz der Gemeinschaft der gegenseitigen Hilfe der Zimmerleute und
Kalfater-Arbeiter (*Società del Mutuo Soccorso tra Carpentieri e Calafati*). Im
Inneren werden die Werkzeuge der Werftarbeiter aufbewahrt. Darunter die
sog. *Marmotta*, eine Art Holzstuhl, der beim Arbeiten auf den Schiffen benutzt
wurde, und alle möglichen Werkzeuge zum Kalfatern der Schiffe. Unter den
wertvollen Stücken ist auch die *Mariegola*, das Register und die Satzung
der Gemeinschaft mit den berühmten Namen der Ehrenmitglieder wie
Umberto von Savoia und Giuseppe Garibaldi. Vom „Helden zweier Welten",
wie Garibaldi auch genannt wird, kann man noch eine Kopie der Unterschrift
sehen. Das Original wird in einem Sicherheitstresor der Bank aufbewahrt.

Die Gemeinschaft der gegenseitigen Hilfe der Zimmerleute und Kalfater-
Arbeiter ist als älteste Gemeinschaft der Stadt bekannt. Sie wurde
1867 gegründet und vereinte Zimmerer und Kalfater-Arbeiter in einer
„Arbeiter-Genossenschaft", deren Mitglieder – die auf öffentlichen und
privaten Schiffswerften arbeiteten – in einen Fonds für gegenseitige
Krankenversicherung zahlten.
Heute steht die Gemeinschaft (mit kleiner Schiffswerft in Sant'Iseppo
bei San Pietro) allen venezianischen Bürgern offen. Die gegenseitige
Krankenversicherung basiert auf der Aufteilung der von den Mitgliedern
bereitgestellten Summen (jährlicher Mitgliedsbetrag). Unter den Mitgliedern
sind auch Handwerker, die vom Aussterben bedroht sind, wie zum Beispiel
die Arbeiter, die sich um das Kalfatern der Schiffe kümmerten.

SPUREN DER ALTEN HÄUSER DER WERFTARBEITER   **18**

Die Schiffswerftarbeiter waren eine Art Handwerker-Elite: Zimmerleute,
Kalfater-Arbeiter, Säger, Handlanger und Lehrlinge arbeiteten in
verschiedenen Gruppen und alle waren stolz darauf, der Schiffsmacht der
Serenissima zu dienen. Sie waren zugleich Ehrenwachen bei der Dogenwahl,
Ruderer bei offiziellen Anlässen und Feuerwehr bei Brandfällen.
Sie wohnten in kostenlosen Unterkünften (bzw. mit niedrigem Mietpreis) in
der Nähe der Mauer des Arsenals.
In San Martino, neben dem Rio delle Gorne bei den Fondamenta dei
Penini (deren Name von einem kleinen Geschäft kommt, in dem gekochte
Hammel- oder Lammhaxen, sog. *Penini*, verkauft wurden), kann man an den
Häusern mit der Nummer 2446 und 2445 zwei alte Inschriften erkennen,
die von den Unterkünften eines Sägemeisters der Schiffswerft und eines
Kalfater-Arbeiters zeugen:
N°.47. CAPPO MRO ALLE SEGHE und N°.46. APPUNTADOR DE CALAFAI

SEHENSWERTES IN NÄCHSTER NÄHE

DIE WERKZEUGE DER WERFTARBEITER IM FUSSBODEN DER KIRCHE SAN MARTINO
Kirche San Martino

Im Fußboden der Kirche San Martino sind zwischen zwei Bänken vor dem Chor die Werkzeuge der Arbeiter des Arsenals dargestellt. Der Boden, wie auch der Rest der Kirche, wurde 1972 restauriert.

1454 kam die Bruderschaft in der Kirche Santo Stefano (San Marco) zusammen, wo auch heute noch der Altar (der vorletzte links) die Inschrift trägt: „Altare Artis Calaphactorvm" (Altar der Kalfater-Arbeiter).

Auch in San Martino besaßen die Kalfater-Arbeiter einen Altar (den zweiten rechts) mit dem Gemälde *Sacra Conversazione* (*Heiliges Gespräch*), das den Heiligen Bischof Foca, den Schutzpatron der Zunft, mit dem Steuerrad unter seinen Füßen zeigt.

Der heilige Martin ist der erste christliche Heilige, der nicht als Märtyrer starb.

DIE PECH-ARBEITER

Die Kalfater-Arbeiter und die Pech-Arbeiter waren in der Werft dafür zuständig, dass die Schiffe mit Kalfater und Pech dichtgemacht wurden. Zuerst musste die Schiffsstruktur mit Nägeln befestigt werden, dann wurde mit dem Kalfateisen und -hammer Werg in die Nähte der Schiffswand geschlagen, bevor diese dann mit Pech verschlossen wurden. Die Arbeiter waren vom Wehrdienst befreit und durften auch außerhalb der Werft beim Bau von Handelsschiffen mitarbeiten.

DIE RUNENINSCHRIFTEN IN EINEM DER LÖWEN DES ARSENALS

Campo de l'Arsenal

Wikingerspuren in Venedig

Vier Löwen bewachen die Seiten des Eingangs zum Arsenal. Der linke Löwe trägt auf beiden Seiten einige interessante Runeninschriften.

Der Löwe kam als Kriegsbeute des Dogen Francesco Morosini (der in die Geschichte einging, weil er den Parthenon, das türkische Pulverfass, in die Luft gejagt hatte) 1687 aus Athen und bewachte einst den Eingang des Hafens von Piräus unweit von Athen. Er war so bekannt, dass man dem Hafen auch den Namen „Hafen des Löwens" gab.

Der Löwe und seine weder griechischen noch arabischen Inschriften weckten das Interesse der Venezianer.

Doch erst im 19. Jahrhundert wurde das Geheimnis von einem dänischen Gelehrten namens Carl Christian Rafn gelüftet, der die Runeninschriften aus dem 11. Jahrhundert erkannte, die auf Befehl des Königs von Norwegen Harald III. (1015-1066) angebracht wurden. Der wurde nach dem Tod seines Halbbruders Olaf II. ins Exil nach Konstantinopel geschickt, wo er Offizier der kaiserlichen Leibgarde wurde und Athen eroberte.

Die Übersetzung der Runen könnte folgendermaßen lauten: „Dank der Hilfe von Ulf, Asmud und Orn hat Haakon diesen Hafen erobert. Diese Männer und Harald der Große haben wegen der Revolte des griechischen Volkes viele Verluste erlitten. Dalk wurde in einem fernen Land gefangen genommen. Er kämpfte mit Ragnar in Rumänien und Armenien" und „Asmund schrieb diese Runen mithilfe von Asegeir, Thorleif, Thord und Ivar, auf Befehl von Harald den Großen, obgleich die Griechen sich dagegen auflehnten".

Harald der Große kehrte in seine Heimat zurück und wurde 1047 zum König von Norwegen gekrönt. In der Schlacht von Stamford Bridge im Yorkshire starb er im Kampf gegen Harold Godwinson, einige Tage bevor auch dieser in der Schlacht bei Hastings zu Tode kam.

DER BLASIUS-SEGEN

Kirche San Biagio
• Lichtmessfeier: 3. Februar um 10.00 und 18.00 Uhr
• Segnung der Kerzen während der Messe am 2. Februar um 18.00 Uhr
Öffnungszeiten der Kirche: jeden Sonntagmorgen zur Messe um 11.30 Uhr

Wie man Halsschmerzen bekämpft

Am 3. Februar, dem Fest des heiligen Blasius, wird in der gleichnamigen Kirche (San Biagio) der Blasius-Segen gespendet: Nach der Messe findet die Segnung statt und wird geweihtes Brot verteilt. Der Priester hält dabei zwei Kerzen über Kreuz vor den Hals der zu segnenden Person und sagt: „Auf die Fürsprache des heiligen Blasius bewahre dich der Herr vor Halskrankheit und allem Übel. Es segne dich Gott, der Vater und der Sohn und der Heilige Geist." Der Ursprung dieser Tradition liegt im Leben des Heiligen (siehe Kasten).

Da der heilige Blasius Armene war, findet die Messe am 3. Februar um 18.00 Uhr im Beisein des Generalsuperiors der armenischen Mechitaristen (siehe S. 347) statt.

WARUM RUFT MAN DEN HEILIGEN BLASIUS BEI HALSBESCHWERDEN AN?

Im 3. Jahrhundert n. Chr. wurde Blasius in Armenien zum Bischof von Sebaste ernannt. Er lebte mit Tieren in einer Höhle. Unter den zahlreichen Wundern, die er wirkte, rettete er einem Kind das Leben, das wegen einer Fischgräte zu ersticken drohte. Blasius legte ihm die Hände auf, betete für die Genesung des Kindes – und aller, die ihn anrufen sollten – und rettete das kleine Kind. Diese Episode ist der Ursprung des Blasius-Segens.

Wenige Zeit nach diesem Wunder ließ Blasius einer armen Frau ein kleines Schwein zurückgeben, das ihr gestohlen worden war. Als die Frau das Tier schlachtete, brachte sie dem Heiligen den Kopf und die Füße zusammen mit Brot und einer Kerze. Blasius aß das Schwein und sagte, dass jeder, der in der Kirche eine Kerze mit seinem Namen darbringe, Nutzen davon haben solle – das ist auch der Grund, weswegen man den Blasius-Segen mit Kerzen spendet.

Der Märtyrer wurde mit einer sog. Hechel (Eisenkämmen) gefoltert und 287 bzw. laut anderen Quellen 316 enthauptet.

DIE ZAHLREICHEN RELIQUIEN DES HEILIGEN BLASIUS
Blasius ist vermutlich der katholische Heilige mit den meisten „offiziellen"
Reliquien. Wenn man alle zusammenlegen würde, käme man auf etwa
hundert Arme. Wenn sein wahrer Leichnam in Maratea liegt, so muss der
in San Marcello in Rom ein anderer sein. In der Kirche Santi Biagio e Carlo ai
Catinari soll sich der „Halsknochen" des Heiligen befinden.

Sprichwort: „St. Blasius stößt dem Winter die Hörner ab."

DIE STATUE VON GIUSEPPE ZOLLI ㉒
Via Garibaldi

Die Statue eines Schattens

1921 spazierte ein gewisser Vinicio Salvi durch die Gärten der heutigen Biennale und kam zur Statue von Garibaldi. Dort fühlte er einen heftigen Schlag, der ihn niederriss. Als er wieder aufstand, sah er einen „roten Schatten" entschwinden.

Als seine Freunde von dem Vorfall hörten, verlachten sie ihn und sagten, dass die einzigen roten Schatten die waren, die aus der nahegelegenen Bar kamen (das venezianische Wort für Schatten „ombra" bedeutet nämlich auch kleines Glas Wein).

Eine Woche später wurde der rote Schatten wieder gesichtet. Auch diesmal in der Nähe der Garibaldi-Statue und zwar von einem jungen Paar und später auch von einem Fischer, der mit einer Beule nach Hause zurückkehrte. Die Leute machten sich Sorgen und schließlich wurden einige Wachen aufgestellt. Als sie sich der Statue näherten, wurden sie umgeworfen und der

rote Schatten tauchte auf: Es war ein junger Garabaldi-Anhänger mit rotem Hemd. Ein Bewohner des Stadtteils erkannte ihn; es handelte sich um den kurz vorher verstorbenen Giuseppe Zolli. Er wurde 1838 geboren und hatte Garibaldi beim „Zug der Tausend" versprochen, über ihn zu wachen – auch nach seinem Tod. In einer Woge der Sympathie ließen die Bewohner daraufhin eine bronzene Statue errichten, die den General Garibaldi bewacht und beschützt. Der rote Schatten wurde nie wieder gesehen.

RIO UND FONDAMENTA DELLA TANA: WOHER KOMMT DAS WORT „TANA"?
Gleich hinter der Via Garibaldi laufen der Rio und die Fondamenta della Tana die südliche Mauer des Arsenals entlang. Das Wort „Tana" kommt von der Stadt Asow (auf Ital. Tana) an der Mündung des Flusses Tanais (heute Don) in Russland. Asow war eine venezianisch-genuesische Handelskolonie, wo sich die Venezianer den Hanf zur Herstellung der Schiffstaue besorgten.

DIE GOLDENE ROSE DER DOGARESSA MOROSINA MOROSINI

Kirche San Giuseppe di Castello
• Öffnungszeiten: samstags von 17.30 bis 18.45 Uhr, sonntags von 9.00 bis 12.00 Uhr

In Erinnerung an eine mittlerweile in Vergessenheit geratene Tradition

Die sehr schöne aber unbekannte Kirche San Giuseppe di Castello besitzt gleich am Eingang links ein monumentales Grabmal des Dogen Marino Grimani (1532-1605). Zu den Füßen der zwei rechten Säulen erinnert ein Relief an die Dogaressa Morosina Morosini, die Gemahlin des Dogen, die aus den Händen des apostolischen Nuntius „die goldene Rose" überreicht bekommt. Es handelt sich dabei um ein heiliges Ornament, mit dem der Papst jedes Jahr eine Persönlichkeit auszeichnete. Diese Tradition ist mittlerweile in Vergessenheit geraten (siehe rechts). Morosina Morosini wurde am 4. Mai 1597 Dogaressa. Scheinbar hat sie in Santa Fosca ein Laboratorium für Spitzen geschaffen, wo 130 Personen beschäftigt waren. Es war somit die erste halbindustrielle Spitzenherstellung, die sich später in Burano entwickelte.

Die goldene Rose erhielt sie von Papst Clemens VIII., der auf diese Weise wohl elegant und originell ihren Ehemann ehren wollte, den Dogen Marino Grimani. Während seiner Herrschaft als Doge (1595-1605) hatte er sich dem Papst widersetzt, vor allem mit seiner Eroberung der Stadt Ferrara, die zur damaligen Zeit zum Kirchenstaat gehörte, und mit seiner Entscheidung, die dem Papst verbot, sich in religiöse Themen der Serenissima einzumischen, was allerdings gang und gäbe war.

DIE SIEBEN GOLDENEN ROSEN VON VENEDIG

Insgesamt sandten die Päpste sieben goldene Rosen nach Venedig: Alexander III. überbrachte sie 1177 dem Dogen Sebastiano Ziani, Sixtus IV. 1474 dem Dogen Nicolò Marcello, Alexander IV. 1496 dem Dogen Agostino Barbarigo, Gregor XIII. 1577 dem Dogen Sebastiano Venier, Clemens VIII. 1597 der Dogaressa Morosini, Ehefrau von Marino Grimani, Clemens XIII. 1759 dem Dogen Francesco Loredan und Gregor XVI. 1833 dem Markusdom. Diese letzte Rose wird noch zusammen mit anderen Gegenständen in der Schatzkammer von San Marco aufbewahrt, während von den anderen nur die Erinnerung geblieben ist.

WAS IST DIE GOLDENE ROSE?

Die goldene Rose ist ein aus Gold geschmiedetes, heiliges Ornament, das meist eine einzige Blume darstellte (manchmal auch mit mehreren Blüten). Jedes Jahr schenkte der Papst einem Herrscher, einer Kultstätte, einem Wallfahrtsziel oder einer Gemeinschaft eine solche goldene Blume. Viele wurden später eingeschmolzen, um das Gold wiederzuverwenden, weshalb nur wenige Exemplare erhalten sind: eine Rose ist in der Schatzkammer des Markusdoms (siehe oben) zu sehen, eine andere im Cluny-Museum in Paris (siehe Foto unten), eine im Rathaussaal von Siena,

zwei in der Schatzkammer der Wiener Hofburg, eine in der Schatzkammer der Kathedrale von Benevento und eine in der Vatikanischen Bibliothek. Jüngst haben die Päpste der Stadt Lourdes (Johannes Paul II.), der brasilianischen Basilika Unserer Lieben Frau von Aparecida (1967 und 2007) und dem mexikanischen Wallfahrtsort Guadalupe eine Rose vermacht.

Das erste Zitat einer goldenen Rose geht auf das Jahr 1049 zurück. Es handelt sich um eine Bulle von Leo IX., während das älteste Zeugnis einer verschenkten Rose auf das ausgehende 11. Jahrhundert zurückgeht. 1098/1099 zeichnete Papst Urban II. den Grafen Foulques d'Anjou nach seiner Rede zugunsten des ersten Kreuzzuges aus. Neben dem Symbol der Ehre hat die goldene Rose auch eine spirituelle Aussage: So wie die Rose die schönste Blume verkörpert, erinnert ihr Verschenken daran, dass es der Wunsch des Papstes ist, dass der göttliche Duft der Rose Geist und Herz des Beschenkten erfülle.

SOTOPORTEGO ZURLIN

Am Campo Ruga befindet sich der niedrigste Sotoportego der Stadt (Fußweg, der unter einem Gebäude hindurchführt), der sog. Zurlin. Die Fotografen haben ihre Freude daran und die Kinder lieben ihn (sie sind nämlich die einzigen, die sich beim Durchgehen nicht bücken müssen)!

Der niedrigste Sotoportego der Stadt

Wenn man unter dem Sotoportego durchgeht, gelangt man zum legendären Zurlin-Hof: Ein Arzt wurde von der Tochter einer kranken Frau in den Hof gerufen. Allerdings handelte es sich um den Geist des Mädchens, das bereits seit einem Monat tot war und ihrer Mutter helfen wollte.

SEHENSWERTES IN NÄCHSTER NÄHE

GIESSEREI FRÉDÉRIC LAYET: WOHN- UND ARBEITSGEBÄUDE MIT VERBINDUNGSBALKON
Campazzo de l'Erba 394

Etwas abgelegen in der Nähe des Campo Ruga entdeckt man ein Gebäude, das sich von der typisch venezianischen Architektonik ziemlich abhebt. Ein Schild auf der Mauer erinnert an das Entstehungsjahr (1890). Das auch noch bewohnte Wohngebäude weist eine für Norditalien typische Gebäudestruktur auf, die die verschiedenen nebeneinander liegenden Wohnungen durch einen langen Außenbalkon miteinander verbindet. Diese Wohnungen entsprachen den Bedüfnissen der neuen Industriegesellschaft im 19. Jahrhundert und vereinten Wohn- und Arbeitsraum miteinander. Der Franzose Frédéric Layet hat dieses Wohngebäude für die Arbeiter errichten lassen, die im ersten Stock seiner Gießerei arbeiteten. Die Entscheidung des Unternehmers, sich in einer Lagune niederzulassen, erklärt sich aus den Expansionsmöglichkeiten des venezianischen Marktes und dem Landesinneren. Zur damaligen Zeit waren nämlich Eisenerzeugnisse im Städtebau sehr gefragt.

ÄHNLICHE GEBÄUDE IN CANNAREGIO
Einen weiteren Gebäudekomplex dieser Art findet man unweit der alten Ziegelbrennerei (Vecchia Fornace) in der Nähe von Sant'Alvise in Cannaregio. Auch hier befanden sich notwendigerweise Wohnort und Arbeitsraum in einem. Durch dieses weitere – für Venedig untypische – Wohngebäude konnte der Herstellungsprozess vereinfacht und konnten den Arbeitern flexiblere Arbeitszeiten gewährt werden.

DER WEISSE STEIN VOM CAMPO SAN PIETRO 26

Campo San Pietro

Auf dem Weg in Richtung San Pietro di Castello hebt sich ein weißer Stein vom grauen Pflaster ab. Dieser wurde nicht zufällig dort hingesetzt, sondern zur Erinnerung an den exakten Standort, wo der Doge sich mit dem Patriarchen von Venedig auf dem Campo San Pietro traf.

Wo sich der Doge mit dem Patriarchen von Venedig traf

Bis Oktober 1807 war die Kirche San Pietro di Castello der Dom von Venedig, während der heutige Markusdom als Privatkappelle der Dogen diente. Um dem Dogen die Demütigung zu ersparen, bis zur Kirche San Pietro kommen zu müssen, und dem Patriarchen, den Dogen bei seiner Ankunft mit dem Boot empfangen zu müssen, einigte man sich auf diesen Kompromiss, der beider Ehre rettete.

Der Entschluss Napoleons, die Basilika San Marco zum Dom von Venedig zu machen, hatte vor allem symbolischen Charakter, denn Napoleon schwächte somit noch vor seiner Ankunft die Macht der Dogen in Venedig.

SEHENSWERTES IN NÄCHSTER NÄHE

SCHIFFSWERFT ELIO DE PELLEGRINI 27
• Öffnungszeiten: Montag bis Freitag von 8.00 bis 12.00 Uhr und von 13.00 bis 17.00 Uhr

Hinten rechts (vom Eingang aus) im Kreuzgang des ehemaligen Palastes des Patriarchats kann man mit etwas Mühe einen kleinen dunklen Gang erkennen, der zu einem Tor führt. Hier braucht man unter der Woche einfach nur zu klingeln, um Zutritt zu einer kleinen Schiffswerft zu bekommen. Interessant ist dabei, dass man die Kirche San Pietro di Castello und die Rückseite des ehemaligen Patriarchats sehen kann.

ALTES WAHRZEICHEN DES OSPEDALE DEI SANTI GIOVANNI E PAOLO

In der Nähe der Kathedrale San Pietro di Castello kommt dieses scheinbar geheimnisvolle Wahrzeichen ziemlich oft vor. Doch in Wirklichkeit ist es nur das alte Symbol für das Krankenhaus Santi Giovanni e Paolo.

DORSODURO

DIE BIBLIOTHEK DES PATRIARCHALISCHEN ❶
SEMINARS IN VENEDIG

Dorsoduro 1
30123 Venedig
• Tel. +39 0412411018
• E-mail: segreteria@seminariovenezia.it oder biblioteca@marcianum.it
• www.seminariovenezia.it

> **Ein verstecktes Juwel**

Im ersten Stockwerk kann man – nach Vereinbarung – die prachtvolle Bibliothek besichtigen und den größten Geheimnissen der Stadt auf die Spur kommen.

Es handelt sich um die alte Büchersammlung der Somasker*, die zur Zeit Napoleons verloren ging. Heute beherbert die Bibliothek zahlreiche kostbarer Bücher meist religiösen Inhalts. Diese stammen vor allem aus dem Vermächtnis des Patriarchen Federigo Giovanelli aus dem Jahr 1799.

Zusätzlich werden in der Bibliothek zwei Weltkarten von Coronelli

aufbewahrt. Die Decke ist mit drei Gemälden geschmückt: *Il rogo di libri eretici* (*Die Verbrennung der häretischen* Bücher; 1705) von A. Zanchi, *La glorificazione delle scienze* (*Die Verherrlichung der Wissenschaften*; 1720) von Sebastiano Ricci und *Minerva che incorona Tito Livio* (*Minerva krönt Tito Livio*) von N. Bambini.

Das Gebäude wurde 1699 nach dem Plan von Baldassare Longhena für Ordensbrüder errichtet, die 1810 von Napoleon verjagt und verbannt wurden. 1815 wurde das Gebäude Sitz des Seminars, das sich vorher in San Cipriano auf der Insel Murano befand.

DER STERNARTIGE DODEKAEDER DER BIBLIOTHEK
Hinter einer Vitrine kann man überraschenderweise einen sternartigen Dodekaeder entdecken. Dieser diente wahrscheinlich mathematischen Studien über die fünf platonischen Körper (siehe Seite 71) und erinnert an die Geburt Venedigs und der Göttin Venus (siehe Seite 86).

* Die Kongregation der Somasker wurde vom heiligen Girolamo Emiliani (1486-1537) gegründet und nach der Stadt Somasca bei Bergamo benannt, wo der Gründer starb. 1531 beschloss der Heilige, sich von seinen weltlichen Besitztümern zu trennen und bei den Armen und Waisen zu leben (er selbst wurde mit zehn Jahren Waise).

DIE PINAKOTHEK DES PATRIARCHALISCHEN ❷ SEMINARS VON VENEDIG

Dorsoduro 1
30123 Venedig
• Tel. +39 0412411018
• E-mail: segreteria@seminariovenezia.it oder biblioteca@marcianum.it
• www.seminariovenezia.it

Eine in Vergessenheit geratene Sammlung

Die Pinakothek Manfrediana kann nach Vereinbarung, und manchmal auch in Kombination mit einem Bibliotheksbesuch, besichtigt werden (siehe vorhergehende Doppelseite).

Sie wurde dank der Gemäldesammlung aus dem Vermächtnis von Federico Manfredini (1743-1829) gegründet. Die Sammlung wurde noch um bedeutende Skulpturen erweitert, die dank Don Antonio Moschini vom Seminar erworben wurden. Die Kunstwerke kommen hauptsächlich aus den zahlreichen Kirchen und diversen Klöstern Venedigs, die von Napoleon geschlossen oder zerstört worden sind.

Darunter sticht vor allem die herrliche Skulptur *Adorazione dei Magi (Anbetung der Könige)* von einem Meister der Schule von Benedetto Antelami heraus, das sich zuvor auf

dem Portal der Kirche Santi Filippo e Giacomo befand. Erwähnt seien auch Veroneses Freskenfragment *La Gloria* (*Der Ruhm*; 1551) aus der Villa Soranzo in Castelfranco Veneto, *Apollo e Dafne* (*Apoll und Dafne*; erst Giorgione, jetzt definitiv Tizian zugeschrieben), sowie ein Porträt vom heiligen Lorenzo Giustiniani aus der Schule von Gentile Bellini.

Viele Gemälde müssen – wie von Manfredini testamentarisch verfügt – trotz ihres geringen Interesses (zum Leidwesen der allgemeinen Qualität der Ausstellung) ausgestellt werden.

Zuletzt seien noch die großartige, mit Fresken von Antonio Zanchi verzierte Hauptfreitreppe (Ende 17. Jahrhundert), zahlreiche Grabsteine und sichtbare Inschriften an den Wänden des Kreuzgangs erwähnt.

Anscheinend wurde der Kirchenentwurf vom Tempel der *Venus Physizoa* inspiriert, der im Roman *Hypnerotomachia Poiphili* (*Der Traum des Poliphilo*) beschrieben wird (siehe folgende Doppelseite). Die Basilika della Salute wäre folglich der Ring, der die Verehrung der Jungfrau Maria mit dem alten venezianischen Venus-Kult (siehe Seite 86) vereint.

DER KABBALISTISCHE BAUPLAN DER BASILIKA DELLA SALUTE

3

Basilica della Salute
Vaporetto-Haltestelle: Salute

> **Ein Bauplan nach dem „Traum des Poliphilo"?**

Die Basilika della Salute wurde der Jungfrau Maria erbaut, um 1630 die Pest fernzuhalten. Sie wurde auf der Grundlage der Kirche Beata Vergine entworfen.

Vor allem hielt man am achteckigen Schema fest, das durch die Nummer 8 (Symbol für Heil und Hoffnung) auf die *Stella Maris* (Meerstern) hinweist. Dieser Name, der auf *Marialis Stella* (Marienstern) anspielt, wurde von den Karmelitern auf die Kirche Beata Vergine übertragen, als diese sich Ende des 17. Jahrhunderts in Europa niederließen. Die Kuppelform der Basilika steht symbolisch für die Krone der Jungfrau, sichtbar auch auf der Marienstatue auf die Kirchenspitze.

Neben den acht Seiten und den sechs Seitenkapellen des Hauptbaus, trennt eine niedrigere Kuppel das Chorgestühl vom Altar ab.

Wenn man die acht Seiten der Kirche, die niedrigere Kuppel, das Chorgestühl und den Altar zusammenzählt, erhält man die Zahl 11, die Kraft symbolisiert.

Nach einer Studie des deutschen Historikers Gerhard Goebel Schilling und des Buchhändlers und Verlegers Franco Filippi (Studie nicht im Handel verfügbar) ist die Basilika della Salute scheinbar wirklich nach dem Zahlenschema 8 und 11 konstruiert worden, sofern man das Maß des venezianischen Fußes (35,09 cm) ansetzt:

Die Basilika ist 121 Fuß (11x11) lang und 88 Fuß breit (11x8), die rechtwinkligen Seiten sind 44 Fuß lang (11x4), die Mauerstützen befinden sich auf einer Höhe von 66 Fuß (11x6) und der Grundbau hat eine Tiefe von 88 Daumen (11x8), während der vor der Basilika liegende Platz eine Tiefe von 44 Fuß (11x4) aufweist. Letztendlich führen 16 Stufen (2x8) von der Basilika zum Vorplatz, während 11 Stufen zum Canal Grande führen, die bis ins Wasser reichen.

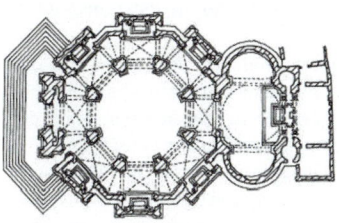

Noch einmal zur Symbolik: Die Zahlen 8 und 11 ergeben wiederum die Zahl 19, die nach der hebräischen Kabbalah (siehe Seite 173) die Zahl der Mariensonne ist, um die sich die ganze Basilika dreht.

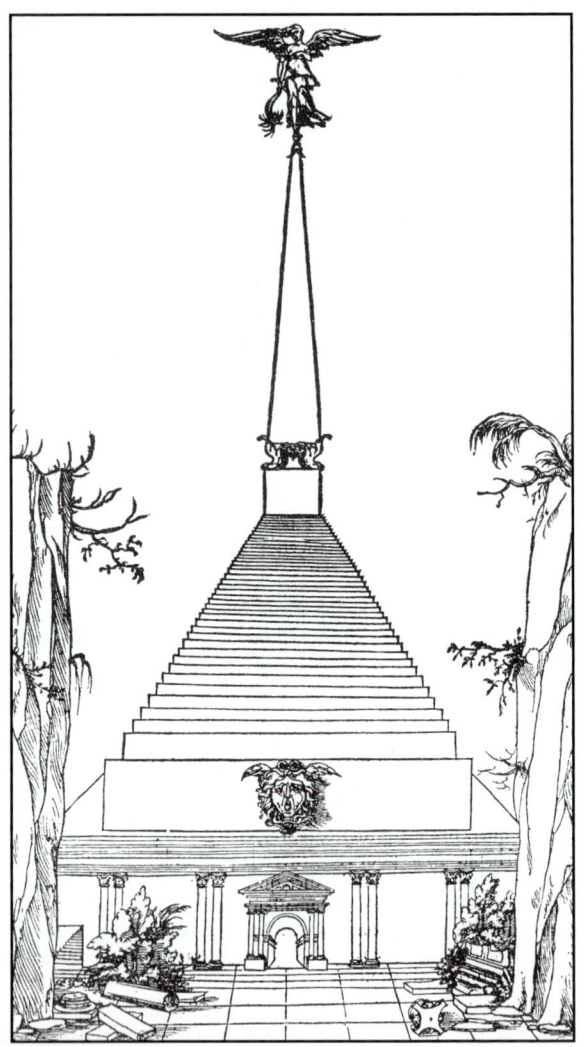

DIE LIEBSCHAFTEN VON LORENZO DE' MEDICI: EINE INSPIRATIONSQUELLE FÜR POLIPHILO UND SHAKESPEARE?

Die umstrittene Liebschaft zwischen Lorenzo de' Medici und Lucrezia Donati (die trotz allem Niccolò Ardinghelli heiratete) scheint die Inspirationsquelle von Poliphilo gewesen zu sein: derselbe Name, die gleichen herzzerreißenden Ereignisse, dieselbe Epoche (1462-1464)...

Vom Liebesleben von Lorenzo dem Prächtigen holte sich vermutlich auch Francesco Cei, ein Lorenzo nahestehender Dichter, Anregungen zu seiner Dichtung „Romeo und Julia", von der sich dann wiederum Shakespeare inspirieren ließ.

DER TRAUM DES POLIPHILO: EIN AUSSERGEWÖHNLICHER HUMANISTISCHER ROMAN ALS INSPIRATIONSQUELLE FÜR DIE GÄRTEN VON VERSAILLES, DEN GÄRTEN DES PALAZZO BOBOLI IN FLORENZ UND DEN BERÜHMTEN ELEPHANTEN-OBELISKEN VON BERNINI IN ROM

Hypnerotomachia Poliphili (*Der Traum des Poliphilo*) wurde 1499 von Aldo Manuzio in Venedig veröffentlicht und ist vermutlich der komplexeste je veröffentlichte verschlüsselte Roman. Wegen seiner 170 Holzschnittillustrationen gilt er auch als einer der schönsten Bände, die jemals gedruckt wurden. Er ist in einer Mischung aus Italienisch, Lateinisch, Griechisch, Hebräisch, Arabisch, Spanisch, Venezianisch und anderen Dialekten geschrieben und wurde seit jeher einem anonymen Verfasser zugeschrieben. Dennoch erlauben jüngste Forschungen (vor allem von Emanuela Kretzulesco*) den Schluss, dass es sich beim Verfasser um Francesco Colonna handelte, denn die Initialen der 38 Kapitel ergeben folgenden Satz: „Poliam Frater Franciscus Columna peramavit" („Der Bruder Francesco Colonna liebte Polia leidenschaftlich"). Als Neffe des Kardinals Prospero Colonna gehörte Francesco Colonna zu der Gruppe der Intellektuellen um Kardinal Bessarion, dem zukünftigen Papst Pius II., und von Papst Nikolaus V., die im Gegensatz zu den darauf folgenden Päpsten, vor allem zu Alexander VI. (Borgia) standen. Als die Borgia entgegen der Gesinnung von Pius II. und Nikolaus V. den Päpsten nicht nur die geistliche sondern auch die weltliche Macht sichern wollten und das Papsttum eine schwierige Zeit durchmachte, soll der *Traum des Poliphilo* gewollt in einer verschlüsselten Form geschrieben worden sein, um so der päpstlichen Zensur zu entkommen. Mehr als ein Roman über die Liebe des Poliphilo zu Lucrezia ist das Buch eine spirituelle Suche eines über beide Ohren verliebten Philosophen nach göttlicher Weisheit (Athena Polias). Der Roman entwickelte humanistische Ideen und sollte auf verschlüsselte Art das spirituelle Erbe einer Gruppe von Theologen um Papst Nikolaus V. verbreiten. Der offene Papst hatte dieses Erbe von Papst Silvester II. (Gerberto d'Aurillac) übernommen und eine vergleichende Studie der religiösen Traditionen bis in die griechische und ägyptische Antike durchgeführt. Gemeinsam mit der Florentinischen Akademie der Medici ließ sich die Gruppe, der der Architekt Leon Battista Alberti und Prospero Colonna angehörten, stark von Pico della Mirandola, Leonardo da Vinci, Nikolaus Kopernikus, Giordano Bruno und Galileo inspirieren. *Der Traum des Poliphilo* sagt aus, dass die Natur als göttliche Schöpfung der beste Weg ist, um Gott zu erkennen. Mithilfe der in der *Hyeroglyphica* von Horus Apollo enthaltenen Schlüssel zeigt das Werk den spirituellen Weg auf, der zu dieser Erkenntnis führt. Auf absolut außergewöhnliche Weise zeigt der Roman, dass sich die Gärten von Versailles, die des Palazzo Boboli in Florenz und der berühmte Elephanten-Obelisk von Bernini in Rom direkt von den zahlreichen Symbolen der beschriebenen Wanderung des Poliphilo inspirieren ließen.

WAS BEDEUTET HYPNEROTOMACHIA?

Etymologisch gesehen setzt sich das Wort *Hypnerotomachia* aus „hypno", „eroto", „machia" zusammen, was soviel heißt wie „Traum vom Kampf für die Liebe".

* Les jardins du songe, Poliphile et la mystique de la Renaissance, Edition Magma

DIE MYSTERIÖSEN TODESFÄLLE IM CA'DARIO ❹

• Vaporetto-Haltestelle: Salute

Ein tödlicher Palast

Ca'Dario ist mit seiner schönen mehrfarbigen Marmorfassade zweifellos einer der faszinierendsten Palazzi von Venedig und zugleich ein mysteröser Schauplatz.

Scheinbar landen seine Besitzer nach dem Kauf des Palazzo alle auf der Straße oder sterben einen grausamen Tod. Die ersten Vorfälle gehen auf den ersten Besitzer Giovanni Dario, den venezianischen Botschafter in Konstantinopel, zurück, der das Gebäude gegen Ende des 15. Jahrhunderts vom Architekten Pietro Lombardo errichten ließ. Giovanni Dario zog gemeinsam mit seiner Tochter in den Palazzo, die den Adeligen Vincenzo Barbaro ehelichte. Kurze Zeit später verlor er jedoch seinen politischen Einfluss, sein Schwiegersohn erlitt einen finanziellen Zusammenbruch und seine Tochter starb an einem gebrochenen Herzen. Im 17. Jahrhundert lebte Giacomo Barbaro ebenfalls in dem Palast. Später wurde er in Candia (heute Kreta) ermordet, wo er Statthalter war. Der nachfolgende Besitzer, ein reicher armenischer Diamantenhändler namens Arbit Abdoll, verlor sein ganzes Hab und Gut und starb in völliger Armut. Im 19. Jahrhundert wiederholte sich die Geschichte: Rawdon Brown, ein englischer Wissenschaftler, der von 1832 bis 1842 im Palazzo lebte, landete auf der Straße und nahm sich gemeinsam mit seinem Liebhaber im Palazzo das Leben. Vor nicht allzu langer Zeit flüchtete der Amerikaner Charles Briggs infolge der Gerüchte über seine Homosexualität von Italien nach Mexiko, wo sich sein Geliebter kurz darauf das Leben nahm. In den 70er Jahren wurde Filippo Giordana delle Lanze von seinem Geliebten im Palazzo mit einer kleinen Statue erschlagen. Christoph Lambert, Manager der Rockgruppe *The Who*, starb 1981 kurz nach dem Kauf des Palazzo. Der spätere Eigentümer Fabrizio Ferrari verlor zwar nicht sein Leben, aber dafür einen großen Teil seines Erbes und seine Schwester Nicoletta, die man tot auf einem Feld fand. Raul Gardini, ein berühmter Industrieller, nahm sich kurz nach dem Kauf das Leben.

Zum Schluss noch ein Vorfall: Der am Palazzo interessierte Tenor Mario del Monaco baute einem schweren Autounfall, so dass er vom Kauf absah. Ebenso verzichtete auch Woody Allen auf den Palazzo, als er von dem angeblichen Fluch erfuhr.

Henri de Régnier, Autor von *L'Atlanta ou la Vie Vénitienne* (*Der Atlant oder das venezianische Leben*), verbrachte viel Zeit damit, über den Atlanten von Ca'Dario zu schreiben.

DIE SPUREN DER KIRCHE DES ALTEN "OSPEDALE DEGLI INCURABILI" ❺

Zattere
Dorsoduro 423
• Öffnungszeiten: siehe Öffnungszeiten der Universität

Die Reste der Kirche mit der Funktion eines Konzertsaales

Die heutige Akademie der Schönen Künste befindet sich in einem Gebäude, in dem sich bis 1813 das Krankenhaus der Unheilbaren befand. Neben dem Krankenhaus gab es hier auch ein Istitut für Arme und Waisenkinder, von denen einige in Musik und Gesang unterrichtet wurden und in den Konzerten der angegliederten Kirche auftraten.

Die Kirche des Krankenhauses der Unheilbaren war die erste mit einem eiförmigen Grundriss, der sich an den Resonanzkasten der Instrumente anlehnte.

Dieselbe Form hat noch heute der Boden des Kreuzgangs. Gefärbte Steine heben sich deutlich vom der Rest des Fußbodens ab und formen ein

abgerundetes Rechteck. Dieses Rechteck zeigt den alten Grundriss der Kirche.

Die Decke der Kirche (wegen der Akustik aus Holz) hatte die Form einer umgedrehten Laute, die das Prinzip der umgedrehten Gitarre nachahmt, die noch in der Villa Contarini in Piazzola sul Brenta zu sehen ist. Die Seitentribüne aus Holz wurde als Deckel des Musikinstruments konzipiert.

Die von Antonio da Ponte nach dem Entwurf von Sansovino erbaute Kirche wurde 1832 von den Österreichern vollständig zerstört.

SEHENSWERTES IN NÄCHSTER NÄHE
❻
DIE SÄULE DER CASA VELLUTI
Dorsoduro 46

Eine außergewöhnliche Säule (durch die Glastür sichtbar) schmückt den Eingang der Casa Velluti mit der Hausnummer 46.

Auch wenn die Säule aus ästhetischer Sicht sehr gut gelungen ist, scheint es sich um eine Imitation der Säule des Ziboriums am Hochaltar des Markusdomes zu handeln. Die Balustrade der Treppe ist scheinbar eine Kopie der gothischen Treppenbalustrade der Ca' D'Oro.

DIE VIER KRANKENHÄUSER DER REPUBLIK VENEDIG: PFLEGEINSTITUTE UND MUSIKZENTREN

Als Folge der zahleiche Plagen im Venedig der Renaissance ließ die Republik vier Krankenhäuser bauen: das Krankenhaus der Unheilbaren (siehe links), das für Bettler (hinter dem heutigen Krankenhaus San Giovanni e Paolo), das für verlassene Menschen (heutiges Ospedaletto) und das Krankenhaus della Pietà (siehe Seite 296). Diese Krankenhäuser hatten zwei Funktionen: Einerseits wurde den Kranken geholfen, anderserseits wurde den Armen und Waisenkindern das Singen und das Musizieren beigebracht. Im 18. Jahrhundert waren rund 70% der Adligen nicht verheiratet, um so ihr Vermögen nicht teilen zu müssen. Daher erklärt sich auch die hohe Anzahl von Kurtisanen und unehelichen Kindern. Wie der heilige Philipp Neri in Rom (siehe Reiseführer *Roma insolita e segreta* im selben Verlag) spielte Girolamo Emiliani* in Venedig eine wichtige Rolle in der musikalischen Erziehung und späteren Ausbildung der ausgesetzten Kinder. So konnte man die Kinder vor einer Zukunft als Bettler oder Prostituierte bewahren. Aufgrund dieser Nebentätigkeit konnten die Institute den Waisenkindern eine sichere Beschäftigung bieten und dank der Konzerte Geld sammeln, um dieser Doppelrolle weiterhin gerecht werden zu können. In den Kirchen dieser Krankenhäuser fanden nämlich auch Konzerte statt: War die Kirche für Musikzwecke gebaut oder wiedererbaut (Unheilbaren, Bettler, Pietà), so schützte ein sog. Narthex, eine Vorhalle, den Innenraum vor Lärm. Im Krankenhaus für verlassene Menschen wurde die schon existierende Kirche den musikalischen Zwecken angepasst. Von 1771 bis 1777 wurde ein Konzertsaal gebaut, der mit Fresken von Guarana und Mengozzi bemalt wurde. Die Form der zwei Kirchen, die explit für musikalische Zwecke gebaut wurden (Pietà und Unheilbaren), sah einen eierförmigen Grundriss vor, der die Akustik optimieren sollte (siehe vorherige Seite). Während die Jungen andere Berufe erlernten und getrennt von den Mädchen in die Messe gingen, war die Musik ein Vorrecht für die Mädchen. Mit sechs Jahren wurde man in das Institut aufgenommen, aber nur wer Talent hatte, konnte Teil der „Musikkapelle" werden. Die Mädchen blieben im Institut, bis sie um die 40 Jahre alt waren. Danach hatten sie die Wahl, ob sie die jungen Mädchen in Musik unterrichteten, heirateten oder die ewigen Gelübte ablegten. Nach dem Untergang der Republik wurden die vier Krankenhäuser geschlossen. Anfang des 19. Jahrhunderts wurden sie dann zu Zivil- und Militärkrankenhäusern umgebaut.

WARUM IST DER PALAZZO VENIER DEI LEONI UNVOLLENDET?

Nach der Legende ist der Palazzo Venier dei Leoni unvollendet, weil der Besitzer des gegenüberliegenden Palazzo Corner auf keinen Fall wollte, dass das Gebäude die imposanten Ausmaße seines Palazzo in den Schaten stellte. Das Relief des Palazzo Venier dei Leoni ist heute im Museo Correr zu sehen.

DIE FENSTER DER PUNTA DELLA DOGANA

Mit den Fenstern der Punta della Dogana (restauriert von Tabao Ando für François Pinault) huldigt der japanische Architekt dem berühmten venezianischen Architekten Carlo Scarpa (siehe Seite 355). Die Fenster haben die Türen des ehemaligen Olivetti-Geschäfts auf Markusplatz zum Vorbild.

* Gründer des Somaskerordens, siehe Seite 323.

SEHENSWERTES IN NÄCHSTER NÄHE

DIE VERSTECKTEN KREUZGÄNGE DES KULTURZENTRUMS DON ORIONE ARTIGIANELLI

❼

Zattere - Dorsoduro 909/A
• Tel. +39 0415224077 • E-Mail: info@donorione-venezia.it
• Doppelzimmer von 135 bis 140 €

Wer von den Zattere kommt, stößt bei der Kirche dei Gesuati auf eine Glastür, auf der „Don Orione Artigianelli" zu lesen ist. Das Gebäude ist ein alter Konvent mit drei relativ unbekannten Kreuzgängen, die auf Anfrage besichtigt werden können. Heute beherbergt der Komplex einige Konferenzräume und ein Hotel. Vom ersten Kreuzgang aus kommt man über eine Treppe in einen Gang, der zum zweiten Kreuzgang führt, von dem allerdings nur die Hälfte erhalten ist. Neben den beiden Kreuzgängen sei auch die besonders schöne Treppe von Giorgio Massari erwähnt. Gleich nach der Treppe links kommt man zum dritten Kreuzgang, der etwas kleiner aber sehr schön ist und auf die Zattere geht. Das Gebäude wurde im 15. Jahrhundert zum Konvent der Jesuaten (siehe unten), die sich hier niederließen und die Kirche Santa Maria della Visitazione errichten ließen. Der Jesuatenorden wurde 1668 vom Papst aufgehoben, und 1669 bezogen die Dominikaner den Konvent, wobei sie die Kirche Santa Maria del Rosario errichten ließen (allgemein bekannt als Jesuatenkirche, auch wenn der Name unpassend ist). Von 1745 bis 1749 führte Giorgio Massari einige Erweiterungsarbeiten durch. Unter Napoleon wurde der Konvent geschlossen, woraufhin der Somaskerorden (siehe Seite

323) den Komplex von 1851 bis 1866 bewohnte. Nachdem die Kongregation della Carità das Gebäude relativ kurz bewohnt hatte, übernahm das „Werk der göttlichen Vorsehung" (*Piccola Opera della Divina Provvidenza*) von Don Orione Artigianelli das Gebäude, in dem es noch heute seinen Sitz hat (Don Orione wurde 1980 vom Papst selig gesprochen). Das Wort „Artigianelli" (ital. für „kleine Handwerker") kommt von der Tatsache, dass Don Orione darauf beharrte, dass die von ihm unterstützten Jugendlichen ein Handwerk erlernten.

DIE JESUATEN SIND NICHT MIT DEN JESUITEN ZU VERWECHSELN

Die Jesuaten (Jesusdiener) dürfen nicht mit den Jesuiten verwechselt werden. Der Jesuatenorden wurde von dem Genueser Giovanni Colombini gegründet, der 1355 beschloss, sein Leben den Armen, Kranken und Bedürftigen zu widmen.
Die Jesuatenkirche (dei Gesuati) ist eigentlich eine Dominikanerkirche (siehe oben).
Die Jesuiten, die den Papst manchmal entgegen den venezianischen Interessen unterstützten, haben in Venedig ihre prächtige Jesuitenkirche: die Kirche dei Gesuiti in Cannaregio (siehe S. 196).

DER ZUGESCHÜTTETE WASSERKANAL RIO TERÀ DEI GESUATI ❽

Der beste Beispiel eines Rio Terà

Zusammen mit dem Rio Terà de l'Isola bei San Giacomo dell'Orio (siehe Seite 117) ist der Rio Terà dei Gesuati ein Ort, wo man den Sinn der Bezeichnung „Rio Terà" am besten erkennen kann. Es handelt sich nämlich um Gassen, die auf zugeschütteten Kanälen verlaufen.

Bei der Jesuaten-Kirche kann man einen dieser ursprünglichen Kanäle erkennen.

SOLLEN ZUGESCHÜTTETE KANÄLE WIEDER GEÖFFNET WERDEN?

Die Kanäle haben seit der Gründung Venedigs eine fundamentale Bedeutung. Als das Kanalnetz um 1500 ihre optimale Konfiguration erreichte, wurde die Stadt von über 37 km Kanal durchzogen, die drei Funktionen hatten: Sie waren Kommunikationsweg, dienten der Abfallbeseitigung und ermöglichten die Wasserzirkulation in der Lagune. Vor 1797, also vor dem Untergang der Serenissima, wurden nur wenige Kanäle zugeschüttet. Denn man war vor allem damit beschäftigt, neue Kanäle zu graben. Vor 1600 waren nur fünf Kanäle zugeschüttet worden (Sonderfälle, bei denen es sich um „Sackgassen" handelte), darunter der Rio Batario im Jahre 1156, der weichen musste, damit der Markusplatz gebaut werden konnte. In einigen Fällen wurde der Kanal nicht zugeschüttet, sondern darüber einfach ein Gewölbe gebaut, damit das Wasser unter der neu gebauten Straße weiterhin zirkulieren konnte.

Nach dem Untergang der Serenissima 1797 wurde allerdings alles anders. Mit dem Ziel, die Stadt moderner zu machen, wurden fast 6 km Kanal zugeschüttet (20% der Gesamtlänge). Die sogenannten „Rii terai" oder zugeschütteten Kanäle hatten einige Vorteile, denn kurzfristig gesehen war es billiger, Kanäle zuzuschütten als instand zu halten. Beim Rio Ognissanti waren die Aufschüttungsarbeiten 1866 ein optimaler Vorwand, den Arbeitslosen, die vor der Stadtverwaltung demonstriert hatten, Beschäftigung zu geben! Im Gegensatz zu dem, was man denken könnte, waren die französischen und österreichischen Besetzungsmächte nicht die einzigen, die diese Zuschüttungspolitik machten. Denn auch die Italiener und Venezianer vor und nach 1866 trugen einen Großteil dazu bei. Heute sind über 30% der Kanäle von San Polo und fast 25% der Kanäle von Dorsoduro zugeschüttet. Ist es vielleicht nicht an der Zeit, einige dieser Wassserwege wieder auszugraben, um so eine verbesserte Wasserzirkulation in der Lagune zu erreichen und auch den Alltag der Einwohner mit neuen Bootsanlegestellen, von denen es viel zu wenige gibt, zu verbessern?

SEHENSWERTES IN NÄCHSTER NÄHE
DER HUND VON SAN DOMENICO ❾

Auf dem Schlussstein des kleinen Rio Terà dei Gesuati kann man eine kleine Skulptur sehen, die auf den Orden der Jesuaten hinweist. Man erkennt einen Hund auf einem Wappen mit einer Lilie, dem Symbol der Keuschheit, und einem Stern, dem Symbol der Weisheit und – laut einigen Quellen – zugleich Erinnerung an den Stern, der am Tag der Geburt des hl. Dominikus am Himmel leuchtete.

Die Mutter des Heiligen hatte von einem Hund mit einer Fackel im Mund geträumt. Ihrer Meinung nach drückte der Traum aus, dass ihr Kind mit seinen Worten die Welt in Brand setzen wird.

Der Hund weist auch auf die wörtliche Übersetzung des Namens Dominikus (Ital. Domenico) hin und setzt sich aus „domini" (Herr) und „cane" (Hund) zusammen. Dennoch kommt der Name Dominikus, den ihm seine Mutter in Erinnerung an die Wallfahrt gab, die sie kurz vor der Entbindung zum heiligen Dominikus von Silos führte, vom italienische Wort für Sonntag (bzw. Tag des Herrn) „Domenica".

DIE IN DER SAKRISTEI DER KIRCHE SS. TRINITÀ ❿
OGNISSANTI VERBORGENE NACHRICHT

Fondamenta Ognissanti
Dorsoduro
• Öffnungszeiten: von 10.00 bis 12.00 Uhr und zur Messe um 18.30 Uhr
• Tel.: +39 041 529 40 36

Eine Geheimbotschaft auf der Rückenlehne des Chorgestühls der Mönche

Die Kirche SS. Trinità Ognissanti wird weder von Venezianern noch von Touristen oft aufgesucht. Sie gehört zum Giustinian-Krankenhaus und hat eine außergewöhnliche Sakristei.

Wenn man die Schwelle übertritt, die sich am faszinierenden Rio Ognissanti befindet, steht man genau vor der Sakristei. Wer sie besichtigen will, sollte Pater Tarcisio Giuseppe Carolo aufsuchen, der immer gerne die symbolischen Details der Sakristei erklärt, die 1692 vom Benediktinermönch Felice entworfen wurde. Früher befand sich die Sakristei auf der Insel San Clemente. Man erzählt, dass ein von der Wanderung erschöpfter Pilger im Kloster San Romualdo Rast machte und dort in der Sakristei beherbergt wurde. Erstaunt von der Schönheit und der Spiritualität des Ortes, rief er: „Hier können nur Engel schlafen!"

Nachdem die Insel verlassen und ein Luxushotel gebaut worden war, brachte man die Sakristei gegen Ende des 20. Jahrhunderts in die Kirche SS. Trinità Ognissanti.

Die Einzigartigkeit dieses Ortes hängt mit dem Holzintarsien auf jeder Rückenlehne des Chorgestühls zusammen: Ein ungeschultes Auge wird nichts erkennen, aber der Mönch Carolo wird Sie so in seinen Bann ziehen, dass Sie nach wenigen Minuten in der Lage sind, die Botschaften zu entziffern. Also, auch wenn Sie anfangs nur ein sinnloses Gewirr von Formen sehen, werden Sie nach und nach Tierfiguren, Blumen, Früchte und Mönche bei der Meditation erkennen, und allmählich ergibt sich folgendes Bild: Der Adler des hl. Johannes, der Löwe des hl. Markus und der Ochse des hl. Lukas erscheinen vor Ihren Augen.

Der Mönch Carolo hat ein Büchlein mit dem Titel „Hölzerne Sakristei – Führer über die Symbolik und das asketisch-theologische Studium" veröffentlichen lassen. Wenn er Ihnen eins davon anbieten sollte, wird natürlich gerne eine Spende entgegengenommen, auch wenn er Sie nicht direkt danach fragen sollte.

SEHENSWERTES IN NÄCHSTER NÄHE

DAS ALTE BEINHAUS DER KIRCHE SS. TRINITÀ OGNISSANTI: ⑪
DER SIEG DES LEBENS ÜBER DEN TOD

Im Hauptgang des Chorgestühls fällt der Blick unvermeidlich auf ein schwarzes Grabmal. Es war das alte Beinhaus der Kirche, bis Napoleon Bestattungen in den Kirchen verboten und die Gründung des Friedhofs San Michele befohlen hat. Das Ossarium ist von zwei Gruppen von acht Sternen mit acht Spitzen umgeben, die symbolisch für den Sieg des Lebens über den Tod und das Leben im Jenseits stehen.

DER ACHTECKIGE STERN, SYMBOL DER AUFERSTEHUNG

In der Sakristei und im Chorgestühl befinden sich unzählige Darstellungen von achteckigen Sternen, die die Auferstehung symbolisieren. Nach christlicher Tradition hat Gott in sechs Tagen die Welt erschaffen und am siebten Tag hat er geruht; die Auferstehung Jesu steht für den achten Tag. Daraus erklären sich die achteckigen Sterne.

SYMBOLE DER OPFERSCHALEN DER CARMINI-KIRCHE

Seitentür am Campo Santa Margherita

12

In Venedig finden wir fast 1000 Opferschalen und Außenskulpturen, die hauptsächlich aus dem 9. bis 13. Jh. stammen*. Beim Seiteneingang der Kirche ist rechts eines der charakteristischen Beispiele zu sehen.

"

Mittelalterliche Symbole vom Kampf zwischen Gut und Böse

Die fünf griechischen Marmorschalen aus dem 12. Jh. stellen folgende Dinge dar: von oben nach unten, von links nach rechts: einen Adler, der nach einen Hasen greift, einen Greif (siehe S. 49), der die Hinterfüße eines Hasen schnappt, einen weiteren Adler, der nach einem Hasen greift (in der Mitte), einen Stelzvogel oder Pelikan mit einem Fisch im Maul und einen Adler, der einen Hasen schnappt.

Der Adler kann dank doppelter Augenlider als einziger Vogel gegen die Sonne schauen, und ist deshalb Symbol der geistigen Elevation, da die Sonne Christus gleichgestellt wird. Das Ergreifen eines Hasens ist Symbol der ersten unkontrollierbaren Körperinstinkte. Die Aktion des Adlers steht in diesem Fall für den Kampf zwischen Gut und Böse, dessen Ziel es ist, sich von allem Bösen zu befreien. Dies geschieht durch die Eucharistie und das Opfer Christi: Der Pelikan steht für das Opfer Jesu, während der Fisch Christus selbst darstellt (siehe unten).

WARUM SYMBOLISIERT DER PELIKAN DAS OPFER CHRISTI?

Da vor langer Zeit der Glaube vorherrschte, das der Pelikan seine Brust verwunden würde, um seine Jungen mit genau diesem Blut zu ernähren, benutzte das Mittelalter dieses Tier als Symbol des Opfers Jesu. In Wirklichkeit ernährt der Pelikan seine Jungen mit wiedergegebenem Fisch: Die Jungen nehmen die Nahrung direkt mit dem Schnabel vom Maul der Mutter auf.

WARUM VERKÖRPERT DER FISCH CHRISTUS?

Im Griechischen heißt „Fisch" „ichthus", die Buchstabeninitialen von „lêsous Christos Theou Uios Sôter", das heißt: „Jesus Christus, Gottes Sohn, Retter". In der Astrologie soll die Geburt Jesu den Anfang des Zeitalters der Fische bedeuten (letztes Tierkreiszeichen).

* Die Existenz einer antiken Opferschale schließt nicht darauf, dass das Bauwerk aus der dieser Zeit stammt, denn zahlreiche altertümliche Opferschalen wurden in neueren Bauwerken wiederbenutzt (wie beispielsweise für die Casa Brass, die sich rechts beim Seiteneingang der Kirche San Trovaso befindet oder auch am Fondaco dei Turchi). Einige Nachahmungen reichen tatsächlich bis ins 19. und 20. Jh.

DER BOCCIA-VERBAND VON SAN SEBASTIANO ⑬

Fondamenta San Sebastiano
Dorsoduro 2371
• Informationen: +39 041 2750315
• Öffnungszeiten: täglich, auch sonntags: von 10.00 bis 12.30 Uhr und von 15.30 bis 19.00 Uhr

Hinter der grünen Tür...

Bei der Kirche Angelo Raffaele in der Fondamenta Briati versteckt sich hinter einer grünen Tür Unglaubliches: Im Inneren entdeckt man einen Platz zum Bocciaspielen. Den Mitgliedern stehen hier drei ordnungsgemäße Felder zur Verfügung, auf denen abwechselnd Anfänger und Profis ihre Turniere abhalten. Außerhalb der Turniere sind dort Touristen immer gern willkommen. Man kann einfach nur eine *Ombra* (ein Glas Wein) trinken oder ein *Vovo duro* (hartgekochtes Ei) essen, während man den Männern beim Spielen zuschaut.

In den 40er Jahren war Boccia ein ziemlich angesagter Zeitvertreib, weshalb eine *Osteria* in der Nähe von San Sebastiano einen Außenbereich zum Boccia-Platz machte. Vor allem in der Nachkriegszeit brach ein regelrechter Boccia-Boom aus. Das Fernsehen war noch nicht so verbreitet und viele Wirtshäuser

hatten Bahnen, wo sich während der schönen Jahreszeit die Bocciaspieler tummelten. Als das Spiel von einem lockeren Zeitvertreib zu einer ernsteren Sache wurde, gründeten die Freunde von San Sebastiano die Mitgliedergesellschaft des italienischen Boccia-Verbands.

Heute zählt der Boccia-Verband zirka hundert Mitglieder, darunter vor allem ältere Leute und Rentner.

Das Bocciaspiel stand dank Garibaldi vor allem während der Wiedervereinigung Italiens hoch im Kurs. Der Sport verbreitete sich auf der ganzen Halbinsel, durch Auswanderer gelang er sogar bis ins Ausland, besonders ins amerikanische *Little Italy*. Seit 1991 ist es sogar eine olympische Disziplin.

SEHENSWERTES IN NÄCHSTER NÄHE

DER BOCCIA-VERBAND MARIANO CUCCO ⑭
Fondamenta Briati - Dorsoduro 2531
• Öffnungszeiten: täglich von 15.00 bis 19.30 Uhr
• Tel.: +39 041 524 65 07
• bocc.cucco@libero.it

Man kann mehrere hundert Mal am Boccia-Verband Mariano Cucco – schon fast gegenüber von Ca' Zenobio – vorbeigehen, ohne ihn zu bemerken. Die Tür nach dem engen und dunklen Flur führt zu einer Bocciabahn und zu einer Grünfläche mit einer Bar. Wie in San Sebastiano ist die Bahn auch für die Öffentlichkeit geöffnet.

VENEZIANISCHE SCHREBERGÄRTEN IM PALAZZO MINOTTO

Ponte del Cristo 2364 • Informationen bei der Stadt: +39 041 2710012
• Zur Besichtigung der Gärten bitte Gartenpfleger um die Erlaubnis bitten

> **Biologische Gemüsegärten inmitten antiker Plätze**

Gleich nach der Christus-Brücke (ponte del Cristo) nahe bei der Kirche Angelo Raffaele liest man ein unauffälliges Schild. Durch ein kleines Tor (geöffnet, wenn gerade einer der Gartenpfleger da ist – normal täglich) kommt man in ein wunderschönes Gelände des Palazzo Minotto, auf dem sich die Orti degli Anziani (Gemüsegärten der älteren Leute) befinden. Genau der richtige Platz für all diejenigen, die ihre Erfahrungen mit anderen Gartenbauliebhabern teilen möchten. Zwischen Artischocken, Goldzwiebeln, Zwergbohnen und Zucchini könnte man glatt vergessen, nur wenige Schritte vom Piazzale Roma entfernt zu sein. Und doch ist dieses von historischen Steinen umgebene Gelände schon ein paar Jahrzehnte alt. Zu Beginn wurde es vom Stadtviertelrat von Dorsoduro verwaltet. Der Platz wurde vor kurzem durch einen radikalen Eingriff umgestaltet. 10 neue Gartenhäuser und 40 Grundstücke, die alle drei Jahre durch eine öffentliche Ausschreibung der Stadt Venedig an über 55jährige vergeben werden. Gegen einen minimalen Unkostenbeitrag kann jeder sein Gärtchen bepflanzen, seine Freizeit inmitten der Natur verbringen und mit anderen seine Leidenschaft für das Grüne teilen. Wer gute Ernten erzielen will, muss Einsatz und Engagement zeigen, aber die Genugtuung, eine Gemüsesuppe oder einen Salat aus dem eigenen Garten zu essen, ist einfach unbezahlbar.

PROJEKT: BIOLOGISCHER GARTEN – SCHULE FÜR EINE BESSERE ERNÄHRUNG!

Informationen bei: Wigwam Club Giardini Storici Venezia Tel. 328.8416748 - 320.4678502 • giardinistorici.ve@wigwam.it • www.wigwam.it
Kürzlich ist neben den Gemüsegärten „Orti degli Anziani" ein neues Gelände eröffnet worden, auf dem biologische Landwirtschaft betrieben wird und das sich an einem Lehrprojekt beteiligt, das von der *Associazione Wigwam Club Giardini Storici Venezia* mit der Unterstützung des Umweltreferats ausgearbeitet wurde. Ziel ist es, Wissen über den biologischen Anbau weiterzugeben, und zwar durch spezielle Kurse für die Gartenpfleger der Orti Angelo Raffaele (Raffaele-Gärten), für Studenten des naheliegenden technischen Instituts Vendramin Corner und für die Bürger. Der Bio-Garten lehnt sich an die Tradition der venezianischen Gemüsegärten an, in denen wohlriechende Kräuter, Gemüse, Blumen und Obstbäume wuchsen. Denn im Fall einer Belagerung musste die Stadt unabhängig sein. Das Projekt umfasst auch die Organisation von vier großen Festen in den vier Jahreszeiten, bei denen jeder willkommen ist. Während dieser Feste werden die verschiedenen Jahreszeiten des Gemüsegartens gefeiert, und die gesunden und schadstoffarmen Produkte gekostet.

DAS „PUTTENZIMMER"

Collegio Armeno Moorat - Raphael
Dorsoduro 2596
• 140 € pro Nacht
• info@collegioarmeno.it • www.collegioarmeno.com
• Tel. +39 041-5228770

Eine zauberhafte Nacht für 140 €

Auch wenn es in Wirklichkeit kein richtiges Hotel ist, vermietet das armenische Kolleg Zimmer zu erschwinglichen Preisen (ab 30 € für ein Einzelzimmer bis 140 € für ein Vierbettzimmer), unter denen sich das sog. „Puttenzimmer" (camera dei putti) befindet. Dieses Zimmer, mit Blick auf den Garten, ist das einzige, das noch den Geist der Vergangenheit birgt: Der Alkoven und zahlreiche Stuckarbeiten machen es zu einem einzigartigen Zimmer – zu erschwinglichem Preis. Trotzdem sollte man sich weder 5-Sterne-Luxus noch -Service erwarten: Der Palazzo ist eher ein Kulturzentrum als ein Hotel. Neben dem Zimmer finden Musikstunden statt (jedoch nicht in der Nacht!).

Reservierung im Voraus!

ARMENIEN IN VENEDIG

Armenien ist einer der Schlüssel zur Spiritualität und Christlichkeit: Der Bibel nach ist Armenien nicht nur das Land des Berges Ararat, wo die Arche Noah gelandet ist, sondern auch das Ursprungsland von drei der vier paradiesischen Flüsse Tigris, Euphrat und Pison (der vor Ort auch als Coroch bekannt ist). Auch wenn die Armenier bereits in Venedig waren, vor allem in der Gegend des alten Klosters Santa Croce auf dem Canal Grande (siehe Seite 103), stammen ihre Wurzeln aus dem Jahr 1717. Damals wurde die Insel, die heute als San Lazzaro degli Armeni bekannt ist, verlassen und dem armenischen Mönch Pater Mekhitar angeboten, der vor der Türkenverfolgung in Istanbul auf der Flucht war. Mekhitar ließ die Kirche restaurieren und gründete ein Kloster, das den Klosterschließungen Napoleons entkommen konnte. Denn Napoleon erkannte die Bedeutung der wissenschaftlichen und literarischen Arbeit und beschloss, dem Kloster die Autonomie zu gewähren. Das vom Kaiser unterschriebene Manuskript wird noch heute auf der Insel aufbewahrt.
Seitdem wurde die Insel mehrmals vergrößert und ist heute viermal so groß wie damals (4 ha).

Auch mitten im Zentrum gibt es eine armenische Kirche, die am letzten Sonntag des Monats (aus religiösem Anlass) geöffnet ist. Die Kirche Santa Croce degli Armeni befindet sich ganz in der Nähe der Kirche San Zulian (siehe Seite 55).

DIE BELETAGE VON CA' ZENOBIO

Collegio Armeno Moorat - Raphael
Dorsoduro 2596
• Öffnungszeiten: während der Biennale (freier Eintritt) und nach
Reservierung (3 € Eintritt/Person)
• info@collegioarmeno.it
• www.collegioarmeno.com
• Tel. +39 041 5228770

> **Einer der außergewöhnlichsten Ballsäle ganz Venedigs**

Der Palazzo Zenobio wurde um 1690 von Antonio Gaspari für eine reiche Patrizier Familie griechischen Ursprungs errichtet. Dabei handelt es sich um eines der schönsten venezianischen Beispiele spätbarocker Architektur. Das vor allem für seinen Ballsaal (mit Fresken des französischen Künstlers Louis Dorigny) berühmte Gebäude wurde genau dort erbaut, wo sich der Palazzo Morosini befand (aus dem 14. Jh.).

Innen ist der ganze Saal im *Trompe-l'Œil* bemalt und mit Spiegeln und Stuck versehen. Besichtigungen sind im Rahmen fast aller internationaler Kunst- oder Architekturausstellungen der Biennale (also von Juni-November) möglich. Außerhalb dieses Zeitraums kann man für einen Preis von 3 Euro sowohl den Palazzo als auch das Oratorium (siehe unten) besichtigen.

Im ersten Stock kann man einige Gemälde von Luca Carlevarijs und drei Freskenmalereien von Gregorio Lazzarini (18. Jh) und im kleinen Saal links vom Ballsaal zwei Fresken von Gaspare Diziani bewundern.

Der Palazzo verfügt außerdem über einen wunderschönen Garten, an dessen Ende die antike Bibilothek der Zenobio, ein Werk von Tommaso Temanza (1777), thront. Heute beherbergt sie das Studien-und Dokumentationszentrum für armenische Kultur.

1850 konnte die armenische Kongregation der Mechitaristen dieses Gebäude durch die Hinterlassenschaft eines großzügigen armenischen Kaufmannes aus Madras erwerben.

> Es besteht die Möglichkeit, den Ballsaal für Privatveranstaltungen zu mieten.

SEHENSWERTES IN NÄCHSTER NÄHE
DAS ORATORIUM VON CA' ZENOBIO
Auch wenn das Oratorium weniger bekannt ist als der Ballsaal, lohnt sich eine Besichtigung vor allem wegen der Stuckdecken.

Die Fondamenta Briati verdankt ihren Namen den Glasöfen von Giuseppe Briati, die hier im 18. Jahrhundert standen. Nachdem es seit dem Beschluss des Großen Rates von 1291 keine Genehmigung zur Glasherstellung mehr gab, wurde Giuseppe Briati 1736 zum erstem Mal wieder erlaubt, in der Stadt böhmisches Glas herzustellen. Allerdings nicht auf der Insel Murano, denn man wollte keine Konkurrenz zur schon existierenden Glasfabrik schaffen.

DIE SÄULE VON KAP SOUNION

Dorsoduro 2530 Fondamenta Briati, gegenüber von Ca' Zenobio
• Das Gebäude ist auch Sitz der Philosophischen Fakultät und des
Germanistischen Seminars der Universität Ca' Foscari.
Öffnungszeiten des Gartens: tagsüber und an Werktagen siehe
Öffnungszeiten der Universität

Eine 2500 Jahre alte Säule

Wenn man an der Fondamenta Briati entlanggeht, entgeht einem leicht, was sich im Garten des herrschaftlichen Gebäudes des 19. Jahrhunderts befindet. Hinter dem Zaun erkennt man fünf Säulenteile und ein Kapitell, die zum Poseidontempel (444-440 v. Chr.) von Kap Sounion an der Südspitze von Attika gehörten. Die Säule war Teil einer kleinen Privatsammlung, die in der zweiten Hälfte des 19. Jahrhunderts von der Familie Busetto – von 1855 bis 1920 Besitzer des Gebäudes – zusammengetragen wurde. 1862 kam die Säule an ihren heutigen Ort. Vorher befand sich die schon 1826 nach Venedig gebrachte Säule im Palazzo Erizzo in der Nähe der Schiffswerft. Im Herbst jenes Jahres raubte Marquis Amilcare Paolucci delle Roncole, Admiral und Kommandant der Flotte des Kaisers von Österreich im Mittelmeer, die Säulenteile am Kap Sounion als Kriegsbeute. Obwohl es sich nicht um die ganze Säule handelt, kommen die Teile im Garten sicherlich vom Tempel in Sounion, wie einige unverwechselbare Einzelheiten beweisen: Die Form und Größe des Kapitells zum Beispiel, der Säulendurchmesser und vor allem die seltsame Anzahl der Rillen (normalerweise sind es bei den dorischen Säulen zwanzig und nicht sechzehn wie hier). Darüber hinaus bestehen die Säulenteile aus demselben Material wie der Tempel, d. h. aus Agrilesa-Marmor, der aus den Steinbrüchen der Hügel von Laurion in der Nähe von Sounion kommt. Eine weitere Besonderheit der in Venedig aufbewahrten Säulenteile sind die sogenannten „touristischen" Inschriften, die denen ähnlich sind, die in der Neuzeit am Denkmal von Sounion zu sehen sind und die Namen der Touristen tragen. Auf dem Abakus, der Säulendeckplatte des Kapitells, ist nämlich der Name eines Segelschiffes der französischen Marine mit dem Datum zu erkennen, an dem dieses an Sounion vorbeifuhr („Le Zephir Bric Du Roi 1816"). Darüber hinaus sind in den Rillen des vierten oder fünften Säulenteils von oben weitere Inschriften zu erkennen, die vermutlich den Namen anderer Schiffe und ihre jeweiligen Daten darstellen („FLeur de [-] C[he]valier VE 1822"; „AUNE 1814").

Der Markuslöwe am oberen Ende des Kapitells geht auf das 19. Jahrhundert zurück.

DIE TAFEL DES VERBOTES DER STIERHATZ
Fondamenta Cereri

Der Vorläufer der Stierkämpfe?

Auf der Fondamenta Cereri gegenüber der Brücke Ponte Rosso kann man noch eine Tafel mit einem eingemeißelten Text sehen, die an den 16. Februar 1709 erinnert, als der Rat der Zehn das Verbot der Stierhatz beschloss. Am Anfang befand sich die Tafel im Hof San Rocco, in dem oft Stierhatzen stattfanden und der heute nicht mehr existiert. 1856 wurde die Tafel dann hierher gebracht.

Die Bruderschaft des heiligen Rochus besaß viel Grund in der Nähe der *Scuola*, unter anderem auch den Hof San Rocco und weitere Gebiete von der Pfarrei Angelo Raffaele bis zur alten Kirche Santa Maria Maggiore. Also war auch die Fondamenta Cereri damals Eigentum der Bruderschaft.

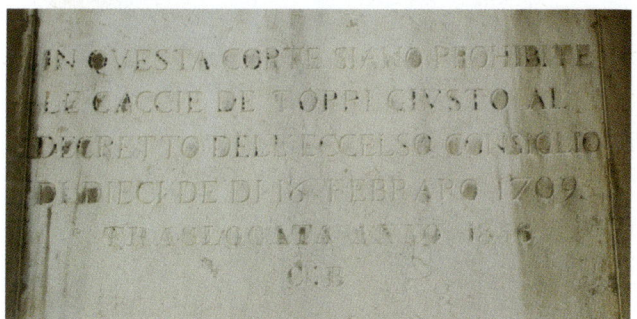

DIE STIERHATZ
Die Stierhatz war in Venedig ein besonders beliebter Zeitvertreib. Sie fand in den größeren Höfen statt, wo Hunde und Stiere aufeinander losgelassen wurden.

Am letzten Sonntag im Karneval wurde eine dieser Hatzen auch im Hof des Dogenpalasts organisiert. Wenn hoher Besuch in der Stadt war, wurde die Hatz am Markusplatz durchgeführt.

Traditionsgemäß fand die Hatz auf den folgenden Plätzen statt: Corte Grande (Giudecca), Campo Santo Stefano, Campo della Bragora, Campo San Geremia, Campo Santa Maria Formosa, Campo Rusolo und Corte San Rocco; einige fanden auch in der Ruga degli Orefici (Rialto) und in der Calle dei Botteri (San Cassiano) statt.

Die letzte Stierhatz fand am 22. Februar 1802 auf dem Campo Santo Stefano statt. Infolge des Einsturzes einer Treppe vor dem Palazzo Morosini wurde der Zeitvertreib dann definitiv verboten.

WEITERE WERKE VON CARLO SCARPA IN VENEDIG:
Ehemaliges Olivetti-Geschäft, Markusplatz
Eingang des Universitätsinstituts für Architektur bei Tolentini
Querini Stampalia-Stiftung
Eingang eines anderen Sitzes der Universität Ca' Foscari, links von der
Hauptfassade der Kirche San Sebastiano
Innenhof des italienischen Pavillons der Biennale
Teil des Friedhofs San Michele
Innenräume der Ca' d'Oro
Partisanen-Denkmal in der Nähe des Vaporetto-Stegs bei Giardini

DAS AUDITORIUM MAXIMUM MARIO BARATTO ㉑ DER UNIVERSITÄT CA' FOSCARI, EIN WERK VON CARLO SCARPA

Dorsoduro 3246
30123 Venedig
• Besichtigung nach Anmeldung • +39 041 234 83 23 • urp@unive.it

Ein unbekanntes Werk des großen venezianischen Architekten

Auf Anfrage (wenn möglich per E-Mail) kann das von Carlo Scarpa entworfene Auditorium Maximum Mario Baratto der berühmten Universität Ca' Foscari besichtigt werden. Der sehenswerte Hörsaal im zweiten Stock der Beletage wurde 2006 zusammen mit dem Palazzo renoviert. Ein Universitätsangestellter führt Sie in das Audimax, das eines der unbekannteren Werke des berühmten venezianischen Architekten darstellt, der den Raum einmal in den 30er und dann in den 60er Jahren umgestaltete. Auch die Einrichtung wurde von Carlo Scarpa geplant, aber erst nach seinem Tod fertiggestellt. An den Wänden hängen zwei aus den Jahren 1932-1933 stammende Gemälde: *La scuola* von Mario de Luigi, ein sehr schönes kubistisches Werk, und *Venezia, l'Italia e gli studi (Venedig, Italien und das Studium)* von Mario Sironi im faschistischen Stil. Erwähnenswert sind auch die zwei Steinstelen an den Seiten des Pultes, auf denen die Büsten von Mussolini standen. Der Saal ist auch aus einem anderen Grund interessant, und zwar wegen der atemberaubenden Aussicht vom Balkon auf den Canal Grande. Der Palazzo befindet sich an einem Knie des Canal Grande, von wo man wohl die beste Aussicht auf den Hauptkanal der Stadt genießt. Zur *regata storica* (historischen Regatta) im September wird hier die *machina* errichtet, eine schwimmende Tribüne auf einem hölzernen Kahn, wo die Autorität sitzt und die Preisverteilung stattfindet.

Im Club Foscari können auf Anfrage die Reste des alten Fußbodens besichtigen werden, den der Doge Foscari mit Fresken bemalen ließ. Es handelt sich wohl um den einzigen mit Fresken bemalten Fußboden der Stadt Venedig.

Im angrenzenden Palazzo Giustinian befindet sich die schöne modernistische Statue von Niobe, die die im Krieg gefallenen Italiener beweint. Dieses Werk ist von Napoleone Martinuzzi, einem Bildhauer aus Murano, der vor allem für seine im Museo Correr ausgestellten Glasmodelle und das Gefallenendenkmal in der Nähe der Basilika Santi Maria e Donato in Murano berühmt ist. Im Palazzo kann man auch noch die alten Kamine sehen. Ähnliche Werke befinden sich im Palazzo van Axel (während der Biennale geöffnet) und im Palazzo Papadopoli am Canal Grande (privat).

GIUDECCA
& SAN GIORGIO

DER KONKLAVE-SAAL
VON SAN GIORGIO MAGGIORE

Abtei von San Giorgio Maggiore
• Besichtigung während der Öffnungszeiten der Kirche auf Anfrage bei
einem der Mönche

A m 29. August 1799 starb Papst Pius VI.
im Alter von 83 Jahren im französischen
Valence. Rom war nach Ankunft der
napoleonischen Truppen ein einziges Chaos,
weshalb dort kein neuer Pontifex gewählt
werden konnte. Man entschied sich deshalb,
das Konklave unter österreichischem Schutz

*Erinnerung
an die einzige
Papstwahl
in Venedig*

in Venedig abzuhalten (in der Abtei von San Giorgio Maggiore), auch weil
viele Kardinäle hierher geflüchtet waren. Unter diesen befand sich auch
Kardinal Albani, der Dekan des Heiligen Kardinalskollegiums. Drei Monate
(vom 13. Dezember 1799 bis zum 14. März 1800) dauerte es, bis schließlich
der Benediktinermönch und Bischof von Imola Barnaba Chiaramonti zum
völlig unerwartet zum neuen Kirchenoberhaupt (Papst Pius VII.) gewählt
wurde. Auch wenn der Pontifex den Österreichern nicht direkt feindselig
gegenüberstand, so unterwarf er sich aber deren Interessen auch nicht. Die
Wahl, die als regelrechte Beleidigung Österreichs galt, wurde von Napoleon
gelenkt, der Pius VI. Ende Januar 1800 prunkvoll hatte beerdigen lassen. Erst
am 3. Juni 1800 konnte Papst Pius VII. nach Rom ziehen, das nun nicht mehr
von den Franzosen besetzt war.

Die Besichtigung des berühmten Konklave-Saals, der sich im ersten
Stock des imposanten Gebäudes von San Giorgio Maggiore befindet,

ist beeindruckend. Die Stühle der
Kardinäle mit ihren Namen sind
noch an ihrem ursprünglichen Platz.
Bemerkenswert ist auch das Porträt
von Pius VII. und das in Vergessenheit
geratene Bild von Carpaccio, das den
heiligen Georg mit dem Drachen zeigt.

SEHENSWERTES IN NÄCHSTER NÄHE

CAPPELLA DELLA DEPOSIZIONE

Heilige Messe: sonntags um 11 Uhr

Jeden Sonntag um 11 Uhr wird in der gewöhnlich für die Öffentlichkeit
geschlossenen Cappella della Deposizione die heilige Messe gefeiert. Bei
dieser Gelegenheit kann man *Die Kreuzabnahme* (*La Deposizione di Cristo*),
das letzte Gemälde von Tintoretto bewundern. Die Kapelle kann manchmal
auch zusammen mit dem Konklave-Saal und der Sakristei besichtigt werden.
Die Sakristei ist vor allem für ihre Größe bekannt und für die Öffentlichkeit
normalerweise geschlossen.

**SYMBOLE UND LEGENDEN DER GONDEL
DER GONDOLIERE: EIN SYMBOL FÜR DEN KAMPF DES HEILIGEN GEORG
GEGEN DEN DRACHEN?**

Das Wort *gondola* erschien zum ersten Mal 1094 in einem Dekret des Dogen Vitale Falier. Damals wurde der Begriff *gondulam* verwendet, dessen Etymologie ungewiss ist: Sie geht vielleicht auf das lateinische *cymbula* („kleines Boot") oder auf *cuncula* („Muschel"), vielleicht aber auch auf die griechischen Wörter für Boot, wie z. B. *kundy kuntòhelas*, zurück. Der Legende nach lebt in der Tiefe der Lagune ein mysteriöser Drache (oder ein großes Krokodil), der nur vor den Gondolieri Angst hat: Mit ihren Rudern stellen sie eine Bedrohung für das Ungeheuer dar und symbolisieren den heiligen Georg, der mit seiner Lanze den Drachen getötet hat. Nicht von ungefähr ähnelt *gundu* dem Wort *guntu*, dem mundartlichen germanischen Begriff für Krieger. Manchmal ärgert sich der Drache, wobei sein Hauch dichten Nebel hervorruft, der die Lagune einhüllt. Dennoch taucht er nie aus dem Meer auf, denn der Tanz der Gondolieri hört nie auf. Es ist kein Zufall, dass eine Insel der Lagune nach dem heiligen Georg benannt wurde (*San Giorgio Maggiore*) und auf ihr ein Benediktinerkloster erbaut wurde, das heute noch geöffnet ist, denn die Gebete und Gesänge der Mönche besänftigen den Wut des legendären Ungeheuers. Schließlich ist Venedig mit dem Mond verbunden und es ist wiederum kein Zufall, dass die Gondel die Gestalt eines Halbmondes hat. Das Rot wurde als Farbe der Lagunenstadt auch nicht zufällig gewählt: In der Ikonographie war es die Farbe des Heiligen Georg, dessen Legende hier im 5. Jahrhundert entstand. Nachdem der Heilige den Drachen mit seiner Lanze getötet hatte, färbte das Blut des Ungeheuers nicht nur seinen weißen Mantel rot, sondern auch die Stadt Venedig. Der verwundete Körper des Drachens verschwand in die Lagune: Deswegen symbolisiert die rote Farbe vor allem den Sieg Venedigs über den Drachen als Symbol der Häresie und der Apostasie.

VILLA HERRIOT ③

Calle Michelangelo 54/P
• Vaporetto-Haltestelle: Zitelle
• Öffnungszeiten: werktags (im Besonderen: Dienstag und Donnerstag von 10.00 bis 13.00 Uhr)

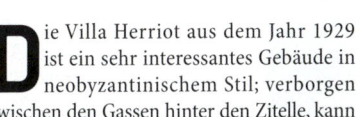

Die Villa Herriot aus dem Jahr 1929 ist ein sehr interessantes Gebäude in neobyzantinischem Stil; verborgen zwischen den Gassen hinter den Zitelle, kann sie aber vom Boot aus gesehen werden (hinter die Giudecca fahren).

Entspannung fernab vom Touristenstrom...

Die Villa besteht eigentlich aus zwei kleinen Bauten mit antikem Aussehen; heute beherbergt sie verschiedene Einrichtungen: die *Università Internazionale dell'Arte* (UIA, eine internationale Kunstuniversität, die auf Restaurierung spezialisiert ist), die *Società Europea di Cultura* (Europäische Kulturgesellschaft) und das *Istituto veneziano per la storia della Resistenza e della società contemporanea* (Venezianisches Institut für Geschichte des Widerstands und der zeitgenössischen Gesellschaft). Wer sich diskret verhält und freundlich nachfragt, darf sogar in die erste prächtige Villa. An den Wänden hängen verschiedene Waffen, die der Villa das Aussehen eines mittelalterlichen Jagdschlosses geben. Im Garten kann man einen angenehmen Spaziergang machen, sich entspannen und in aller Ruhe

die wunderbare Aussicht auf den südlichen Teil der Lagune genießen, weitab vom Lärm der Touristen. Die Villa wurde vom Maler und Architekten Raffaele Mainella für den Franzosen Herriot auf dem Gelände einer früheren Seifenfabrik als Ferienhaus erbaut. 1947 überließ Frau Herriot nach dem Tod ihres Mannes die Villa der Stadt Venedig, aber nur unter der Bedingung, dass diese zu einer Schule umgebaut wird. So wurde die Grundschule Carlo Goldoni gegründet. Auch die internationale Kunstuniversität, die die Villa zu ihrem Sitz gemacht hat, erweist dem letzten Willen der Frau Herriot Ehre.

„DIE EINEN BEHAUPTEN, DIE HÄUSER BESTEHEN AUS MAUERN. ICH BEHAUPTE, DIE HÄUSER BESTEHEN AUS FENSTERN." (HUNDERTWASSER)

Der 1928 in Wien geborene Friedensreich Hundertwasser ist im Jahr 2000 in Neuseeland an Bord der Queen Elizabeth 2 gestorben.

Hundertwasser hieß eigentlich Friedrich Stowasser. Das tschechische Wort „sto" bedeutet „hundert", daher der Nachname. Sein Taufname war Friedrich, dessen Wurzel „Frieden" ist, woraus der österreichische Künstler und Architekt seinen eigenen Namen Friedensreich machte. Kohärent zu dieser Namensfindung proklamierte er sich 1990 außerdem „Architekturarzt".

Hundertwasser hatte eine ganz eigene Vorstellung von seinem Beruf: Er war streng ökologisch, schuf Häuser mit Bäumen an den Fenstern (siehe Hundertwasserhaus in Wien), mit bewachsenen Dächern (siehe Thermenhotel Rogner in Bad Blumau) oder mit Terrassendächern. Klare geometrische Formen gab es keine, dafür viele bunte Farben.

Hundertwasser zögerte nicht, wenn es darum ging, seine eigenen Theorien laut zu verkünden. Berühmt sind seine Worte zum Humus: „Homo, Humus, Humanitas ... Humus ist das wahre schwarze Gold ... Der Humusgeruch ist der Geruch Gottes, der Geruch der Wiederauferstehung, der Geruch der Unsterblichkeit." (Manifest „Die heilige Scheiße" in Präffikon, 1979)

1960 organisierte er in Paris die „Action Orties", in deren Rahmen er Brennnesselsuppe anbot: „Wisst Ihr, wie einfach es ist, ohne Geld zu leben? Man muss nur Brennesseln essen ... Brennessel wachsen überall. Sie sind ganz umsonst. Esst sie!"

Er hatte auch das Manifest „Fensterrecht" geschrieben, denn seiner Meinung nach „muss ein Bewohner das Recht haben, sich aus seinem Fenster zu lehnen und außen an der Außenwand alles umzugestalten, wie es ihm entspricht, soweit das Auge reicht, damit man von weitem, von der Straße sehen kann: dort wohnt ein Mensch."

2003 wurde die wunderschöne Ausgabe „A garden in Venice" veröffentlicht (Verlag Frances Lincoln), in der auch Drucke enthalten sind, die an den „Traum des Poliphilo" erinnern, das bizarre Werk, das im Venedig der Rennaisance veröffentlicht worden war.

WAS BLEIBT VOM GARTEN EDEN?

Hinter dem Männergefängnis der Giudecca liegt eines der bestgehüteten Geheimnisse von Venedig und vielleicht auch eines, das die meisten Gerüchte hervorbringt: der sagenhafte Garten Eden (der Name kommt allerding vom ersten Besitzer Frederic Eden, Großonkel des gleichnamigen ehemaligen Ministers von Großbritannien). Man sagt z. B., dass der Garten total verkommen, die Statuen verschwunden und das Haus verfallen sei.

Dank eines der Wunder, die in dieser Art nur in Venedig geschehen können, hatten wir vor kurzem das große Privileg, den Garten zu besichtigen.

Auch wenn der Garten nicht besonders gut gepflegt ist, so ist er sicherlich nicht verkommen. Einige Gärtner kümmern sich mehrmals im Jahr darum und bekämpfen das wuchernde Unkraut.

Das Haus ist in perfekter Ordnung. Einziger, aber schwerer Schönheitsfehler: Die Terrasse im ersten Stock ist aus unschönem Zement. Kleine Besonderheit: Vor dem Haus wehen drei Fahnen. Die erste trägt einen Davidstern und einen grünen islamischen Halbmond (vielleicht ein Friedenszeichen?*), die zweite zeigt drei Maori-Figuren (aus Neuseeland) und die letzte hat eine Spirale, wahrscheinlich das persönliche Zeichen des Architekten.

Die Statuen sind alle an Ort und Stelle, auch wenn sie unserer Meinung nach keine große ästhetische Bedeutung haben.

Abgesehen vom Haus ist der Besitz in miserabler Kondition. Die Stiftung Hundertwasser, die den Besitz vom letzten Hausherrn, dem exzentrischen Künstler und Architekten Friedrich Hundertwasser (siehe linke Seite) geerbt hat, pflegt den Garten nur minimal.

Die letzte Wahrheit: Der Garten Eden steht nicht zum Verkauf. Und zum Schluss: Man kann ihn weder mieten noch besichtigen.

Sir Frederic Eden erwarb 1884** ein ehemaliges Nebengebäude des Schwesternklosters Santa Croce. In den zwanziger Jahren wurde der von Künstlern und Schriftstellern (Proust, Cocteau, Rilke, Aragon) besuchte Garten Eigentum von Aspasia, der Prinzessin von Griechenland und Dänemark, die 1919 die Ehefrau von Alexander von Griechenland, König der Hellen wurde, der ein Jahr später aufgrund einer Bisswunde seines Lieblingsaffens starb.

Hundertwasser kaufte den Garten 1972 und pflegte ihn bis zu seinem Tod im Jahre 2000. Seiner Meinung nach „muss man keinen Gartenbau betreiben, man muss es der Natur überlassen. Spontane Vegetation betreiben, alles wachsen lassen, nie etwas schneiden ... man muss sich dringend mit unseren Gärten unterhalten, einen Friedensvertrag unterschreiben". Wenn er von mehreren Seiten angegriffen wurde, antwortete er so: „Die Leute, die nichts verstehen, unterstellen mir, dass ich den Garten verkommen lasse. Im Gegenteil: Ich mag keine wilden Pflanzen. Ich reiße immer die Brennnesseln, die Dornen aus. Schauen Sie sich die Harmonie dieser Grüntöne an! Und diese verflochtenen Zweige: es schaut aus wie eine Stickerei!"

* Der Name Friedrich kommt von „Frieden" (siehe links).

** Die Geschichte des Gartens wird im dem sehr reizenden kleinen Buch mit dem Titel „Un giardino a Venezia" („Ein Garten in Venedig"; in italienischer Sprache im Pendragon-Verlag) beschrieben, das zum ersten Mal 1903 in London in englischer Sprache erschienen ist.

DER GEMÜSEGARTEN
DES KAPUZINERKLOSTERS

④

Giudecca 195
• Eingang am Ende der Redentore-Kirche links
• Konatkt: Padre Cesare, telefonisch erreichbar von 13.00 bis 20.00 Uhr
• Tel. +39 041 522 43 48

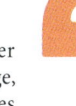

Der große Gemüsegarten hinter der Redentore-Kirche kann auf Anfrage, oder manchmal auch auf einfaches Klingel am Klostereingang, besichtigt werden. Vom ca. einen Hektar großen Garten bis

Stadt oder Land?

zum anderen Ende der Giudecca hat man einen außergewöhnlich schönen Blick auf die südliche Lagune und die Inseln San Clemente und della Grazia. Die Qualität der Führung hängt stark vom Mönch ab, der Sie durch den Garten führt.

Das Kapuzinerkloster besitzt auch eine schöne alte Apotheke, die man nach Reservierung ab und zu besichtigen kann.

SEHENSWERTES IN NÄCHSTER NÄHE

DIE BÜSTEN IN DER SAKRISTEI DER REDENTORE-KIRCHE

⑤

Redentore-Kirche
• Öffnungszeiten: von Montag bis Samstag von 10.00 bis 17.00 Uhr
Besichtigung auf Anfrage: Padre Cesare, telefonisch erreichbar von 13.00 bis 20.00 Uhr • Tel. +39 041 522 43 48

Neben den zahlreichen Reliquien besitzt die Sakristei der Redentore-Kirche auch eine beeindruckende Sammlung von Wachsbüsten, die aus der zweiten Hälfte des 19. Jahrhunderts stammen und Ergebnis einer Reihe von Selig- und Heiligsprechungen der Kapuziner sind. Die elf Büsten stellen nämlich die folgenden seligen und heiligen Kapuzinermönche dar: Felix von Cantalice, Fedelis von Sigmaringen, Josef von Leonessa, Seraphim von Montegranaro, Bernhard von Corleone, Lorenz von Brindisi, Bernhard von Offida, Veronica Giuliani (aus dem Bettelorden der Klarissen), Crispino von Viterbo, Angelo von Acri und Nicola Molinari. Die zwölfte anakronistische Büste ist die des heiligen Franz von Assisi (1181-1226), der den Franziskanerorden gegründet hat, dem auch die Kapuziner angehören.

Die Kapuziner verdanken ihren Namen der Kapuze, mit der sie sich den Kopf bedecken. 1525 hatte ein Franziskanermönch eine Vision von Franz von Assisi, der ein Gewand mit spitzer Kapuze trug. Diese Vision gilt als Ursprung des Schismas von Franzikaner- und Kapuzinerorden. 1536 wurde den Kapuzinern von Papst Paul III. die Genehmigung erteilt, einen eigenen Orden zu gründen.

DIE KANTINE DER BETRIEBE ❻

Giudecca 554
- Tel. +39 041 2411413
- Öffnungszeiten: Montag bis Freitag von 11.45 bis 14.00 Uhr
- komplettes Menü: 11 €

Mittagessen in einer versteckten Schiffswerft

Es handelt sich hier nicht um das Mistrà, das in anderen Führern erwähnte Restaurant der großen Schiffswerft der Giudecca, sondern um eine Kantine im Inneren der kleinen Werft von Giovanni Toffolo.

Natürlich verliert sich bei der Besichtigung der Giudecca kein Tourist hierher. Doch der herzliche Empfang, das einzigartige Ambiente (die Kunden sind Werftarbeiter und Bewohner der Insel) und die einfache, aber schmackhafte Küche machen diese Kantine zu einem gemütlichen Ort.

Damit einem nichts entgeht, kann man draußen Mittag essen und bis in den Spätherbst die Sonne genießen. Umgeben von Schiffen, die gerade repariert oder gebaut werden, kann man an den zwei, drei Tischen in entspannter Atmosphäre zu Mittag essen. Ein unvergessliches Erlebnis. Das 11-Euro-Menü besteht aus einer Vorspeise, einer Portion Pasta, einem fleischhaltigen Hauptgericht, Mineralwasser, Wein, Espresso und Obst.

Lassen Sie sich diese Gelegenheit nicht entgehen!

SEHENSWERTES IN NÄCHSTER NÄHE ❼

DIE EHEMALIGE SEILEREI DER GIUDECCA
Giudecca 595

Nur wenige Meter von der Vaporetto-Haltestelle Palanca entfernt beherbergte das Haus mit der Nummer 595 bis in die 90er Jahre die letzte Seilerei von Venedig.

Wie viele Handwerker- und Industriebetriebe zog auch die Seilerei Inio (Name des Besitzers) in den Jahren 1848-1850 von der Giudecca in das Cannaregio-Viertel. Der neue Standort durchquerte die Insel buchstäblich und ging von der Fondamenta über den Giudecca-Kanal bis hin zum Ufer der südlichen Lagune. Die Seilerei hatte auch einen Stall mit einer Kuh, mit der man den Wagen zog, der für die Tauherstellung benötigt wurde. Angenehmer Nebeneffekt: Die Kuh produzierte natürlich Milch. In den 30er Jahren beschäftigte die Seilerei ungefähr dreißig Leute.

DER MARKT DES FRAUENGEFÄNGNISSES AUF DER GIUDECCA

Fondamenta delle Convertite
Giudecca 54N
- Vaporetto-Haltestelle: Palanca
- Markt am Donnerstagmorgen zwischen 9.00 und 10.00 Uhr

Es ist nicht genug für alle da...

Wenn Sie donnerstags zwischen 9.00 und 10.00 Uhr die Fondamenta delle Convertite entlanggehen, können Sie Zeuge einer eigenartigen Szene werden: vor dem Eingang des Frauengefängnisses der Giudecca warten etwa 15 Leute, bis sie an der Reihe sind. Am Ufer gibt es einen Obst- und Gemüsestand und eine Waage. Sonst nichts. Der Markt der weiblichen Gefangenen, wie er hier genannt wird, kann beginnen. Spektakulär daran sind die Leute: einige Omas, die wohl auf der Giudecca wohnen, boxen sich durch, geben vor, viel früher dagewesen zu sein und versetzen den anderen dabei mit ihrem Einkaufswagen einen diskreten aber gut platzierten Stoß. Es steht nämlich viel auf dem Spiel: Anders als auf üblichen Märkten reicht die Verkaufsware nicht für alle aus, und das Risiko, nach einer halben Stunde Schlangestehen mit leeren Händen abzuziehen, ist groß.

Warten kann schwierig sein. Vor allem wenn die wunderschönen Auberginen aus biologischem Anbau unter ihren Augen aus dem Gefängnishof getragen werden und die köstlichen Zucchini, die Sie schon in Ihren Töpfen wähnten, auch schon weg sind. Gekauft von einer Oma der Giudecca, die sich unverschämt vorgedrängelt hatte. Wer schon bei seiner Ankunft weiß, was er zum Mittagessen machen will, wird sich wohl ständig neue Rezepte ausdenken müssen, während das bevorzugte Obst und Gemüse nach und nach verschwindet.

Auch wenn alle scheinbar gut gelaunt sind und sich freundlich unterhalten, ist Betrug keine Seltenheit: Die Frau hinter Ihnen behauptet, sie habe schon gefragt, ob jemand Äpfel möchte, doch keiner habe ihr geantwortet, weshalb sie ihre Einkaufstasche mit dem restlichen Obst füllt, von dem Sie auch gern etwas gehabt hätten. Lassen Sie sich nicht für dumm verkaufen! Setzen Sie Ihre Ansprüche durch und holen Sie sich Ihre Äpfel zurück. Sie sind köstlich und Sie haben sie verdient!

Neben dem folkloristischen Aspekt sind alle Produkte aus biologischem Anbau, lecker und sogar billiger als woanders. Wenn Sie Zeit haben, sollten Sie über den Markt bummeln – es ist sicher interessant.

Tipp: Kommen Sie etwas vor 9 Uhr und Sie werden die ersten sein oder müssen höchstens ein bisschen warten. Die Sticheleien beginnen erst gegen 9.15 Uhr. Eine andere Lösung ist, Ihr Glück bei Marktschluss zu versuchen, also zwischen 9.30 und 9.45 Uhr. Manchmal gibt es schöne Überraschungen!

SPUREN DES INDUSTRIELLEN VENEDIGS

Auch wenn es heute schwer vorstellbar ist, war die Lagune einst voller Werkstätten und Fabrikanlagen, von denen noch einige Spuren zu sehen sind.

Die Brauerei *Fabbrica Birra Venezia*, die nach jahrzehntelangem Winterschlaf seit kurzem wieder in Betrieb ist, befand sich anfänglich bei Santa Chiara in der Nähe des Piazzale Roma; 1902 zog die Brauerei dann auf die Giudecca neben den Molino Stucky, übergab die Lokalität aber später Dreher (heute sind die Gebäude zu Wohnungen umfunktioniert; siehe Foto). Die Baumwollspinnerei *Cotonificio Veneziano* (eine der wichtigsten der Gegend, gegründet 1883 und bis 1960 in Betrieb) befand sich bei Santa Marta und ist heute Sitz der IUAV (Universitätsinstitut für Architektur in Venedig) und der Universität Ca' Foscari. Dieselbe Umfunktionierung geschah auch am städtischen Schlachthof *Macello Comunale* bei San Giobbe in Cannaregio, der nach der Zusammenlegung verschiedener Schlachthöfe von Seiten der Österreicher von 1843 an in Betrieb war.

Die Tabakfabrik *Manifattura Tabacchi* beim Piazzale Roma wurde 1876 gegründet und war eine der größten Industriestätten der Stadt, was Umsatz und Personal betrifft. Heute ist es ein Justizgebäude. Der Sitz der Streichholzfabrik *Fiammiferi Saffa* (führendes Unternehmen, in Betrieb bis in die 50er Jahre) befand sich in Cannaregio in der Nähe vom Bahnhof. Auch nach der 1981-1985 durchgeführten Umgestaltung in Wohnhäuser sind noch einige Spuren davon zu sehen.

Nach dem Anschluss Venedigs an das Italienische Königreich von 1866 begann eine diskrete Anzahl an ausländischen Unternehmern in wichtige Produktionen mit Sitz in der Lagune zu investieren. Der schwedische Unternehmer *Theodor Hasselquist*, Geschäftsführer der Venezianischen Dampfschifffahrtsgesellschaft der Lagune, betrieb die ersten Verbindungen mit Dampfbooten zwischen Altstadt, Chioggia und Inseln. Die *Société De Frigiere-Cottin-Mongolfier* produzierte die ersten Produktionsstätten auf Gasbasis bei San Francesco della Vigna in Castello (1841). Noch heute sind zwei imposante Fachwerkbauten in der Nähe des Gartens der Kirche San Francesco della Vigna zu sehen. Die *Compagnie Générale des Eaux pour l'Etranger* war für die Trinkwasserversorgung zuständig (1875) und realisierte bei Sant'Andrea della Zirada in der Nähe des Seehafens eine neue Anlage.

Zur selben Zeit eröffnete der spanische Modeschöpfer *Fortuny* die berühmte Stofffabrik im Palazzo Fortuny oder Pesaro degli Orfei in der Nähe des Campo Sant'Angelo (Anfang des 20. Jahrhunderts zog die Fabrik auf die Giudecca, wo sie noch heute steht). Der Engländer *Enrico Gilberto Neville* – Sohn des Ingenieurs, der die Eisenbrücken bei der Accademia und Scalzi am Canal Grande erbaute – wurde Eigentümer der Gießerei *Privilegiata e Premiata Fonderia Veneta* bei San Rocco mit etwa 100 Beschäftigten. Nach 50 Jahren Betrieb wurde die Gießerei 1905 abgerissen und die 14.000 ha große Fläche (von der Apsis der Kirche San Rocco bis zum Rio delle Saccole in San Polo) wurde unterteilt und zum Wohnungsbau freigegeben. Heute zeugt nur noch der Name „**Calle della Fondaria**" (Gießereistraße) hinter der Kirche San Rocco von der einstigen Produktionsstätte.

Viele in dieser Zeit entstandene Anlagen (auch von Ausländern betrieben) siedelten sich vor allem auf der Giudecca an, wo es ausreichend Platz für die Industriebetriebe gab. Auch der Deutsche *Herion* begann mit seiner Faden- und Textilproduktion in der ehemaligen Kirche Santi Cosma e Damiano auf der Giudecca (heute sog. *Incubatore,* der hochtechnologisisierte Unternehmen aus jüngster Zeit beherbergt). Auch die deutsche Fabrik *Junghans* für Präzisionsmessgeräte (Uhren, Timer und in Kriegszeiten auch Handbombenzünder) nahm hier ihre Arbeit auf. Auf dem Gelände der ehemaligen Junghans-Fabriken wurden später Wohnungen, ein Studentenheim und ein Theater gebaut.

Am westlichen Ende der Insel ließ der Schweizer *Stucky* eine imposante neugotische Mühle errichten, die seinen Namen trägt. Das grandiose Gebäude im nordischen Stil wurde von einem Architekten aus Hannover entworfen. Die Venezianer sind nicht sehr davon begeistert, doch Stucky konnte sie überzeugen: Als er damit drohte, seine Beschäftigten zu entlassen, war die Stadt sofort mit den Plänen einverstanden. Die Mühle war bis 1955 in Betrieb. Heute ist es ein Luxushotel.

VON DEN STÄLLEN ZU DEN STERNEN: DIE FILMSTADT DER GIUDECCA

Beim Ausbruch des Zweiten Weltkriegs kandidierte Venedig als neue Filmstadt. Es bot nämlich eine weltweit einzigartige Kulisse, das nicht leicht Opfer von Bombenangriffen werden würde. Hinter dem *Molino Stucky* auf der Giudecca hatten die Filmstudios der römischen Filmgesellschaft *Scalera Film* ihren Sitz, wobei sie in ehemaligen Ställen und Heuschobern untergebracht wurden, die früher 150 Kühe beherbergten. Die Scalera realisierte 13 Filme und arbeitete noch bis kurz nach dem Krieg weiter. Einige Filme waren *Ruy Blas* von Pierre Billon und *Jean Cocteau* (1947) nach dem gleichnamigen Roman von Victor Hugo. Die Filmgesellschaft diente auch als Basis für berühmte Filme wie *Otello* von Orson Wells (1952), *Sehnsucht* mit Alida Valli von Luchino Visconti (1954) und *Traum meines Lebens* mit Katharine Hepburn von David Lean (1955).

Heute ist von den Filmstudios nicht viel übrig geblieben. Auf der gesamten Fläche wurden Wohnungen gebaut.

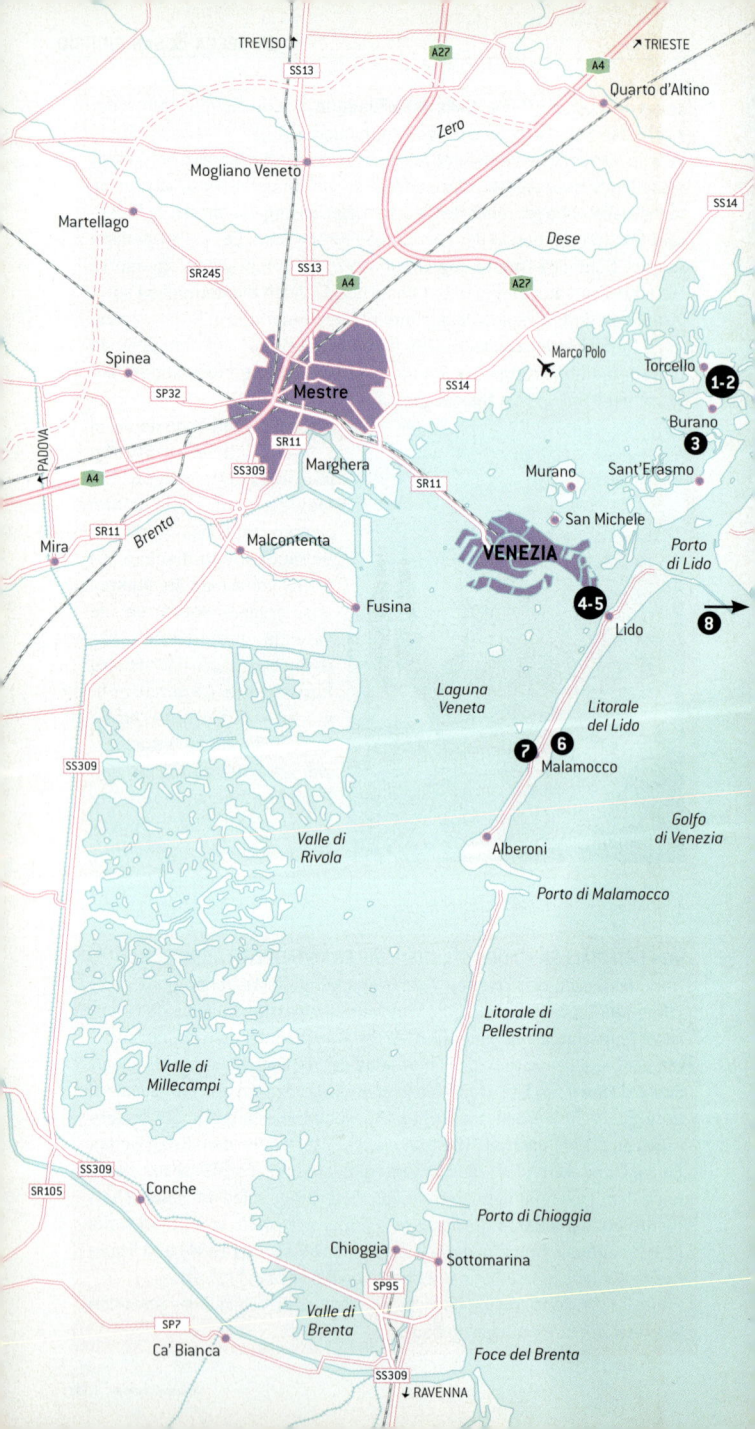

IN DER LAGUNE

DAS HAUS VON BEPI AUF DER INSEL BURANO

Via Al Gottolo 339, Burano
• Für weitere Auskünfte wenden Sie sich bitte an: info@casabepi.it

Das kaleidoskopische Haus von Bepi Suà

In einer kleinen Seitenstraße von Via Galuppi, der Hauptstraße der Insel Burano, verbirgt sich ein sehr außergewöhnliches Gebäude. Die leuchtenden Farben der Fassade, mit ihrem starken Farbkontrast, scheinen direkt aus einer Malerpalette oder aus einem funkelnden Kaleidoskop zu stammen. Das Gebäude gehörte Giuseppe Toselli, auf der Insel besser unter dem Namen *Bepi Suà* (venezianisch für „der verschwitzte Bepi") bekannt. *Bepi Suà* wurde 1920 in Burano geboren und war ein Bonbons-Verkäufer und ein großer Kinofan. Während der 40er Jahre arbeitete er als Techniker beim Kino *Cinema Favin* und erbte nach der Schließung des Kinos den alten Filmprojektor mit Handkurbel. Im Sommer führte Pepi am Abend gerne Filme aus der goldenen Zeit des Kinos vor. Seine Nachbarn versammelten sich auf seinem kleinen Platz vor dem vielfarbigen Haus. Jeder brachte seinen Stuhl mit und freute sich, die Abenteuer berühmter Helden und die Liebschaften berühmter Diven genießen zu können.

Die Malerei war eine weitere Leidenschaft von Bepi, die er mit großer schöpferischer Inspiration an der Fassade seines Hauses auslebte. Alle erinnern sich daran, wie Bepi auf seinem Klappstuhl geduldig malte. Der Besitzer führte mehrere farbliche Veränderungen der Fassaden durch: Er liebte es nämlich, sein „Geschöpf" mithilfe von originellen Verkleidungen und immer neuen Einzelheiten und Dekorationen zu verändern.

Nach seinem Tod im Jahre 2002 wurde das Haus vom gegenwärtigen Besitzer erneuert, wobei er die gleiche Technik wie Bepi verwendete, um den Farben des außergewöhnlichen Hauses neue Frische und Vitalität zu geben.

DIE FARBEN VON BURANO

Einige sind der Meinung, dass die bunten Häuser von Burano einen alten Ursprung haben. Weißer Kalk wurde demnach scheinbar während der zahlreichen mittelalterlichen Pestepidemien benutzt, um die infizierten Häuser zu desinfizieren. Dagegen wurden die nicht infizierten Häuser mit Regenbogenfarben bemalt: Die Fischer benutzten diese Farben auch, um ihre Boote und Schiffe zu kennzeichnen. Auf diese Weise waren die Häuser auch im Herbstnebel von der Lagune aus gut sichtbar, wenn die Fischer die genaue Richtung für ihre Rückkehr nach Hause bestimmen mussten.

DAS HAUS DES PROFESSORS AUF BURANO ❷

Via Terranova 79, Burano

> Ein farbloses Haus auf der buntesten Insel der Lagune

In der bunten Landschaft der Insel Burano ist ein farbloses Haus so selten wie ein weißer Rabe. Das Haus befindet sich in einem etwas abgelegeren Teil der Insel und macht die Besucher wegen seiner fast franziskanischen Nüchternheit stutzig. Auch der Satz, der das Haus schmückt, weist auf die Franziskaner hin. Er ist nämlich dem Sonnengesang des Heiligen Franz von Assisi entnommen und lautet: LAUDATO SIE MI SIGNORE CUM TUCTE LE TUE CREATURE (Gelobt seist du, mein Herr, mit allen deinen Geschöpfen). Das Haus gehörte dem Künstler Remigio Barbaro, auch unter dem Spitznamen *il Professore* (der Professor) bekannt. Er wohnte dort bis zu seinem Tod im Jahr 2005. Remigio Barbaro war ein begabter und sensibler Bildhauer. Er nahm an mehreren Ausstellungen teil und erhielt verschiedene Preise. Sein zurückhaltenden Wesen lehnte jegliche Mondänität ab, weshalb er auch *der Einsiedler der Insel* genannt wurde. Er war auch als der *franziskanische Bildhauer* bekannt, da er einen einfachen Lebensstil hatte: Die Statue des Poverello (armen Jungen) von Assisi befindet sich nicht zufällig genau vor seinem Haus, zusammen mit der Büste des Komponisten Galuppi und der Terrakottafigur eines auf den Kopf gestellten Mannes (eine Kopie des Kriegerdenkmales von Santa Lucia di Piave). In seiner Wohnung, zurzeit leider geschlossen, werden noch andere Werke des Künstlers aufbewahrt. Der *Professor* liebte es, sich mit Kunstgegenständen und wertvollen Sammlungen zu umgeben, was zu einem bunten Durcheinander von Zeichnungen, Skizzen, Terrakottafiguren und Bronzen führte: In mehr als 70 Jahren Tätigkeit schuf er eine Art künstlerisches Haus-Atelier geschaffen – und ein Museum für seine plastischen und graphischen Werke. Die Werke haben tiefe Spiritualität und dramatische Ausstrahlung. Seit seinem Tod im Jahr 2005 ist das Haus unter dem Schutz des venezianischen Denkmalamtes. Alles wurde katalogisiert; dies ist ein erster Schritt in Richtung Verwirklichung eines „Haus-Museums". Der Bildhauer selbst unterstützte dieses Projekt, da er seine Werke im Haus aufbewahren wollte.

Die wichtigsten Kunstwerke des *Professors* auf Burano sind auf der Piazza Baldassare Galuppi (wo die Büste des bekannten Komponisten des 18. Jahrhunderts aus Burano steht) und auf dem Landungssteg *Pontile dell'imbarcadero* (Figur einer jungen Frau „*Attesa di Pace*") zu sehen. Andere Plastiken befinden sich in London, in der Procuratoria von San Marco, in der Kirche Santa Fosca und in der Basilika von Torcello sowie in dem Kloster San Francesco del Deserto (in Cavallino) und am Eingang des Friedhofes von Mazzorbo, in Mestre, auf dem Lido und der Insel San Michele und auch in zahlreichen Privatgalerien italienischer und ausländischer Kunstsammler.

INNERE EINKEHR IN SAN FRANCESCO DEL DESERTO ❸

Insel San Francesco del Deserto
30142 Burano – Venedig
- www.isola-sanfrancescodeldeserto.it
- E-Mail: info@isola-sanfrancescodeldeserto.it
- Besichtigung auf Anmeldung: von Dienstag bis Sonntag von 9.00 bis 11.00 Uhr und von 15.00 bis 17.00 Uhr
- Anmeldung für Einkehrtage (auf Italienisch): +39 041 528 68 63
- Aufenthalte von Freitag bis Sonntag oder von Dienstag bis Donnerstag
- Für die Einkehrtage stehen ungefähr 30 Zimmer zur Verfügung

Eine außerordentliche Erfahrung

Die Insel San Francesco del Deserto ist ein außerordentlicher Ort, wahrscheinlich einer der schönsten der venezianischen Lagune. Wer eine Führung auf der Insel mitmachen will, muss sich wohl oder übel schon bei der Abfahrt in Burano ins Touristengedränge stürzen. Allerdings sieht man während der Führung nur einen kleinen Teil der Insel, ohne ihren wirklichen Zauber zu begreifen.

Wer San Francesco del Deserto tatsächlich kennenlernen und das Leben der Mönche verstehen will, sollte an den Einkehrtagen auf der Insel teilnehmen.

Nach telefonischer Anmeldung wird Sie ein Mönch mit einem Boot von Burano abholen. Denn die Insel verfügt über keine öffentliche Verbindung.

Sieben Mal am Tag kommen die Mönche zum gemeinsamen Gebet zusammen – hier erlebt man das wahre Leben der religiösen Gemeinschaft. Die Freizeit kann nach Lust und Laune gestaltet werden. Die Insel ist

bezaubernd schön, weswegen die meisten Teilnehmer spazieren gehen und im schönen Garten meditieren, wo Hunderte von Zypressen zauberhaft schattige Wege schaffen. Es wurden auch verschiedene Aussichtspunkte geschaffen, von denen man die umliegende Lagune bewundern kann (Burano, Venedig im Hintergrund, Sant'Erasmo, die private Insel Crevan) und die Grund zum Träumen bieten. Auch einen Nachtspaziergang im Mondschein auf der Insel sollte man sich nicht entgehen lassen.

1220 oder 1224 soll sich hier Franz von Assisi aufgehalten haben.

EIN PAAR WICHTIGE PRAKTISCHE HINWEISE
Die Zeit zwischen Juni und September ist zu vermeiden, weil die Hitze und vielen Mücken fast unerträglich sind.
Im Gegensatz zu den Benediktinern verpflichtet die Franziskanerregel nicht zum Schweigen. Beim Essen oder im Garten kann man also mit den Mönchen reden. Wer sich nach Stille sehnt, sollte im Winter (der Nebel über der Lagune sorgt für eine noch geheimnisvollere und zauberhafte Atmosphäre) oder unter der Woche kommen.
Auch Frauen und Paare können an den Einkehrtagen teilnehmen, wobei die Paare allerdings in getrennten Zimmern schlafen müssen.
Jeden Tag wird eine Bibelstelle kommentiert, außerdem gibt es die Möglichkeit für ein persönliches Treffen mit einem Mönch, falls die hohe Nachfrage es zulässt.
Theoretisch muss man an allen Gebetsmomenten der Gemeinschaft teilnehmen (7 Mal am Tag).

GEKREUZTE ARME UND STIGMATA – DIE SYMBOLE DER FRANZISKANER
Im Kloster San Francesco del Deserto, wie auch in Venedig in der Kirche von San Francesco della Vigna und an anderen mit dem Franziskanerorden verbundenen Orten, kommt das Symbol von zwei gekreuzten Arme relativ oft vor. Wenn man genauer hinschaut, bemerkt man, dass die Handflächen ein Loch haben. Es handelt sich um die Spuren der Wundmale (Stigmata) von Christus und Franz von Assisi.
Der hintere Arm gehört dem Heiligen, der vordere ist von Christus.

DIE STIGMATA VON FRANZ VON ASSISI

Die Stigmata sind die Wundmale des Leidens und Sterbens von Christus. In zahlreichen berühmten Fällen (auch wenn diese heute umstritten sind) wurde das unerklärbare Erscheinen der Stigmata auf den Körpern mancher Leute verzeichnet. Die Wundmale erschienen genau an den Körperstellen, wo Jesus seine Wunden trug, besonders an Händen und Füßen.
Natürlich ist der Fall von Franz von Assisi einer der berühmtesten. Franz soll 1224 die Vision eines gekreuzigten Seraphs mit sechs Flügeln gehabt haben. Kurz nach dem Ende der Vision stellte Franz das Erscheinen der Stigmata an seinen Händen und Füßen fest.
Auch Katharina von Siena, Johannes von Gott, Pio von Pietrelcina, Gemma Galgani sind wegen ihrer Stigmata bekannt (siehe *Toscane insolite et secrète* im selben Verlag).
In unserer Zeit ist eine andere Persönlichkeit für ihre Stigmata bekannt: Bruder Elia aus dem Kloster von Calvi dell'Umbria in der Nähe von Rom. Erwähnt sei auch, dass nur Franz von Assisi die Stigmata auch nach dem Tod behalten haben soll.

DAS TAUKREUZ, FRANZISKANISCHES SYMBOL DER AUSERWÄHLUNG GOTTES
Die verschiedenen Kapellen an der linke Seite der Hauptkirche besitzen schlichte Glastüren, auf denen man das Taukreuz (auch Antoniuskreuz) erkennt, das der Heilige aus Assisi wiederentdeckte. Sein Ursprung ist im Buch Ezechiel im Alten Testament zu finden (Ezechiel 9), in dem behauptet wird, dass diejenigen, die das Taukreuz tragen, die göttliche Rache nicht fürchten müssen (diese Information befindet sich in den Kommentaren der Bibelübersetzung von Jerusalem). Das Taukreuz kommt auch im Buch der Apokalypse vor und leitet sich vom griechischen Buchstaben Tau und dem letzten hebräischen Buchstaben Taw ab.

DER BAUM DES FRANZ VON ASSISI
Der Schutzheilige Italiens soll sich zwischen 1220 und 1224 auf der Insel aufgehalten und einen Baum gepflanzt haben, der im 18. Jahrhundert von einem heftigen Sturm niedergerissen wurde. Der Hauptstamm befindet sich in einer zur damaligen Zeit gegrabenen Höhle in einem Teil des Klosters, zu dem nur Mönche und Teilnehmer an den Einkehrtagen Zugang haben. Ein weiterer Teil des Stamms ist neben der Kapelle von Fra Bernardino links von der Hauptkirche zu finden.

SEHENSWERTES IN NÄCHSTER NÄHE

4

DIE ALTE APOTHEKE DER INSEL SAN SERVOLO

• Besichtigung nach Terminvereinbarung : Tel. +39 0415240119

Die *Spezieria di San Servolo* ist nicht sehr bekannt, aber eine Besichtigung der schönen Topfsammlung und der kürzlich renovierten Regalwand aus Nussbaumholz der alten Apotheke lohnt sich auf jeden Fall. Im Jahre 1716 wurde das Kloster zu einem Militärkrankenhaus, das von den Barmherzigen Brüdern verwaltet wurde. Die Apotheke wurde renoviert und man begann, Heilpflanzen anzubauen. Gebaut wurden damals auch die noch heute zu besichtigende Bibliothek und das Laboratorium für die Arzneimittel.

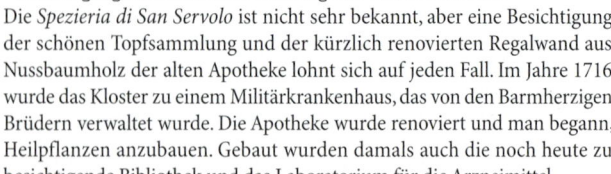

WELCHE SPUREN HABEN DIE ALTEN *SPEZIERIE* HINTERLASSEN?

Die alten Apotheken waren einst edle Geschäfte, mit Malereien, Statuen, geschnitzten Möbeln und vergoldetem Leder. Nur vier dieser *Spezierie* sind heute noch so erhalten, wie sie ursprünglich waren: Neben der Apotheke bei **San Servolo** (s. links) ist auch die Spezieria **All'Ercole d'oro** bei Santa Fosca eine Besichtigung wert, die mit alten Töpferwaren und schöner Ausstattung prunkt (s. S. 235). Auch die Apotheke **Ai do San Marchi** ist der Öffentlichkeit zugänglich und besitzt wertvolle geschnitzte Möbel aus Nussbaumwurzelholz und Majolikatöpfe zur Konservierung antiker Zutaten, wie z. B. des *Oleum Vulpin*. Die Apotheke war ursprünglich bei San Stin gelegen; 1935 hat das Museum Ca' Rezzonico sie übernommen und renoviert. Das Laboratorium, der Hinterraum und die Arzneimittelabteilung befinden sich im dritten Stock des Museums (mehr Informationen: Tel. +39 0412410100). Die aus dem 16. Jh. stammende Apotheke **Cappuccini alla Giudecca** kann dagegen nicht immer besichtigt werden. Die anderen Apotheken haben zwar ihren ursprünglichen Namen und ihre Ausstattung beibehalten, aber nach der Renovierung sehr viel an Zauber eingebüßt. In der Apotheke **Alla Gatta** bei Ormesini sind eine Waage, ein alter Mörser und eine interessante Thermometer- und Aräometer-Sammlung zu sehen. Daneben sind die Topfwaren und die aus dem Ende des 9. Jahrhunderts stammenden Möbel des Handwerkers Samuel Cohens nennenswert. In der Apotheke **Alla colonna e mezza** bei San Polo sind noch die Mosaiken und die Ausstattung vom Ende des 19. Jahrhunderts erhalten, darunter zwei Statuen von Galenos und Asklepios, den antiken Vätern der Heilkunde. Das ursprüngliche Schild wies zwei Säulen auf, wurde aber 1568 verändert, wobei eine Säule halbiert wurde und der Name von zwei Säulen auf eineinhalb Säulen geändert wurde; denn bei San Canciano gab es schon eine gleichnamige Apotheke, die in der Herstellung von Theriak spezialisiert war (s. S. 189).

Viele Apotheken üben heute nicht mehr ihre ursprüngliche Funktion aus,

wie z. B. die Apotheke **All'Aquila Nigra** bei San Zulian, heute Juweliergeschäft Cartier, oder die Apotheke **Alla Dogaressa** bei San Cassian, heute ein Blumenladen, und die Apotheke **Italo-Inglese** bei San Fantin, früher Münzstätte, heute ein gewöhnlicher Laden. In der berühmten Apotheke **Alla Testa d'oro** (s. S. 17) beim Rialto befindet sich heute ein Touristenladen. Auch die historische Apotheke **Al Redentore** in San Marco (Calle Larga San Marco 412 - 413) besteht nicht mehr: Die alte Einrichtung und der Ladentisch sind zwar noch erhalten, aber die Räume beherbergen eine Kunstglassammlung.

MUSEUM DER NERVENHEILANSTALT AUF DER INSEL SAN SERVOLO ❺

- Fondazione San Servolo IRSESC (Institut für Forschung und Untersuchung der sozialen und kulturellen Ausgrenzung)
- Fax +39 0412765460
- E-Mail: servilio@provincia.venezia.it
- www.fondazionesanservolo.it
- Führungen nach Reservierung: Tel +39 0415240119 (bitte anrufen: Sonntag bis Freitag von 9.30 bis 15.30 Uhr) www.codesscultura.it
- Führungen zu spezifischen mit der Nervenheilanstalt verbundenen Themen (Montag und Mittwoch) nach Reservierung: Tel +39 0415264909 und +39 041 2765451 (Montag bis Freitag von 9.30 bis 15.00 Uhr)

Das Museum des Wahnsinns

Das historische und wissenschaftliche Museum ist der jüngste Beweis für das Engagement der Stiftung San Servolo, nachdem ein Gesetz 1979 die Schließung aller Nervenheilanstalten festgelegt hatte. In der alten Klinik kann man neben dem *Museo del Manicomio* (Museum der Nervenheilanstalt) mit sämtlichen Archivunterlagen (Krankenblättern, Patientenlisten und mehr als 100 medizinischen Befunden) auch die Bibliothek und die Apotheke (s. S. 384) besichtigen.

Im Erdgeschoss ist ein originalgetreues Leichenschauhaus zu sehen, mit Werkzeugen aus dem 19. Jahrhundert und einem Steintisch, auf dem die Obduktionen durchgeführt wurden. Erwähnenswert ist die Sammlung von Schädeln und Gehirnen, die von der Universität Padua plastiniert wurden (die Plastination ist ein besonderes Konservierungsverfahren).

Die Therapieabteilung zeigt die Entwicklung der Behandlung der Geisteskranken: Von der Kräutertherapie, die mit den Produkten der renommierten Apotheke der Insel verbunden war, über die Wassertherapie, die Elektrostimulierung und den Elektroschock, bis hin zu gemäßigteren Methoden, die auf der therapeutischen Wirkung von Arbeit und Musik beruhen.

Neben der Sammlung wissenschaftlicher Geräte zur Untersuchung und Forschung gibt es im Museum eine Abteilung, die ausschließlich medizinisches Zubehör zeigt, das bei problematischen Patienten eingesetzt wurde: Ledermuffe, Schutzhandschuhe, Gürtel, haarsträubende Hand- und Fußgelenkschellen. Auch auf San Servolo wurden die Patienten systematisch ausgegrenzt und isoliert, wobei Unterdrückung und Bewachung wichtiger waren als Therapie.

VON DER „INSEL DER VERRÜCKTEN" ZUM KULTURZENTRUM

Nach dem Untergang der Serenissima im Jahr 1797 wurde die Insel San Servolo zum Sitz der „Zentralen Nervenheilanstalt für Männer und Frauen der venezianischen Provinzen und von Dalmatien und Tirol" (*Manicomio Centrale Maschile e Femminile delle Province Venete, Dalmazia e Tirolo*). Auf der Insel befanden sich früher ein Kloster und ein Militärkrankenhaus. Im venezianischen Volksmund hieß die Insel einfach die Insel der Verrückten (*isola dei mati*). Neben den von den Patienten angebauten Gemüsegärten gab es eine Werkstatt, eine Tischlerei, eine Buchdruckerei, eine Schusterwerkstatt, eine Schneiderei, eine Mühle und sogar eine Teigwarenfabrik.

Früher war die Insel Sitz eines europäischen Zentrums für die Ausbildung von Restauratoren (*Centro Europeo per i Mestieri del Patrimonio*), während sie heute der Sitz der *Venice International University* ist. Außerdem werden hier viele Veranstaltungen, internationale Meetings und kulturelle Treffen organisiert.

DIE „SKULPTUREN" VON MALAMOCCO ❻
Diga dei Murazzi

Skulpturen aus dem Meer

Wer sich auf den Murazzi bei Malamocco befindet, wo die Dämme zum Schutz der Küste stehen, findet seltsame Skulpturen aus Materialien, die im Meer gefunden wurden. Es handelt sich sozusagen um künstlerisch wiederverwertete „Geschenke" der Gezeiten, die meist nach Stürmen zu finden sind. Vom Wasser seltsam geformte Zweige und Baustämme werden mit alten Kleidern, Fischernetzen, Fendern und anderen verlassenen Gegenständen kombiniert und ergeben komische Figuren und eindrucksvolle Totempfähle. Die Kunstwerke halten aber nicht ewig, da sie während der kalten Monate Wind und Wetter ausgesetzt sind und deshalb oft beschädigt werden. Es ist also praktisch unmöglich, dieselben „Kustwerke" des vorigen Sommers wiederzusehen. Außerdem wird die Ausstellung dauernd erneuert, da ständig neue Materialen angeschwemmt werden.

Am Ende des *Alberoni*-Strandes (gleich nach Malamocco) stellt der Besitzer des kleinen Kioskes am Damm in den Sommermonaten Kunstwerke aus Abfällen aus dem Meer her und stellt diese am Strand aus. Mit den Kunstwerken wurde auch eine Ausstellung im Freien in der Nähe des *Rocchetta*-Leuchtturms realisiert.

SEHENSWERTES IN NÄCHSTER NÄHE
FRAGMENTE ALTER KERAMIKEN VON METAMAUCO ❼
Archeologische Dauerausstellung
Palazzo del Podestà, Malamocco - Lido
• Besichtigung nach Reservierung: Associazione Equipe Veneziana di Ricerca: Tel. +39 347 4144035

Der Ausstellung des Palazzo del Podestà von Malamocco ermöglicht eine Zeitreise in die alte Stadt Metamauco, die im Jahr 601 n. Chr. gegründet wurde. Die Stadt war das Zentrum der venezianischen Macht und von 742 bis 811 gleichzeitig Bischofsitz, bis die Regierung in die Nähe des Rialto zog, wo man gegen Angriffe besser geschützt war. Laut Legende soll Metamauco 1106 infolge eines außerordentlich gefährlichen Hochwassers untergegangen, später aber in nächster Nähe unter dem Namen *Nova Metaumaco* an seiner heutigen Stelle wieder erbaut worden sein. Der Ausstellungsraum beherbert vor allem Keramikfunde zusammen mit einer Reihe von Gegenständen aus dem Ende des 13. Jahrhunderts bis Ende des 15. Jh., die während der Ausgrabungsarbeiten auf der *Piazza Maria Assunta* in Malamocco gefunden wurden. Die Dauerausstellung (erster Teil eines weiteren Projektes, das auch eine Bibliothek vorsieht) dokumentiert die Wichtigkeit von Metamauco als einer der ältesten Orte der Lagune.

DIE UNTERWASSERKRIPPE

• Koordinaten des WRMAC:
Breite 45° 21.936 N
Länge 12° 26.608 0

Das achtzig Meter lange Wrack des jugoslawischen Handelsschiffes WRMAC (auch VRMAC oder WURMAK genannt) liegt auf einer

> *Die Heilige Familie auf dem Meeresgrund*

Meerestiefe von 17 Metern außerhalb des San Nicoletto-Dammes und etwa 3 Seemeilen vom Leuchtturm *Bocca di Porto* entfernt.

Am 23. Dezember 2005 hat der Taucherverein *Club dei Moi* mit Stahlkabeln an der Heckschraube eine kleine Marmorkrippe befestigt.

Das Werk ist 50 x 50 cm groß und stellt die *Heilige Familie* dar. Es ist eine Kopie der Krippe, die während der Weihnachtszeit in der Kirche *San Giobbe* in Cannaregio ausgestellt wird und von einem Mitglieder des Vereins angefertigt wurde. Bevor die Krippe am Wrack befestigt wurde, wurde sie gesegnet – zu Ehren eines Taucher, dem das Werk gewidmet ist.

Am 26. Januar 1961 versank das von Kroatien kommende Handelsschiff WRMAC, weil sich auf der Höhe vom Lido eine große Ladung Eisenkies (über 1.300 Tonnen) verschoben hatte. Grund dafür war das vom Wind (Bora) stark aufgewühlte Meer. Von der 22 Mann starken Besatzung kamen der Steuermann und der Bootsmann ums Leben; zwei Matrosen wurden als vermisst gemeldet.

Da sich das Wrack nahe an der Küste und in geringer Wassertiefe befindet, ist es ein idealer Ort zum Tauchen geworden. Unter den algenbedeckten Schifftrümmern kann man kuriose Exemplare der Meeresfauna entdecken: Seepferdchen, Nacktkiemer, Schraubenalgen und große Fische wie Drachenköpfe, Goldbrassen, Seebarsche und Meeraale.

WAS IST DER *CLUB DEI MOI*?

Club dei Moi ist ein Tauchverein von Freunden, die die Leidenschaft für die Erforschung der Meerestiefe teilen und durchschnittlich hundert Tauchgänge im Jahr machen.

Moi ist die venezianische Bezeichnung für kleine Kabeljaus, die sich gerne neben Wracks aufhalten. Einst war der Kabeljau zusammen mit der *Polenta* das Traditionsgericht des armen Fischers, weil er für den Markt ziemlich wenig Wert hat und daher oft direkt auf den Tisch der Fischerfamilien kam. *Polenta e Moi* ist ein typisch venezianisches Gericht, das man heute noch in einigen Gaststätten mit traditioneller Küche finden kann.

THEMENVERZEICHNIS

APOTHEKEN - GESUNDHEIT

ARCHITEKTUR

BRAUCHTUM

INSCHRIFTEN

GEHEIME GÄRTEN

GESCHICHTE

THEMENVERZEICHNIS

HOTELS - RESTAURANTS - GESCHÄFTE

LEGENDEN

MALEREI

KURIOSES

MUSEEN

MUSIK

THEMENVERZEICHNIS

ORTSNAMEN

RELIGION

Danksagungen:
Thomas Jonglez: Vitor Manuel Adrião, Giulio Alessandri, Bianca und Giberto Arrivabene, Lucien d'Azay, Jacopo Barbarigo, Andrea Bastianello, Emmanuel Bérard, Toto Bergamo Rossi, Frank Billaud, Serena und Carlo Bombasei, Philippe Bonfils, don Natalino Bonazza, Isabelle und Louis-Marie Bourgeois, Giovanni und Letizia Bovio, Umberto Branchini, Marie und Brandino Brandolini, Sabina Braxton, Séverine de Breteuil, Constance Breton, Catherine Buyse, Guillaume de Calan, Francesco Calzolaio, Barbara und Alberto Carrera, Danielle und Luc Carton, Karina und Pierre Casanova, Barbara Cavalieri, Elena Cimenti, Philippe Coffin, Angelo Comotto, Matteo Corvino, Frédéric Court, Marina Crivellari, Paolo und Aud Cuniberti, Frédéric Dib, Driss, cavalier Duilio, Gabrielle und Jean-Marie Degueldre, Anita Dolfus, Véronique Drucker, Enrichetta Emo, Franco Filippi, Antonio Foscari, Orsola Foscari, Massimo Foscato, Antonella Fumo, Alessandra und Filippo Gaggia, Irene Galifi, Gabrielle Gamberini, Jacques Garance, Paolo Gasparotto, Cristina Ghezzo, Benedetta und Giulio Gianelli, Gica, Giovanni und Servane Giol, Cintzia und Marco Giol, Donata Grimani, Romaine Guérin, Renzo Inio, Antoine Jonglez, Aurélie Jonglez, Guillaume und Stéphanie Jonglez, Timothée Jonglez, Isabelle Jordan, Frédéric Jousset, Koko und Samuel de la Ca' Zenobio, Ziva Kraus, Giulio Lattuada, Hugues Le Gallais, Olivier Lexa, Sophie und Xavier Lièvre, Jean-Christophe Loizeau, Marco Loredan, Michelle Lovric, Marina Magrini, Marylène Malbert, Sylvie Mamy, Letizia Mangilli, Umberto Marcello, Veronica und Luca Marzotto, Monseigneur Meneguolo, Camille Merlin, Viretta und Massimo Micheluzzi, Marie-Louise Mills, Roger de Montebello, Sigried und Xavier de Montrond, Fabio Moretti, Jane und Francesco da Mosto, Élisabeth und Michel de la Mothe, Philippe Orain, Victoire und Olivier de Panafieu, Emanuela Pasti, Francesca Pasti, Tommaso Pezzato, David Philips, Dorit Raines, Giuseppe Rallo, Rav Elia E. Richetti, Niccolo und Paola Rinaldi, Béatrice und Pierre Rosenberg, Katarina Rothfjell, Giovanni Rubin, Justin Rubin, Elisa Rusconi, Pietro Rusconi, Guido Salsilli, Gérard-Julien Salvy, Valentina Sapienza, Luca Scappin, Daria Schiffini, Giorgio Scichellero, Marco Scurati, Gleb Smirnoff, Claude Soret, Nori Starck, Antonis Stratoudakis, Alejandro Suarez, Aga Sudnikowicz, Bortolo und Daniela Suppiej, Angelo Tagliapetra, Sophia Taliani, Carla Toffolo, Delphine und Nicolas Valluet, Aude und Kees van Beek, Nicolas Van Beek, Rita und Kees van den Meiracker, Franca Vanto, Natacha und Henri Villeroy, Hermann Walter, Margherita und Nicholas Ward-Jackson, Silvia Zabeo, Marcello Zannoni, Jérome Zieseniss, Alessandra und Alessandro Zoppi, Marino Zorzi, sowie Alexandre, Inès und Louis.
Paola Zoffoli: Ein besonderer Dank an Mariapia Brunori, Andrea Taddeo, Roberto Vianello, Sara Bardino, Stefano Corrà, Caterina Margherita, Luca, Tobia und Milo Bartolomei, Giulia und Matteo Cocon, Athos Zoffoli, Michele Bonaria. Danke auch an: Enrico und Maddalena Di Sopra, Rocco Fiano, Federico Andreolo, Pierandrea Malfi, Désirée Zellweger, Luigino Buratto, Paola Brasi, Alberto Benvenuti, Giovanni Burati, Enrico Venara, Renzo Venchierutti, M.Fiorangela Teruzzi, Stefano Regazzo, Giorgia Enzo, Maria Teresa Grison, Giuliana Grison, Franca Scarpa, M.Giacomina Andreolo, Mara Rosso, Claudia Cremonini, Cristiano Sant, Caterina Marcantoni, Cecilia La Monaca, Massimo Poggi, Vito Caputo, Elisabetta Rigon, Umberto Urbani, Elena Cerana, Guerrino Giano Lovato, Paola Pallieri, Olivia Cavallari, Robert Campello, Alessandra Althoff-Pugliese, Albarosa Ballarin, Annalisa Bacchin, Roberto Gianni, Mabel Sabadin, Michela Zalunardo, Antonella Busetto, Guido und Irene Fuga, Paola Bottalla, Cesare Peris, Ornella Zanella, Francesco und Sara Paolini, Mattia Baseggio, I Ciacoeoni, Rocco Ravagnin, Alessandro Claut, Roberto Vianello (Vecio Berto), Ettore Cavinato, Paolo Comin, Daniela Toso, Luigi Vicini, Augusto Gentili, Mario Infelise, Alessandra e Marisa Peri, Valentina Sapienza, Fabrizia Giongo, Ambrogio Barbieri, Laura Baldoni, Daniele Pighin, Giuliano Pavon, Sandro Bravin, Paolo Morsetto, Riccardo Vianello, Eugenio Simionato, Daniela Foà, Giulio Pozzana, Luigi Naccari, Marco e Alessandra Baseggio, P.Adriano Campesato, Carlo Semenzato, Gino Fontana, Daniele Bonaldo, Marco Pagano, Liana Melchior, Giacomo Dorigo, Germano Da Preda, Marina Bassotto, Gigi Rannini, Luca De Stefano, Lorenzo Caner, Le Club dei Moi, Giampaolo Nadali, Stefania d'Este, Madeleine Chaize, Mariagrazia Dammicco, Antonietta und Cosimo Gorgoni, Gabriella Bondi, Isabella Campagnol, Gabriele Marchiori, Antonio Manno, Federica Zamboni, Silvia Freschin, Francesco Amendolagine, Valeria Caverzasi, Marco Centazzo, Marika di Mauro, Antonella Formentello, Alessandro Zago, Umberto Fortis, Gemma Silvestri, Marco Scurati, Jeanine Turpin, Christophe Pincemaille, Enrico Paganin, Alexandre Henriquez Delgado Salta, Dimitri Gris, Luca Lando, P.Manuel Paganuzzi, Grigore Arbore Popescu, Maddalena Jahoda, Mauro Bastianini, Piera Gustati, Michela Zanon, Patrizia Vachino, Elio Comarin, Lorenzo Sartini & das Team vom Mac Shop in Pesaro.

Alle Bilder gehören **Thomas Jonglez**, außer:
Seiten 90, 92, 94, 96, 218, 233, 272 (Paola Zoffoli), Seite 232 (Rocco Ravagnin), Seite 240 (Casinò di Venezia SPA), Seite 248 (Rav Elia. E Richetti), Seite 389 (Désirée Zellweger), Seiten 118, 198 und 252 (Luca Bartolomei), Seiten 129, 211, 212, 214, 222, 223, 227, 306 (Andrea Taddeo), Seiten 204, 205, 217, 350, 351 (Luca Scappin), Seiten 164, 166, 167, 168, 170, 171 (Valentina Sapienza), Seite 367 (Claude Soret), Seiten 228, 264, 286 und 302 (Katarina Rothfjell), Zeichnungen von Corto Maltese, vom Ponte delle Tette und von der Einschrift Non Nobis und Bilder S. 342 und 344 (Caterina Margherita), Markusdom (Jacopo Barbarigo, mit der freundlichen Bewilligung von Procuratoria di San Marco - Venedig), Unterwasserkrippe (Stefano Corrà), Rubelli (copyright Rubelli SPA), nicht realisierte Projekte (Museo Correr).

Kartographie: Cyrille Suss - Grafischer Entwurf und Gestaltung: Roland Deloi - Grafik: Stéphanie Benoit Übersetzung und Revision: Marco Narduzzi, Matthias Probst (Rev.), Vittoria Ballarini, Erika Bonomi, Katharina Faltermeier, Katerina Kustrin, Marina Napoletano, Marco Nuzzo, Kateryna Petrenko, Matthias Probst, Anna Rossetto, Rossella Sartore, Elena Titton - Korrekturlesen: Marco Narduzzi

© JONGLEZ VERLAG 2013
Pflichtexemplar: September 2013 - 2. Auflage
ISBN: 978-2-36195-077-4
Gedruckt in Frankreich bei Gibert-Clarey
37 170 CHAMBRAY-LES-TOURS